The Austrian School and Modem Economics: Essags in Reassessment
Nicolai J. Foss

根据哥本哈根商学院出版社 1994 年版本译出

# 奥地利学派与现代经济学

THE AUSTRIAN SCHOOL AND MODERN ECONOMICS:ESSAYS IN REASSESSMENT

[丹] 尼古莱 · J.福斯　著
朱海就 等　译

中国社会科学出版社

图字:01－2012－9184 号

**图书在版编目(CIP)数据**

奥地利学派与现代经济学/（丹）福斯著；朱海就等译．—北京：中国社会科学出版社，2013.9（2021.5 重印）

书名原文：The Austrian School and Modern Economics Essays in Reassessment

ISBN 978－7－5161－3288－3

Ⅰ.①奥…　Ⅱ.①福…②朱…　Ⅲ.①奥地利学派—经济思想—研究　Ⅳ.①F091.343

中国版本图书馆 CIP 数据核字(2013)第 224414 号

出 版 人　赵剑英
责任编辑　李庆红
责任校对　任　纳
责任印制　王　超

出　　版　中国社会科学出版社
社　　址　北京鼓楼西大街甲 158 号
邮　　编　100720
网　　址　http://www.csspw.cn
发 行 部　010－84083685
门 市 部　010－84029450
经　　销　新华书店及其他书店

印　　刷　北京君升印刷有限公司
装　　订　廊坊市广阳区广增装订厂
版　　次　2013 年 9 月第 1 版
印　　次　2021 年 5 月第 4 次印刷

开　　本　880×1230　1/32
印　　张　8.75
字　　数　221 千字
定　　价　49.00 元

# 中文版序言

二十多年前，我出于年轻人的兴趣撰写本书中出版的这些论文，那时我正在哥本哈根商学院撰写博士论文。当我还是哥本哈根大学一名学习经济学的学生时，我通过伟大的瑞典裔美国经济学家阿克塞尔·莱琼霍夫德（Axel Leijonhufvud）的著作（在论述凯恩斯和哈耶克的那一章中，他的影响非常明显），发现了奥地利学派传统。他的著作把我导向了弗里德里希·哈耶克，进而导向了米塞斯、柯兹纳和其他奥地利学派经济学家，以及一些有意思的同道，如布林·罗斯比（Brian Loasby）、理查德·兰柯路易斯（Richard Langlois）、乌尔里希·维特（Ulrich Witt）[更多的细节参见福斯（Foss，2009）自传式的第一章]。大概在1990年左右，我感到对奥地利学派有些或多或少有点新意的东西要说，于是开始撰写这些论文。

在我写这些论文的时候，奥地利学派依然很令人兴奋，并有一种复兴的感觉。然而，我并没有全然接受奥地利学派的学说，而且对奥地利学派思想的一些要素进行了批评（这点在本书最后面的文章中表现得最为明显）。尤其是，我认为奥地利学派对主流经济学的严厉批判是被误导的。的确，战后时期见证了研究资源过度地投资在诸如一般均衡理论和总量理论等领域中，但是在经历20世纪80年代和90年代之后，情况已经发生了很大的变化，很多方面正朝着奥地利学派所赞赏的方向发展。

特别地，在商业周期理论中，许多奥地利学派的主题得到了复兴；政治经济学上的进展表明，关于无所不知的、仁慈的独裁者的天真假设已经被更加现实的真实世界的政治家假设所替代了；博弈论意味着对选择情境和决策者之间的互动有更精细的关注，等等。在我看来，奥地利学派关注这些努力并参与到它们的进一步发展中去才是可取的。这正是我写这本书的主要动机。

这一结果是否已经发生是有争议的。我个人认为，现代奥地利学派经济学家可能依然强调注解和批判，而忽视了理论的建构，其中一些人仍然坚持过时的立场。这是不幸的，因为奥地利学派当中依然有很多有价值的东西值得学习。我和彼得·G. 克莱因最近的著作（Foss and Klein，2012）体现了这一点。

非常感谢我的朋友和同事朱海就，以及这本书的其他译者，他们用了不少时间不辞辛劳地将这本书翻译成中文。

尼古莱·J. 福斯

2013 年 7 月 28 日

# 译 者 序

本书不是立足于“批判”的著作，而是强调“对话与交流”的著作，本书对奥地利学派经济学（简称“奥派经济学”）和其他几个重要的经济学派进行了比较，但“比较”不是目的，作者的目的在于通过比较，具体地说明不同学派之间开展对话交流的可能性。这种对话与交流，不仅对奥派的发展，对其他学派的发展也是极其重要的。

本书把奥地利学派放到一个大的背景中考察，使我们了解奥地利学派与其他学派之间的相对关系以及所处的位置。在这样一个大的背景下，奥地利学派区别于其他学派的独特性更得到凸显。

本书是一个文集，却有着逻辑一致的结构，简而言之，从哈耶克与凯恩斯的比较开始，作者指出奥派经济学早期具有某些新古典特征，接着，通过哈耶克与卢卡斯之间的比较，作者说明奥派如何脱离均衡分析框架，对“均衡”的怀疑自然地引出了“知识问题”和“产权问题”或者说“制度问题”。奥派经济学对知识问题的重视其实不是等到哈耶克才开始的，在门格尔的书中就已有体现。制度问题是全书的重点所在，共有三章，在这三章中，作者的一个核心观点是认为现代新制度学是一种静态理论，这一理论忽视了奥派经济学重要的“过程”思想，今后应该向“过程的新制度主义迈进”。另外一章比较了正统经济学、奥派经济学和演化经济学对价格的不同认识。在上述讨论的基础上，作者对奥派经济学作为一门科学如何取得进展给出了建议。

人们对哈耶克和凯恩斯之间的著名辩论都有所了解，但可能不清楚，对“跨期协调”的不同认识是他们之间分歧的根本所在。凯恩斯使用的是马歇尔的“当期”协调思想，如总量的供求分析，否认了市场存在跨期协调的可能性。尽管如此，凯恩斯比早期的哈耶克更多地看到了市场的非均衡性，而非相反，作者认为凯恩斯提出了关于市场的重要问题，这些问题用奥派经济学后来的分析方法能更好地处理。还有，写《物价与生产》时期的哈耶克其实还是位新古典主义者，在方法论上和凯恩斯没有根本区别，都是新古典的均衡方法，只是到了后来，哈耶克才有转变，转变的标志是 1937 年写下《经济学与知识》一文。

哈耶克的转变，是因为他意识到包含了“完全预见”思想的跨期均衡方法是有问题的，不能用理解单个个体的行动逻辑，即“纯逻辑选择”去理解整个社会的变化过程，假如用“纯逻辑选择”去理解个体组成的社会，那么所有重要的协调问题将被忽略掉。对“均衡”的怀疑和对协调问题的认识，促使哈耶克提出“知识问题”。“均衡”方法假定个体拥有关于“经济体系的结构”的知识，这就相当于把“个体的行动如何达成无意识的结果”这个社会科学的最基本问题排除在外了，而只有承认人的无知性，需要学习，才会有协调问题存在。以卢卡斯为代表的新古典经济学的问题就在于过于关注“均衡”而忽视了“知识问题”，把社会现象简化成了个体的理性选择，把协调问题简化成个体的“最大化”计算问题，而这一做法意味着从一开始就把社会科学的基本问题排除在外了。

从对“均衡”的怀疑，走向对“制度”的强调，在逻辑上是自然而然的，奥派经济学的制度理论，较早地可见于门格尔对制度自发形成特征的考察，之后在米塞斯的产权理论和对官僚体制的分析中，以及哈耶克的宪政思想中有更为充分的体现，但奥派没有一个单独的关于微观层面的“组织”的理论，如企业理论，如作者所言，奥派其实已经具有了提出企业理论的所有素材，只是没有把它们组合起来，在本书中，福斯教授为建立奥派的企业理论进行了尝试。

如作者所言，奥派经济学预见了产权经济学、企业理论和委托代理理论，是现代新制度经济学的先驱。但奥派经济学却遭受主流经济学界的严重排挤，这对经济学的发展产生了非常不利的影响，“经济学的发展应该比现在更快，而且更为健全”，比如，如果奥派的思想得到重视，那么以产权思想为基础的现代新制度经济学不应该等到20世纪60年代才出现。不仅如此，由于缺少奥派经济学的“过程”思想，现代新制度经济学理论有很大的漏洞。奥派经济学的独特洞见，对于改善新古典经济学和新制度经济学，使之更为健全是非常有意义的，如作者所言，奥派经济学可以起到提醒其他学派“它们的研究还不够深入的作用”。

但同样地，奥派也要保持一种开放的心态，汲取其他学派的长处，在这方面要向演化经济学等新的非正统学派学习。要保持开放性，就应避免过度地使用“否定的启发式”，这会导致自我封闭，对学科的发展不利，在作者看来，适当地使用“肯定启发式”和经验性的假设是有建设性的，作者并不反对新古典经济学擅长的“形式主义”，认为“奥派”不妨也可以使用。作者提出这些建议，是基于这样一个认识，即他认为“判断理论的标准，应该是能否很好地解决问题，或者说能否使我们更好地理解现实”，这个开放性的标准为奥派经济学与其他学派之间开展交流和对话，从而推进奥派的新发展提供了巨大的可能性。

本书的价值还在于对一些流行的观点提出了不同的看法，如人们通常认为米塞斯的经济学完全是“先验的”，而作者告诉我们，米塞斯“并没有断言所有的经济学都可以从少数几条必然正确的公理中推导出来”，米塞斯意识到，为更好地理解现实，使用经验性的假说可以起到辅助性的作用，而霍普等人则把经验因素从米塞斯的经济学中完全排除出去，作者认为他的理解是有偏差的。

作者尼古莱·J. 福斯（Nicolai J. Foss）教授现为丹麦哥本哈根商学院战略管理与全球化系主任、教授，校务委员会成员，挪威经济工商管理商学院战略与管理系教授，欧洲科学研究委员会（European Research Council）小组成员，欧洲科学院（Academia Europaea）院士。本书英文版是福斯教授的博士论文，也是他最早出版的论著，该书出版时作者不到三十岁，但书的内容，无论是从深度还是从广度来说，都显得非常老道，比如体现了他跨学科研究的特征。作者现在的主要研究领域是战略管理、经济组织（如企业）、企业家才能和社会科学方法论，似乎只有后两者是属于奥地利学派范围之内的，其他两个领域似乎不属于奥地利学派的范围，但其实他那些领域的研究也都是以奥地利学派的基本观点为基础的，如奥地利学派对“知识”和“资源”的认识，他事实上是把奥地利学派延伸到了战略管理和组织问题的研究之中，这或许也是发展奥地利学派一种方式。

本书的翻译得到了福斯教授本人的大力支持，他为译者澄清了一些不太好懂的概念，也欣然同意为本书中文版写一个新的序言。本书的翻译也是集体努力的结果，徐斌翻译了第五、七、九章，林小文翻译了第一至三章，朱海就翻译了第四、六、八、十章。张明勇和沈福康对部分章节作了校对，朱海就负责全书的校对和定稿，译文的责任由我承担。感谢上述所有参与翻译的同仁，冯兴元先生、孟庆龙先生对本书的翻译和出版提供了帮助，在此一并表示感谢。也感谢中国社会科学出版社、李庆红编辑及其他所有参与本书出版工作的朋友。

朱海就

2013 年 7 月于杭州

# 前　言

本书中的文章是对奥地利学派经济学，尤其是对哈耶克和米塞斯经济学的持续关注、研究的结果。其中多数以前未发表过。最早的一篇要追溯到1989年，最晚近的一篇写于1993年。

很多人对这些文章做了评论。我要特别提及并感谢思拉恩·埃格特森（Thrainn Eggertson）、杰斯佩·耶斯珀森（Jesper Jespersen）、克里斯第安·克努森（Christian Knudsen）、卡斯滕·A. 科克（Carsten A. Koch）、默里·罗斯巴德（Murray Rothbard）和乌尔里希·维特（Ulrich Witt）。约翰·墨菲（John Murphy）非常娴熟地编辑了本书。

第八章的部分内容发表在《奥地利学派经济学评论》上（《企业理论：作为当代理论的先驱和批评者的奥地利学派经济学家》），第四章和第六章的部分内容最早发表于《经济与政治》（*Økonomi og Politik*，1990 and 1991）和《国际社会科学杂志》（*Rivista Internazionale di Scienze Sociali*，1993）。对允许重印深表谢意。第九章主要是与哥本哈根商学院的克里斯第安·克努森教授的合作成果，非常感谢克里斯第安·克努森教授允许我收入不少我们合作的成果。最后，我想感谢哥本哈根商学院出版社的经理朗格·斯戴汀（Lauge Stetting），他最早建议我出版我在奥地利学派经济学方面写的文章并始终给予支持。

尼古莱·J. 福斯

1994年5月11日于哥本哈根

# 目　　录

# 第一章　导　论

尽管本书中大部分的文章都是独立撰写的，但是它们都具有一个共同的主题。这个主题就是奥地利学派经济学家——尤其是路德维希·冯·米塞斯和弗里德里希·冯·哈耶克——预见到了现代经济学中一系列重要的发展。笔者这里说的“现代经济学”指的是20世纪70年代初以来的经济学。因此，哈耶克在商业周期理论上的研究在很多方面预见到了现代新古典宏观经济学（第三章），而且他在跨期均衡方面的研究也预见到了现代观点（第二章）；米塞斯在产权经济学领域有很多深刻的洞见（第五章）；米塞斯和哈耶克两人也被认为在很多方面预见到了现代经济组织理论的主要观点（第四、五、六、八章）。最后，哈耶克和米塞斯最先提出的理解市场活动的过程方法与以理查德·纳尔逊（Richard Nelson）和西德尼·温特（Sidney Winter）为代表的现代演化经济学方法之间有很多密切的关系（第六、七章）。

毫无疑问，这当中有一部分洞见在一定程度上可以追溯到早期奥地利学派经济学家，其中主要是这个学派的三位奠基人卡尔·门格尔、弗里德里希·冯·维塞尔和欧根·冯·庞巴维克。例如，熟知庞巴维克资本理论的奥地利学派经济学家哈耶克最先提出跨期均衡理论，这并不是巧合。也许从庞巴维克以时间维度为基础的资本理论到跨期均衡的一些观点并不是非常大的跨越。我们应该还记得庞巴维克论述了财产权。通常都认为，是哈耶克和米塞斯率先将过程方法用于市场活动分析（例如 Kirzner，1973），但这一方法是理所当然地根植于门格尔的研究的（Streisler，1972）。哈耶克研究文化演化方法的一些核心方面，在门格尔对同一主题的思考中已经有预见。

然而，尽管哈耶克和米塞斯的很多研究可以追溯到他们的先辈，但是他们的研究在很多方面都是最完整的奥地利学派经济学的表述，诸如在商业周期、财产权、作为一个演化过程的市场过程以及制度等主题上。因此，他们的贡献最确切地预见到了现代新制度主义和演化思想。

如上所示，笔者认为奥地利学派经济学家对现代经济学中的多个不同方面都有预见。例如，通过哈耶克 1928 年对跨期均衡理论的介绍可知，他是一般均衡理论的历史的一部分，但是他很明显又是现代新制度主义思想和演化思想的先驱。这看起来似乎是矛盾的，要对此进行解释，需注意这一事实，即哈耶克一开始的时候是非常正统的均衡理论家，但是当他意识到均衡理论陷入一些严重的困境中之后，他转向了跨学科研究，这个领域也是他如今最为人熟知的（Foss，1995）。第二章和第三章详细论述了哈耶克早期作为均衡理论家的研究，其他的章节则讨论他后期的研究。

也正如上所示，笔者认为奥地利学派在 20 世纪二三十年代是当时思想领域一股重要的推动力量。而且，笔者认为它是那么重要和那么具有推动性，乃至于至少应该把它视为和同一时期从欧洲大陆传播到盎格鲁－撒克逊世界的瓦尔拉斯主义同样重要，笔者这个观点当然会有争议。更具争议的是，笔者认为，如果这 20 年里出现的奥地利学派经济学的洞见没有遭受到凯恩斯主义浪潮和正在兴起的瓦尔拉斯主义如此严重的排斥，经济学理论的发展应该比现在更快，而且更为健全。例如，产权和信息不对称的重要性并不需要等到20世纪60年代后期才被重新发现，而是早就应该在主流经济学中被认识到。这样，制度也不需要等到20世纪80年代才被经济学家提上议程。均衡的稳定性（或协调性）问题也早该占据中心位置，而不是一直被忽视。而社会主义经济学也肯定会走上一条不同的道路，诸如此类。笔者将在第九章论证，上面这些“实际上并未发生”的陈述暗示了对两次世界大战期间的奥地利学派经济学家的积极评价，但这种积极评价不能在同等程度上给予他们（大部分）的美国继承者。

哲学家彼得·斯特劳森（P. F. Strawson）有一句话经常被引用：为了理解某人的哲学先驱，他必须在他自己的时代语境下重构他们的思想。在经济学领域，笔者持同样的观点，这也是笔者给这本书取名“奥地利学派和现代经济学”的原因之一；并不仅仅是因为笔者认为奥地利学派经济学预见到了经济学中一些重要的现代主题，也是因为笔者希望在现代的语境下去研究他们的观点，尤其是新制度主义经济学和“演化多样性”（evolutionary variety）经济学（第四至九章）。这并不意味着笔者要从奥地利学派经济学的角度，对新制度主义和演化思想的学说史作一个统一的、一致性的阐述，而是通过现代经济学思维的使用，从奥地利学派的历史的角度，对这些学说的一些片段进行解释。

下面这些思想对笔者阅读米塞斯和哈耶克的主要作品是至为重要的：对跨期交易问题的强调、他们关于未来固有的不确定性的观点，市场是不断演化的过程的观点以及把制度和组织理解为为适应由变化引起的经济问题而出现的设计的或非设计的实体的观点。可以肯定的是，这些主题在20世纪二三十年代**逐渐地**形成于哈耶克和米塞斯的著作中；例如，哈耶克早期受瓦尔拉斯主义的影响颇深（一个例子是他因此并不认为未来具有固有的不确定性）。换句话说，笔者对米塞斯和哈耶克的解读，一定程度上是根据最近的新制度主义思想和演化思想所做的“理性重构”。

同样的，笔者认为对奥地利学派经济学来说，这也是一种不寻常的方法。近几年来，兴起了对奥地利学派的历史的研究，尤其是对卡尔·门格尔、哈耶克和米塞斯的研究。这大部分要归功于1974年将诺贝尔奖授予哈耶克，20世纪80年代古典自由主义的复兴以及从20世纪70年代中期开始，奥地利学派经济学的扩张，或者说复兴（主要是在美国）。然而，近来关于哈耶克和米塞斯的大部分的学术研究都是由一群主要来自美国的奥地利学派经济学家做出的，他们认为自己是哈耶克，尤其是米塞斯的真正继承者，并对主流经济学持强烈批判态度。

然而，在笔者看来，米塞斯和哈耶克有一些有趣的观点在现代奥地利－美国学派的理论中不能被完全理解，相反，它们应该在或多或少的主流经济学（例如产权经济学）和新的非正统的新制度主义和演化思想的背景下去解释。尽管毫无疑问，哈耶克和米塞斯是以企业家为核心的市场过程研究方法（现在主要与伊斯雷尔·柯兹纳的研究相联系）的先驱，他们也预见到了与近期的新制度主义和演化思想相关，而不是与新奥地利学派经济学思想相关的洞见。另外，与很多哈耶克和米塞斯的忠实追随者相反，笔者喜欢主流经济学，尽管笔者强调非正统的经济学传统——例如现代奥地利－美国学派和主流经济学——之间富有成效的对话是有好处的（参见第九章）。

由于笔者选择关注的是特定的奥地利学派经济学家，也由于笔者考察他们的研究的方式，在本书中读者几乎看不到任何与现代奥地利学派经济学中那些有争议的话题相关的论述，这些话题有：市场过程是内在均衡的还是非均衡的，沙克尔的研究对奥地利学派经济学来说意味着什么，奥地利学派经济学的方法论应该以“极端唯理主义”（ultrarationalist）为方向还是以“解释学”为方向，米塞斯和哈耶克的奥地利学派经济学方法可能存在的区别，等等。这些话题中有一些在凯伦·沃恩（Karen Vaughn）即将出版的著作《奥地利学派经济学在美国：一种传统的迁入》（1994）中有极好的论述。

最后，出版这些文章的一个重要动机是它们中的很多文章讨论路德维希·冯·米塞斯的经济学和弗里德里希·冯·哈耶克的经济学是一样多的（尽管前面两篇文章几乎都是关于哈耶克的经济学的）。在被长时间地忽视之后，哈耶克最终被认为是现代经济学家大联盟中的一位超级成员。他 1974 年获得诺贝尔奖就是明证；更为重要的证据来自这一事实，即他的研究已经成为经济组织理论、比较制度和有效市场理论等领域标准的参考文献。

然而，米塞斯却从来没有享有同样的荣誉，获得同样的认可，尽管他是美国经济学会的“杰出会员”（Distinguished Fellow），获得过一些荣誉博士头衔，并有两部纪念他的文集出版。米塞斯被忽视，部分地是因为人们认为他“很难理解”、“教条主义”和“极端主义”，等等。笔者一直认为米塞斯的研究与哈耶克的研究相比，同样具有根本性的和开拓性的作用，但是他却从来没有得到他理应得到的荣誉和认可。毕竟，哈耶克的商业周期理论（为他赢得了诺贝尔奖）和社会主义经济学研究是建立在米塞斯的研究基础上的。笔者把这本书献给路德维希·冯·米塞斯，希望本书能对重新评价他的成就有点微小的作用。

# 第二章　经济活动的跨期协调:哈耶克和凯恩斯的早期辩论

## 一　引　言

“哈耶克的经济学著作……几乎不为现代的学生所知；人们几乎已经不记得，哈耶克的新理论曾是凯恩斯的新理论的主要竞争者。究竟谁是正确的，凯恩斯还是哈耶克?”（Hicks，1967：203）。

在经济学领域里，弗里德里希·冯·哈耶克也许被认为是最强烈地抨击凯恩斯和凯恩斯主义经济学的人物。根据他的“反对凯恩斯主义的通货膨胀运动”（1978：91）的背景，和他把凯恩斯的《通论》视为约翰·劳（John Law）的作品的现代版（1978：286）来看，这个判断似乎确实是非常合理的。

然而，如果我们回到60年前，我们会看到一幅不一样的画面。特别地，如果我们看看20世纪30年代主要的经济学家（比如 Shackle，1933；Robertson，1934；Durbin，1935）对“哈耶克的研究”和“凯恩斯的研究”之间的关系的评价，我们会很惊奇地发现他们一致认为凯恩斯和哈耶克的分析方法具有相似性。因为凯恩斯和哈耶克都被认为“在维克塞尔（Wicksell）的研究中找到了共同的起点”（Shackle，1933：27）。而正是这个共同的起点使他们与同时代研究商业周期的大部分英国理论家［例如亚瑟·庇古（Arthur Pigou），拉尔夫·霍特里（Ralph Hawtrey）和丹尼斯·罗伯特森（Dennis Robertson）］不同。凯恩斯本人的观点甚至也强化了这个评价，因为在《货币论》的一段文字中，他偏向于赞同“新维克塞尔学派”——也就是路德维希·冯·米塞斯、汉斯·奈塞尔（Hans Neisser）和哈耶克，凯恩斯认为这些人的研究“……相当接近这部《货币论》的理论”（1930：199）。[①]

然而，当同时代的评论者看到了哈耶克和凯恩斯之间的相似性时，他们所指的也只是凯恩斯的《货币论》，而不是他后来的《通论》。而且尽管一些折中派（例如 Durbin，1935）勇敢地试图将哈耶克（1935a）的“庞巴维克的框架”和凯恩斯（1930）的“最优组合方法”结合起来，但越来越明显的是——不仅仅只是在凯恩斯的脑子里——“……维克塞尔加上凯恩斯说的是一回事，维克塞尔加上哈耶克说的又是另一回事”（Hicks，1967：204）。这表面的相似性很快就减少了。

1931 年 2 月，由莱昂内尔·罗宾斯（Lionel Robbins）发起，哈耶克在伦敦经济学院做了 4 场报告。同年 11 月，这 4 场报告的内容集结成书出版了，书名为《物价与生产》（*Prices and Production*，简称为“PP”）。这本书是公认的奥地利学派商业周期理论的经典表述。[②] 哈耶克的报告在盎格鲁－撒克逊经济学家中引起了激烈辩论，一方是支持他的伦敦经济学院的

---

① 这个“赞同”让人有点惊讶，因为凯恩斯在 1914 年的《经济学杂志》（*Economic Journal*）上对米塞斯《货币与信用理论》（1912）的评论还是很严苛的（Keynes，1914）。

② 毫无疑问，哈耶克不是奥地利学派的商业经济周期理论的唯一贡献者。很多著作都在阐述这个理论，其作者多数是德国人，有汉斯·奈塞尔（Hans Neisser）、戈特弗里德·哈伯勒（Gottfried Haberler）、路德维奇·拉赫曼（Ludwig Lachmann）、埃里克·希夫（Eric Schiff）、威廉·洛普克（Wilhelm Röpke）和查德·施特里格尔（Richard Strigl）。当然也包括米塞斯（他是这个理论的真正“创始人”）。

年轻激进分子,[1] 另一方是站在反对立场的剑桥学派经济学家(Sraffa, 1932; Robinson, 1933)。这场辩论牵涉的内容远超出了制度的对抗，以及主张自由放任的伦敦经济学院和主张积极政策的剑桥学派之间的争论。有很大一部分经济学家似乎更喜欢哈耶克简短而严谨的分析，而不是凯恩斯享有盛誉的两卷本《货币论》中的分析，丹尼斯·罗伯特森复杂的储蓄—投资分析或者是对拉尔夫·霍特里以存货投资为基础的、特殊的周期理论就更不用说了。哈耶克的理论被认为具有更好的解释能力，而且也更符合严谨和清晰这些标准。

然而，英国的大部分评论是负面的。例如，霍特里认为《物价与生产》是“晦涩难懂的”，这主要是因为哈耶克把他的主张与“……源于杰文斯和庞巴维克的、繁琐到难容忍地步的资本理论”(Hawtrey, 1932: 125)纠缠在一起。但是在美国，阿尔文·汉森(Alvin Hansen)很大程度上给出了肯定的评价，他认为《物价与生产》

> ……是近几年来唯一一部在凯恩斯的《货币论》所推动的各个领域恢复了对商业周期理论的兴趣，并重新开始探讨的著作。(1933: 332)

证实汉森的评价并不困难：大部分人都同意，那个时候在解释经济周期方面有开拓性贡献的，是以《货币论》和《物

---

① 至少在最初的时候，这些“激进分子”包括：罗宾斯(Robbins)、希克斯(Hicks)、沙克尔(Shackle)、本哈姆(Benham)、德宾(Durbin)和卡尔多(Kaldor)。拉赫曼(Lachmann, 1982: 630)回忆道，他1933年春季进入伦敦经济学院时“那里所有重要的经济学家都是哈耶克主义者”。令人好奇的是，很多与劳动党有联系的经济学家[如：埃文·德宾(Evan Durbin)、晓治·盖茨克(Hugh Gaitskell)、埃里克·罗尔(Eric Roll)及其他人]转向了哈耶克的周期理论。

价与生产》为代表的作品。

在这个背景下，我们应该记得在1930年左右，在经济学中最受推崇的研究领域就是商业周期理论，例如，看下对1933年斯皮特霍夫（Spiethoff）的纪念文集（*die ställung und der nächste zukunft der konjunkturforschung*）的贡献者名单就可以证明这点。在这个主要的理论舞台上演的戏剧中，凯恩斯和哈耶克扮演了主角。从某种意义上来说，这出戏一直持续到1992年哈耶克的去世才结束，因为直到最后哈耶克都强烈反对凯恩斯的观点。但是他后来对凯恩斯的伦理学和认识论的批评也同样多；凯恩斯和哈耶克之间关于国际经济学的激烈辩论直到第二次世界大战结束前不久才基本宣告终止（Hayek，1943；Keynes，1944）。

本章是关于这出戏的第一幕，即哈耶克和凯恩斯在伦敦经济学院主办的刊物——《经济学》（*Economica*）杂志上进行的交锋。这场辩论发生于1931年和1932年，哈耶克发表了对凯恩斯《货币论》的评论，该评论由两部分构成（Hayek，1931a，1932a），凯恩斯（1931）予以回复，而哈耶克（1931b）再给予答复。这篇文章推动了有关凯恩斯的学术讨论的大量出现，也代表了哈耶克自己学术水平的稳步提高，要对此有所了解，就不仅仅需要详细地讨论他们之间那次特殊的交锋。笔者还试图将这两位主角的较量放在他们更宽广的研究背景之下（第二和第三部分），尝试从不同的视角去解读。特别地，笔者认为哈耶克和凯恩斯之间早期的辩论最重要的是关于经济活动的跨期协调（第四部分）。用莱琼霍夫德（Leijonhufvud，1981）的话说，哈耶克和凯恩斯之间的辩论代表了“维克塞尔联系”（The Wicksell Connection）内部的辩论。[①] 而且，这场辩论预见了许

① 唯一为我注意到的、对哈耶克和凯恩斯的早期交锋进行广泛讨论的是多斯塔莱（Dostaler，1991）。本章在许多方面与多斯塔莱的文章是不同的。关于哈耶克与斯拉法之间辩论（几乎与哈耶克与凯恩斯之间的辩论同时发生）的全面的讨论，可参见劳勒和霍恩（Lawlor and Horn，1992）。

多主题，这些主题对于之后凯恩斯和他的批评者之间的辩论非常重要。

在本书的主题背景中，相对详尽地讨论他们之间的辩论的一个原因是从中可以知道年轻时候的哈耶克如何深受一般均衡理论的影响，以及他曾经是如何地认为这个理论具有非凡的解释意义。因为深受一般均衡理论的影响，哈耶克在那个时代的奥地利学派经济学家中似乎处在一个相对特别的位置上。① 但是，具有讽刺意味的是，他也是后来最成功地与一般均衡理论决裂的奥地利学派经济学家。正是这些情境解释了一个看似矛盾的事实，即不论是新古典经济学家还是演化经济学家都认为哈耶克是他们的理论先驱。

当然，不可否认哈耶克和凯恩斯之间的巨大差异（可能在1930 年代初期就存在）在许多其他方面也有表现，比如伦理学和认识论方面。但是笔者认为，这些差异对于我们在这里要讨论的内容来说并不是很重要，所以在下面的讨论中笔者将忽略这些差异。换句话说，笔者把凯恩斯和哈耶克之间的早期辩论视为严格的经济学辩论。

## 二　《物价与生产》：对瓦尔拉斯、维克塞尔和庞巴维克的综合

### （一）商业周期研究的方法问题

哈耶克在伦敦经济学院的报告是为商业周期研究“启发式的”和具有方法论意义的纲领进行理论表述，这个表述在他1929 年的著作《货币理论与经济周期理论》（*Geldtheorie und*

---

①　乌尔里希·维特教授向我指出，哈耶克早期强烈的均衡倾向源于他的老师维塞尔（Wieser），维塞尔是老一辈奥地利学派经济学家中最有均衡倾向的人。

*Konjunkturtheorie*, 1933a）中就已经形成。现代欧洲大陆，特别是在20世纪20年代末30年代初，涌现出一股讨论商业周期研究的范围和方法的热潮，这部著作本质上是对当时这一讨论的贡献（Löwe, 1926; Lutz, 1932）。回过头来看，在这些辩论中，有两个非常重要的和突出的问题：

1. 以经验为导向的商业周期研究的认识论状态——一个源于方法论之争且在当下的环境中尤为相关的问题；

2. 用现有的均衡理论来解释商业周期的可能性。

然而，以经验为导向来研究商业周期的研究者，例如美国的W. C. 米契尔，明确地拒绝了对“周期性波动的事实……如何与一般均衡理论相一致”这个主题感兴趣（1927: 462），这个主题至少从庞巴维克（1898）宣称“价值理论和商业周期理论之间有‘有机’的联系”就开始了，在欧洲大陆的讨论中，这是个相对著名的主题。在这些讨论中，我们看到了对价值理论和商业周期理论之间的明显张力的一个独特的理解，其独特性在程度上和以现代盎格鲁-撒克逊为特征的讨论是绝不相同的。勒韦（Löwe, 1926: 193）的断言“谁坚持静止分析，谁就没有希望把握商业周期问题”（Wer am statischen system festhalt, muss das konjunkturproblem preisgeben）代表了这一讨论中的一种极具代表性的观点。

### （二）瓦尔拉斯模型的问题

哈耶克大致上赞成那种占据主导的立场，即不愿意将观察到的商业周期现象和均衡的连续性结合在一起。正如他所解释的那样，价值理论——“……洛桑学派的理论经济学有最完美的表达”（1933a: 24）——的主要问题是，单独的数据的变化无法

> ……在这个理论体系的框架内充分地解释，为什么在供给和需求之间会出现普遍的不平衡。（同上）

这是因为价值理论是以“……价格提供了供给和需求保持均衡的自动调节机制”（同上）这个假设为基础的。哈耶克隐含地把瓦尔拉斯模型的均衡具有存在性、独特性以及稳定性视为理所当然，但哈耶克还不止于此，拿出证据来证明这个观点并不难。许多当代经济学家都习惯这么做，但哈耶克还将这个模型同价格调整的快速性联系起来（例如 Hayek，1933a：77，183，197）。这表明瓦尔拉斯模型不能解释“供给和需求之间的不一致”，而商业周期的经验研究证实了这种不一致的存在。换句话说，价值理论受到“与经验不一致”的威胁。当然，哈耶克并没有将波动的理论可能性从一个比如说，以对随机决定的自然状态做出连续均衡的反应为特征的体系中排除出去。[①]他想说明的是，商业周期作为一个非常有趣的理论问题，应该在“……偏离于均衡的方向上去发展……没有任何的数据变化”这个条件下加以理解（同上：55）。故而使这样的发展“合理化”（rationalize）恰恰是理论问题。

另一方面，将价值理论应用到“更加复杂的动态现象”中，在哈耶克的商业研究计划中是不可缺少的内容（1933b：135）。但是，哈耶克的方法——对于商业周期的范围和方法的研究——有一个内在的理论问题。他“挽救”“毋庸置疑的均衡理论方法”（1933a：57）是从这一事实开始的，即既然瓦尔拉斯模型没有为非均衡现象的解释留下空间，那么对现实世界中这些现象的出现提供一个合理的解释，就需要从一些纯瓦

---

① 例如，一个代表性的例子是摩尔（Moore，1929）试图使美国经济学家喜欢用的时间序列与瓦尔拉斯的“移动均衡”相适应。

尔拉斯模型中不存在的因素入手。这些因素是货币和信用。[①]特别地，信用的出现：

> ……消除了“封闭”的均衡体系中僵化的相互依赖和自给自足，使得该体系中不可能出现的运动有可能出现。（同上：44）

换句话说，作为一个纯逻辑问题，商业周期理论必须货币化。哈耶克参考了维克塞尔的积累过程，尤其是米塞斯（1912：396－404）关于维克塞尔积累过程的真实效应的介绍，并以此为绝佳的研究起点。维克塞尔从来没想过他的积累过程可以用来解释商业周期。通过一系列限制性的假设（1936：136－138），[②] 维克塞尔实际上有效地排除了货币变动对真实数量有任何影响的可能性；它们在事后和在事前是一样的。

哈耶克对商业周期的研究（当然也包括米塞斯的研究）可以被理解为是对维克塞尔的内在批判。更准确地说，这是试图去阐明并回答以下问题：当维克塞尔的限制性假设放宽的时候，维克塞尔的积累过程中的数量会发生什么变化？根据哈耶克的观点，对这些问题的分析需要在庞巴维克的一般均衡体系的边界内进行，利用“静态分析的方法，因为这是经济理论唯一可利用的工具”（Hayek，1933a：197）。

---

① 斯拉法（Sraffa，1932）和希克斯（Hicks，1933）指出，由于哈耶克没有明确货币经济下的行为关系，因此他未能将价值理论和货币理论充分地结合在一起。对于哈耶克来说，货币经济和非货币经济的主要不同在于前者具有通货膨胀倾向。

② 例如固定一年的生产周期和一个阶段的生产结构：“我们忽视了这一事实，即资本在完成一个完整的周期之前就易手了”。（Wicksell，1936：128）相反，对于哈耶克和米塞斯来说，这个“事实”是很重要的。

### （三）《物价与生产》

正是在《物价与生产》中，哈耶克的商业周期研究纲领才有了它理论上的表达；正是在这部著作里，前面提到的“概念的实验”（conceptual experiment）实际上才得到了实施。哈耶克对“触发机制”和“传导机制”之间的区别，即对使周期得以发生的原因和使其延续的原因之间的区别［一般都把这种区别归功于维克塞尔和拉格纳·弗里希（Ragnar Frisch）］有很明确的了解。除了对“**引起**周期性波动的**货币因素**”有提纲挈领性的关注之外，《物价与生产》还关注“构成了那些波动的**实际生产结构的连续改变**”（1933a：17），从这个意义上说，这一区别构成哈耶克（1933a）商业周期研究的标志性特征。

哈耶克的出发点是庞巴维克的《资本实证论》（1891：403－424）中的静态一般均衡，而且他基本上采纳了庞巴维克所有的基本假设。① 沿着庞巴维克的思路，哈耶克利用一个三角形的图形结构（所谓的“哈耶克三角”），把“使用资本的经济”描述为由多个的和连续的阶段构成的生产（PP：39）。生产的结构——或者如果你愿意，也可以称之为里昂惕夫投入系数矩阵——是三角形的，三角形的顶端确定了应用“非生产出来的”（nonproduced）投入（劳动和土地）生产资本品的第一级。因此，资本品被哈耶克视为“贮存的劳动和贮存的土地的结合”。沿着三角形向下，在连续地使用“非生产出来的”投入之后，在三角形的底部就得到了消费品（对比 Böhm－

① 例如完全竞争、流投入/点产出（flow input/point output）技术、产出不是投入等。哈耶克用信贷市场补充了庞巴维克的真实模型，使贷款利率成为内生变量（除了工资率、利润率和生产周期外的）。20 世纪 30 年代，哈耶克日益偏离了庞巴维克的资本理论，而伴随着的是他自己的“纯资本理论”日趋成熟。

Bawerk，1891：106）。

同时，这是对给定的技术和偏好下的整个社会的生产活动和资源的跨期配置的一个大致描述。在模型中，三角形区域代表资本品的总数量，而这个区域和消费品的产出（都以价值计算）之间的比率代表社会生产过程的资本密集度（用哈耶克的话说，它等于平均生产时期）。在静态均衡中，要素支付和利润率（“价格差”）在整个生产过程的每一个阶段都是相同的。而且，为了货币均衡的适用，在信贷市场中利润率必须与贷款利率相同。这个框架现在被哈耶克运用到两个不同的情境（scenarios）中。

### （四）储蓄情境

在第一个，也就是笔者所谓的“储蓄情境”中，哈耶克阐述了一个对家庭跨期偏好的变化作出响应的完全协调体系。在储蓄倾向提高的情况下，理性的反应是延长平均生产周期，意味着在对应的新的静态均衡里有更多的实际消费。而且，与维克塞尔效应一致，真实工资上涨而利润率下降。当然，庞巴维克（1891：104－118）和维克塞尔进行了相似的试验，虽然是在更加总体的层面上，并且是比较静态的角度。正如希尔（Hill，1933：607）所说：“‘转变的经济学’（economics of transitions）在庞巴维克的体系中是找不到一席之地的。”但哈耶克有更多话要说。与他的先辈们相比，他的分析方法的创新点在于把他1928年提出的分析工具，即跨期均衡，应用到跨期偏好变化引起的价格和数量的准序列（quasi－sequential）分析中。[①] 在分析跨期偏好的变动对相对价格和数量产生的影响

---

① 对哈耶克作为跨期均衡思想的创建者的角色的（新李嘉图主义的）讨论，可参见米尔盖特（Milgate，1979）。

时，哈耶克被认为是给“维克塞尔效应”（Wicksell - effect）提供了一个更加微观经济的、更加动态的分析基础。

因此，利用完全预期的跨期均衡，各种静态均衡之间的“联系”（Traverse）得到了研究（参见 Hayek，1932b：245）。这使得哈耶克得以把“跨期的看不见的手”［这个贴切的术语是加里森（Garrison，1985）那里借用来的］描述为“价格差”、相对价格和数量的变动构成的复杂序列，并且它的运行是毫不困难的（PP：69，85）。因为哈耶克的庞巴维克理论框架假定资源得到充分利用，那么当资源在（暂时性地）远离靠近最后消费的生产阶段，也即趋向于（暂时性地）远离最终产出的阶段上被使用时，即意味着平均生产周期的延长。不同生产阶段的盈利能力的暂时差异诱导企业家改变产量，使之与家庭的跨期偏好的变化相一致。

哈耶克强调说，随着贷款利率的下降而向资本密集的（迂回的）投资项目的转向，并不仅仅是长期项目的贴现值的利率弹性比短期项目要高这种情况所导致的。它也是利率**自身**下降的结果，它发出了“归（暂时性的）不同投资项目的收益的改变”的信号（Hayek，1932a：23）。换句话说，哈耶克隐含地假定企业家对描述这个体系的经济学理论是明白的；也就是说，拥有理解这个世界的正确模型。

在新的静态均衡里，储蓄者和投资者的计划始终保持一致：家庭储蓄“连续地进行，恰好使它们能够用以构成新的生产过程”（PP：50）（中译文引自海约克：《物价与生产》，滕维藻、朱宗风合译，上海人民出版社 1958 年 11 月版，第 46 页——译者），而家庭要承受缩减的消费可能性，直到能带来更多的实际产出的生产过程“成熟”。调整毫无难度；这个体系连续不断地处在要素—价格的边界（或者工资—利率曲线）上并处在货币均衡状态。这就是说，对于这个体系经历的贷款利率和实际工资的所有组合来说，利润率和贷款利率是相等的。货币均衡意味着哈耶克所说的“中性货币”，而且可以被描述成这样一种状态，在这种状态中“相对价格的形成似乎只受‘实际’因素的影响，而这种‘实际’因素，本是均衡经济学考虑的问题”（PP：130）（对比 Wicksell，1936：103）（中译文引自海约克《物价与生产》，滕维藻、朱宗风合译，上海人民出版社 1958 年 11 月版，第 103 页——译者）。这表明，哈耶克对货币经济没有截然不同的理解；货币是“中性”的经济等同于没有货币的经济（对照 Sraffa，1932）。

事实上，哈耶克将最终的静态均衡类比于这样一种状态，即如果“……储蓄是实物，而不是货币”（PP：50）将会出现的结果。它基本上就是庞巴维克的生活基金和“**真正的储蓄**（echte Sparmitteln）”思想，这种思想当时正在兴起。哈耶克较早的时候就解释说，在中性货币的情况下，假定“……企业家预期由于需求的变化产生的价格……或多或少地会与均衡价格相一致”（1933a：69）是合理的。用现代术语来说，中性货币就是这样一种情况，在其中理性预期非常接近于经济现实。

### （五）危机情境

储蓄情境只是哈耶克危机理论的基准，即分析“……没有任何经济功能的跨期价格体系的干扰”（1928：99）效应。货币均衡/中性货币的任何背离都意味着这种“干扰”。例如，同斯皮特霍夫或者庇古的真实商业周期理论一致，哈耶克认为企业家预见错误是任何商业周期理论的必要部分。然而，那些强调了这些错误的真实的商业周期理论的错误在于，它们将错误归于企业家的非理性，而且它们也没有能力解释为什么价格和利率的变动不能抵消由于企业家的错误决策导致的不稳定性（Hayek，1933a：181－186）。然而，应用现在被人称为“噪音”的价格和利率信号——噪音是由“干扰性的货币影响”造成的——可以处理这个问题。哈耶克解释说：

> ……可能是因为当他们（企业家）做出决策的时候，价格就已经存在了，他们对未来的看法必须以这些价格为基础，这些价格所制造的预期必将是令人失望的。（1933b：141）

这里提到的重要的价格信号指的是可观察到的贷款利率，这种利率被哈耶克笔下的企业家们视为无法观察到的自然利率可靠的代替品（1933b：141）。换句话说，贷款利率被视作家庭跨期偏好和企业实际转换率的“可靠的、精炼的”信息。贷款利率和自然利率之间的分离意味着关于真实的、潜在的决定因素的错误信息被传播。由于企业家期望是建立在企业家的“信息集”的基础上的，所以利率之间的分离会有这样的效应：产生“……关于一些社会成员未来行为的预期，而这些预期并无根据可言”（1933b：145）。

企业家接收到“错误的”信号要重新安排生产结构，以使之与家庭计划中的未来需求的变化保持一致。最初，这个动态过程是与哈耶克的基准，即“储蓄情境”相一致的：企业家启动资本密集型，耗费时间长的投资项目；资源的使用从（暂时性地）靠近消费的阶段的生产转向（暂时性地）远离最终产出的阶段的生产。但是，与储蓄情境相反，家庭跨期偏好是不变的。结合额外的信用创造所产生的越来越多的（名义上的）要素支付（Hayek，1932b：242），这就意味着市场中存在对消费品的超额需求（即“强制储蓄”）。与此同时，企业的长期投资项目对资本品和劳动力存在超额需求。在这整个过程的某个时点上，消费品的价格会有如此大幅度的提高，以至于在

（暂时性地）靠近最终消费品的生产阶段上，生产的相对盈利能力会提高。[①] 这是周期顶部的转折点，在这个周期中，更加“迂回的”投资项目会终止；正如丹尼斯·罗伯特森（1934：87）所说：“新的装载工具的生产将暂停。”

在周期性的调整中，生产结构会“脱轨”（undershoot），也就是说，平均生产周期比初始的均衡状态时的要短，因为在周期顶部的转折点上，在（暂时）靠近最终消费品的生产阶段上暂时存在的利润率比初始均衡时的利润率要高。因为资本的数量——由于资本品之间的专用性和互补性——对劳动力的需求施加了限制，并不是所有的劳动力都会被新的、更短的项目吸收（“古典的失业”）。由于生产滞后，互补资本品的出现需要一定的时间，而由于技术的灵活性，人工“只有在新的更短的过程接近完成的时候，才能就业”（PP：93）。

在哈耶克的完全竞争的劳动力市场中，真实工资会下降到低于平均劳动产品，也许正是通过随之而来的收入分配函数的改变，复苏才开始，但对于复苏，哈耶克几乎没有论述。扩张的经济政策只会加剧生产结构的扭曲，使情况变得更糟，因此政策建议是“消极的”，要听任时间

> ……去完成一个持久性的治疗，即使生产结构缓慢地适应于可以用作资本用途的资金这一过程。（PP：99）（中译文引自海约克《物价与生产》，滕维藻、朱宗风合译，上海人民出版社 1958 年 11 月版，第 80 页——译者）

① 正如德宾（Durbin，1935）指出的，不幸的是哈耶克从未详细阐述这种复杂过程的滞后结构。相比之下，斯德哥尔摩学派的一个主要的研究领域是对储蓄—投资最初的不一致出现之后产生的事件进行精确的描述。

避免周期的唯一途径是固定总的“有效货币量”和货币周转率，这意味着连续的货币均衡和长期的通货紧缩。然而，因为货币流通速度的变化不可预测，这种情况是不大可能发生的，哈耶克也像熊彼特那样悲观地总结说，危机是技术进步的代价（PP：Lecture Ⅳ）。

总的来说，我们可以认为对于哈耶克来说，商业周期理论的建立正是以货币市场经济中的跨期协调问题为素材的。但是哈耶克关注了这个一般性的洞见并给了它独特的奥地利学派的解释（也认同瓦尔拉斯和帕累托）。特别地，他认为奥地利学派的资本理论所代表的跨期配置理论对正确理解商业周期是十分必要的。这使得他可以对商业周期中价格和数量的变动轨迹给出一个“非总和性的”（disaggregated）和确切的微观经济学的解释，并为所有相关的跨期市场力量留下了足够的空间。他也是从这个视角攻击凯恩斯的。

## 三　辩　论

### （一）凯恩斯的《货币论》

从整体上来说，凯恩斯的《货币论》和哈耶克、罗伯特森以及霍特里当时的研究有着相同的目的：即为了确认引起“信用周期”的原因以及可以维持货币均衡的银行政策，通过这一研究，凯恩斯——以及哈耶克、罗伯尔森和霍特里——理解充分就业的储蓄—投资均衡。凯恩斯的“处理货币理论的根本问题的新方法”（1930：V）是维克塞尔学说的一个应用，标志着这个货币传统第一次在英国的货币理论中登台亮相（马歇尔似乎并不知道维克塞尔的作品）。正如凯恩斯所认为的，从提供一个稳定性理论的意义上说，货币理论是数量论的补充，也就是说，是对因果过程的检验，“……这个过程决定了价格水平，以及从一个均衡位置转换到另一个均衡位置的方法”(1930：133)。

形式主义的凯恩斯方法利用“基本方程”（Fundamental Equations）来解释动态的货币数量论。这些方程表明价格水平会围绕着一个数量——E－O（总收入减去总支出）——波动，而这种波动依赖于“意外利润”（windfall profit）的规模。这些利润是由储蓄和投资之间的差异决定的，而储蓄和投资之间的差异又是由贷款利率和自然利率之间的差异决定的。“意外利润”构成了商业周期“变动的主要动因”，因为它们影响企业的生产水平及其要素需求。在马歇尔传统中，意外利润被定义为是一产出单位的“需求价格”与其“供给价格”之间的差异。从这个方面来看，商业周期理论变成了价格和成本差的简化研究，具体地说，是“在操作上”（operationally）研究价格指数和成本指数之间的差异。

### （二）哈耶克的评论

对凯恩斯的著作的一个通常评价是，哈耶克对《货币论》长达42页并由两部分构成的评论（1931a，1932a）的主要特征是试图阐明术语上的区别，是固执己见的和徒劳的尝试，一般性的意义非常有限。① 然而，对哈耶克的评论的考察表明，他的评论绝不只限于术语。哈耶克对凯恩斯的分析的批驳都与资本和利息理论以及凯恩斯在理论建构上的过度总和风格有关。笔者应该指出，这两个层面是紧密相关的。同时笔者还必须进一步指出，在哈耶克和凯恩斯的辩论中，并不仅仅包含《物价与生产》和《货币论》之间的纯技术差异。例如，凯恩斯与新古典利息理论的“古礼”（ancient ceremony，可以理解

---

① 比如，这主要是帕廷金（Patinkin，1976：56－58）的评价。

为“传统”——译者）后来的决裂在初露端倪时，哈耶克对此就有部分的认识，这是对凯恩斯异端学说最早也是最聪明的批评之一。

如果我们站在术语讨论——实际上是哈耶克评论的特点——的漩涡之外，我们会发现他主要是因为下面这个原因才反对凯恩斯的：凯恩斯忽视了“……‘真实’经济学的那些根本性的定理”，而这些是任何“成功”的商业周期理论的基础（1931a：270）。正如哈耶克进一步明确的，这些“定理”指的是庞巴维克的资本理论（p. 279）。尽管凯恩斯热烈地认同维克塞尔关于贷款利率和自然利率的区分，但他却忽视了维克塞尔理论中隐含的庞巴维克的理论（同上：274）。这个批评不只是简单地批评凯恩斯没有采用哈耶克的分析框架。

但哈耶克清楚的是，凯恩斯并没有完全理解维克塞尔的学说。例如，对于维克塞尔关于货币均衡的三个条件，凯恩斯只是关注了其中两个：当储蓄与投资相等时，贷款利率对应于自然利率；以及什么时候实现价格稳定（Keynes，1930：139）（也就是维克塞尔的第二和第三个条件）。维克塞尔的第一个条件，即贷款利率对应于扩展的平均生产时期的边际生产率，凯恩斯并没有分析。或者换句话说：在《货币论》中，自然利率并不是作为一个**单独的**分析单位存在的①。

### （三）凯恩斯对关键的相对价格的忽视

哈耶克似乎是第一位指出这个问题的经济学家，这个问题后来在凯恩斯和丹尼斯·罗伯特森的讨论中非常重要，尤其是在《通论》的出版之后；凯恩斯的著作中，缺少任何对利率真

① 比如，凯恩斯对“信用周期”的分析是把它当作“新技术发现”的产物，后者根本不会带来自然利率的变化（1930：第18章）。

正起决定作用的因素。凯恩斯在《货币论》以及之后的《通论》中，提出了沿某个利率水平运动的动态理论，但没有提出关于这个利率水平本身的理论，这体现在了凯恩斯对哈耶克的批判的回复中。凯恩斯解释说，他将自然利率定义为储蓄—投资均衡时的利率，“……在考虑市场的心理后”——用“短期自然利率”不同于“由哈耶克博士想象出来的‘长期自然利率’”(1931：395)。

与哈耶克“凯恩斯并没有真正理解两种利率的区分是以庞巴维克的理论为基础的”这个观点接近的是另外一个非常重要的观点，也是他反复强调的。这个观点就是，凯恩斯忽视了奥地利学派“社会生产活动的不能总和”的思想，而是选择了一个更加总和性的框架，这导致他忽视了重要的相对价格。正如哈耶克所说：“凯恩斯先生的总和掩盖了最基本的变化机制”(1931a：277)。与他价值理论中的出发点一致，这些机制指相对价格。事实上，如果凯恩斯选择一个较低的总和层面，他会得出另外的理论结果，因为那样的话，他会将所有相关的相对价格都考虑在内。

凯恩斯的过度总和，特别是他关注总利润，把它视为商业周期“变化的主要动因”的问题，与他对社会生产活动的简化理解，即把它们视为“一个生产阶段”上的组织活动有着根本的关系。这正是哈耶克在评价凯恩斯时说“……将当前消费品的全部生产过程视为一个整体”（同上：274）这句话的意思。因此，这个生产阶段的利润就变得与总利润相等。而且，因为凯恩斯假设“产品结构”是“相对稳定”（同上）的，他的分析也只能得出无关紧要的数量理论的结论。这不能解释“真实投资中的货币非均衡”对价格和数量的复杂影响（1932a：40)，而哈耶克《物价与生产》的分析据说却可以。这是因为凯恩斯不允许在有货币干扰时，生产周期会发生变化（维克塞尔做了同样的事）。

所有这一切导致的结果是，凯恩斯的总和视角使他忽视了货币干扰或家庭跨期偏好变化之后出现的不同的、有一定资本密集度的项目之间的盈利能力的变化。[①] 要理解这些效应只能通过

> ……细致地分析不同的、连续性的生产阶段上，决定资本品相对价格的因素……但是如果只把总利润作为研究对象的话，那么从一开始就把这个问题排除了。（1931a：277）

再一次重申，哈耶克是从他自身的奥地利学派视角出发攻击凯恩斯的；然而，哈耶克似乎有这样一种看法，它的有效性独立于这个视角。本质上，他批评凯恩斯忽视消费品和投资品之间的相对价格，或者，更确切地说，他认为凯恩斯忽视了在资源得到充分利用的情况下，投资和消费的变化方向在短期中一定是相反的。在哈耶克自己的分析中，相对价格处于核心地位。

例如，在凯恩斯对“信用周期”的讨论中（1930：第18章），从来没有系统地讨论过相对价格。凯恩斯的商业周期是以“新技术发现”为开端的，“新技术发现”使资源从消费品的生产中转移到投资品的生产中。正如哈耶克的分析所表明的那样，消费品的价格会上升（即“强制储蓄”也是《货币论》讨论的一部分）。在哈耶克的理论中，这标志着衰退的开始；然而，凯恩斯却持相反的观点：“信用周期的上升阶段将会到来”（1930：283）。消费品生产中“意外利润”的存在刺激了

---

① 哈耶克在评论拉尔夫·霍特里的商业周期理论时给出了完全相同的观点。

消费品和投资品的生产，只有这些超出正常水平的利润被更多的消费品供给所消除，繁荣期才会结束。不仅是因为这种马歇尔式的思考方式与哈耶克的奥地利学派方法和瓦尔拉斯主义方法完全不同，而且还因为凯恩斯对以下事实完全视而不见：

> ……刺激投资，会使投资超过当前的储蓄，将引起真实生产结构的非均衡，它……一定会有反应。（1932a：40）

凯恩斯忽视了一个事实，即扩大消费品生产所需的资源必须来自投资品部门；这两个部门不可能同时扩张。然而，也许凯恩斯的分析是以资源未充分利用为出发点的，哈耶克在他的评论中注意到了这一点，但是这与“基本方程”（1930：第10章）的讨论并不一致（在基本方程中是假设资源被充分利用的）。并且，在方法论上也值得怀疑，因为凯恩斯已经“假设了”他要解释的内容。总而言之，凯恩斯的《货币论》没能充分解释“引起萧条的更加深层次的原因”（Hayek，1932a：44），也没能解释“初始的非均衡”。①

### （四）凯恩斯的回应

哈耶克对《货币论》的评价分为两部分。但是，凯恩斯在第二部分发表之前就针对哈耶克第一部分的评论作了回应

① 但在凯恩斯和哈耶克同时代的学者中，很多人通常都将资源的非充分利用作为分析起点。因为这能让他们说明商业周期的一个基本事实，即产出在部门之间的运动是正相关的。然而，在与凯恩斯的论辩中，哈耶克采用的是形式化的分析而不是非形式化的现实描述，他坚持分析的起点是“……在没有还没使用的资源的均衡条件下……一般的经济理论停止的地方”（PP：34）。但他竟然也表示他自己对“初始的非均衡”的分析是“更具有包容性的”商业周期理论的补充，凯恩斯的“次级通货紧缩”分析是次要部分（相似观点可参见 Robertson，1934）。

（Keynes，1931），在其中凯恩斯争辩说哈耶克完全误解了他。[①] 而且，不同于以往英语经济学界中常见的友善辩论，他开始用刻薄的语言攻击《物价与生产》，认为《物价与生产》是"……混乱不堪的一部著作，几乎没有有说服力的主张"，而且是"……一个野心的逻辑学家如何从一个错误开始，以混乱结束"的极好例子（1931：394）。

尽管作出了这些攻击，凯恩斯承认"……我自己并不是要提出任何令人满意的资本和利息理论"，而且，具体地说，《货币论》中并没有"明确论述"决定自然利率的因素。然而，"以后我会尽力完善这些不足"（1931：394）。但这件事正是凯恩斯在"以后"的《通论》中**没有**做的。尽管《通论》事实上有大量资本和投资理论方面的洞见，但很难将它与任何独立的资本理论联系在一起。凯恩斯满足于"关于资本性质的几点考察"（Chapter 16）。事情可能是这样的，在与哈耶克的辩论之后，也许因为受到20世纪30年代资本理论的辩论无果而终的影响，马歇尔主义的思想在凯恩斯头脑中被强化，而这正是哈耶克批评的：为了解释短期的货币动态，一个独立的资本理论是完全不需要的。的确，在回应哈耶克时，凯恩斯承认了这一点，"……很有可能的是……庞巴维克正在推进的思想是问题的核心"（1931：394）。但是在《通论》中，他嘲笑奥地利学派的资本理论，并轻视奥地利学派的"迂回"概念，认为在涉及社会的生产性活动时，其意义无非是说明了这些活动是

① 《凯恩斯文集》的编辑莫格里奇（Moggridge）告诉我们，凯恩斯对哈耶克的评论"很不高兴"，因为"……凯恩斯在自己留着的杂志复印件（这是他留有的杂志中注释最多的一份）里……总结了他的回应，写道：'哈耶克没有以作者能够期许读者所怀有的"善意"来阅读我的书，他不这样做就无法明白我的意思及我是否正确。他明显有种专门挑我刺的热情，但我仍然想知道这种热情是什么'（Keynes，1973：243）"。

“发臭的”或“危险的”这一事实（1936：215）。当然那并不表示对凯恩斯提出的资本理论的重新定位。

在对哈耶克的回应中，凯恩斯基本上是攻击性的。他简要地解释了哈耶克的观点，即货币变化是储蓄和投资之间的差异的充要条件（PP：23），强调他本人的分析与哈耶克的分析是“非常不同”的，因为

> ……在我看来，即便银行体系没有发生偏离哈耶克博士所定义的‘中性’的变化，只要公众改变他们的储蓄率或者企业家改变他们的投资率，储蓄和投资就……可以是不相等的，在经济系统中没有自动机制……使这两个比率保持相等。(1931：393)

而且，对于哈耶克来说很重要的一点是储蓄总是可以“被用于投资”；他的“储蓄情境”是对这一点的理论表达。相反，对于凯恩斯来说，“否认这点是根本性的”（p. 391）。在对凯恩斯的“反驳”（Rejoinder）中，哈耶克困惑了：对他来说，利率是“自动机制”，使得储蓄和投资达到均衡。而凯恩斯对利息机制的忽视——正是凯恩斯忽视“资本主义生产的非货币性这个根本问题”的一个例子（1931b：401）——也可以顺理成章地扩展到一个更宽泛的命题：“在经济系统当中，不存在自动的机制使得生产适应需求的任何其他变化”（同上），这个显然是错误的。显然，在这个阶段，哈耶克—凯恩斯之间的辩论已经不只是哈耶克从纯技术的和术语的角度对凯恩斯——虽然能够应用维克塞尔学说，但不能完全应用——进行“真正的”维克塞尔式（Wicksellian）的批评。辩论中似乎包含更深层次的内容，那么它到底隐藏了什么呢？

## 四　辩论的视角

### （一）沙克尔的解释

乔治·沙克尔是哈耶克在伦敦经济学院的一名学生，他认为**经济活动的跨期协调**是这场辩论的根本问题。“这个问题最重要的一点”，沙克尔解释说：是储蓄倾向的增加是否会“刺激生产力从消费品转向中间产品（资本品）”（1933：27）。沙克尔的观点能使我们更好地理解哈耶克似乎从纯技术的角度对凯恩斯的观点所作的批评，以及他试图说明凯恩斯的什么假设使他忽视如此重要的跨期市场力量。我们已经看到，哈耶克使用的本质上是庞巴维克的观点。不过，这个关于资本理论的方法不止是形成了哈耶克本人的理论的基础。

### （二）作为一种元方法的奥地利学派的资本理论

哈耶克并不完全明确，但他似乎相信庞巴维克资本理论是一种**元方法**。它是极为重要的方法，正因为它是以一种非总和的方式构建的，[①] 而且使利率机制得到充分发挥。因此，它使所有相关的跨期市场力量都得到考虑。而且正是基于这个方法，哈耶克认为他已经能够指出凯恩斯总和的层面，以及他缺乏对利率的实际决定因素以及利率作为跨期配置的决定因素的了解，使得他忽视了关键的市场力量。其明显含义是，如果凯恩斯有考虑到所有相关的市场力量，他就会得出完全不同的结论。我们可以来检验一下这个看法，首先简要看下凯恩斯本人对跨期协调的见解。

---

① 尽管诸如“平均生产周期”这类概念肯定是一个总和的概念。

### （三）跨期协调

《货币论》中有一个非常有名的故事，讲的是悲惨的香蕉种植户，这很明显是对《通论》中储蓄悖论的预见。凯恩斯希望用这个故事说明“储蓄行为本身并不能保证资本品的存量会相应增加”（1930：175）。在香蕉种植户都充分就业的理想社会中，突然兴起了哈耶克理论中的储蓄运动。这个运动导致了香蕉需求量和价格的下降，而因为工资是刚性的，就造成了损失和失业。这对香蕉生产者来说是非常不利的，因为需求会和生产成本（也就是工资）同步下降。只要计划的储蓄超过计划的投资（假定不变），香蕉生产者就会遭受损失，而这个过程会一直持续到香蕉种植户死亡或者储蓄运动停止。

哈耶克对这令人沮丧的情境的评价是，据他看来凯恩斯完全忽视了“利率的作用”，因为凯恩斯假设当消费品生产不再有利润后，“……其他一些更加有利可图的投资领域不会被发现”（1932：31）。凯恩斯忽视了利率的配置功能以及消费品和投资品之间的相对价格，这个“忽视”本质上是专断的，也正是这个原因，使他得出这么令人担忧的结论。这个观点更加适用于《通论》。因为从经济活动的跨期协调的角度看，《通论》是“……我（指凯恩斯）经过多年思索的思想的自然演变”（1936：XXI－XXII）。这里，凯恩斯提高了总和的范围，将资本品及其价格，以及它们的预期回报之间所有相关的因果联系概括为两个总和变量，即分别是资本的边际效率和“长期预期的状态”。

### （四）《通论》

凯恩斯在《通论》中对跨期协调的评论（1936；主要在第12和16章），主要关注的是被他视为持久缺乏的跨期协调。

与哈耶克的分析完全相反，凯恩斯从来没有将跨期偏好作为相关参数或者外生变量来对待。隐含之意是，人们偏好的跨期消费模式的改变并没有反映在已实现的模式中。特别地，不允许企业家的预期以任何一种协调的方式去整合跨期消费模式和跨期投资决策（可以参照 Garrison，1985）。这源于凯恩斯的未来不可预知的观点，以及他对货币化了的生产经济中，大部分的期货市场都缺少相关的经济原理的强调，及应该将利率（“事实上是**当前**的现象”）同家庭跨期偏好区分开来的坚持。

当然，在凯恩斯的理论中**存在**跨期的联系，尽管它们并不是用来协调计划的，而是资本的边际效益和长期预期状态。在凯恩斯的理论中，“凯恩斯的企业家”所要面对的未来消费的性质和时间的不确定性（在哈耶克的体系中，未来的消费可以通过额外的储蓄实现），与这种消费完全缺失是等同的。如凯恩斯所说：“被视为一种永久性习惯的消费倾向的减少，必然会减少对资本品的需求，也必然会减少对消费品的需求。”（1936：106）可以肯定的是，“凯恩斯的企业家”实际上认为任何这样的“减少”都是“永久性习惯”。

正是基于这一点，凯恩斯批判老一辈经济学家——但是也包括比他小 16 岁的哈耶克——因为“错误地认为在节制现在的消费的决策与准备将来的消费的决策之间有一种联系”（1936：210）。而且这也解释了为什么凯恩斯在《通论》中这么严厉地批评奥地利学派的资本理论。凯恩斯理解奥地利学派的“迂回生产”概念与跨期协调之间存在关联。在“最适度的迂回程度”的讨论中，凯恩斯强调说“在最优的状态下……生产的最有效的组织方式是，当消费者的需求变成有效需求时，能够提供物品”（1936：215）。然而，凯恩斯认为这种“最优的状态”——如《物价与生产》中的“储蓄情境”所描述的——预设了一种他认为一般来说（绝对）不可能实现的条件：跨期偏好和跨期生产计划之间存在关联。

### (五) 哈耶克的隐含假设

当然，哈耶克对此有根本不同的看法。有一点必须强调，《物价与生产》中的储蓄情境并不仅仅是完全抽象的思维试验。正相反，储蓄情境适用于真实世界（特别地，可参见 Hayek，1933b：143－144)，这意味着从中可以得出重要的政策结论（例如货币必须保持“中性”的建议)。哈耶克的先辈们更加谨慎，从来没有将他们的分析用于这样的现实解释。例如，维克塞尔强调在静态均衡之外，储蓄和投资决策的充分协调需要企业家的“适应能力以及一定的远见”，而这“在现实中是绝不存在的”（1934：191)。庞巴维克解释说，企业家匹配“家庭储蓄计划”与“相应的投资”的努力并不是包含“准确信息”的事实，而是“一个测试、猜想和试验的过程”，一般包含“生产力的错误运用”（1901：68)。

如今，我们意识到，哈耶克这个强有力的结论是以一系列相似的、强大的隐含假设为条件的。例如，交易费用、封闭型市场（包括期货市场）和投机行为之间的联系现在大多已为人熟知。而且尽管对于均衡的存在性和独特性我们知道的相对较多，但是相对来说我们对稳定性的一般问题所知甚少，对于调整速度及其决定因素知道得就更少了。我们不应因此而埋怨哈耶克——这是反历史的——但是我们要注意到在他的分析中，他隐含地认为所有这些都是没问题的，而他的政策建议建立在这个基础之上。皮埃尔·斯拉法（和其他批评者）在批评哈耶克的物物交换经济中没有任何的非均衡的概念时，隐约地意识到了这些隐含假设的性质，并强调在非货币经济中，跨期协调的问题并不比在货币经济中少：“不管有没有货币，如果储蓄和投资没能匹配，很大程度上增加储蓄将是失败的（abortive)。”（1932：52）最后，斯拉法强调在哈耶克的分析中缺乏对制度的关注：“在他的假定中，没有债务，没有货币合约，没有工资协议，没有黏性价格。”（同上：43）

尽管凯恩斯和哈耶克在辩论中似乎讨论的是同一个模型，他们利用的却是根据不同的分析框架，采用非常不同的（隐含的和明确的）假设来表达他们的评论和回应。哈耶克的观点，即“总和法的代价是忽视了重要的潜在因果关系”，是正确的并在后来的辩论中十分重要。将其用于凯恩斯的研究，将表明凯恩斯在那个层次上的总和忽视了任何资本理论都应该提及的内容：资本并不是萨缪尔森的“什穆模型”（“shmoo”，漫画人物——译者），而是许多非常不同的资产的“无定型的”（amorphous）集合。然而，之前的一些论点对哈耶克有关“总和法”的观点中的一些具体内容会提出疑问，尤其是当他将它应用到凯恩斯早期的研究中时。

### （六）凯恩斯与跨期协调：认识论与利率机制

实际上，凯恩斯并没有像哈耶克所认为的那样，由于过度的总和而完全排除和忽视所有跨期的市场力量。早在《货币论》中，凯恩斯就说明了经济运行趋缓的原因与这两个方面有关：（1）知识，尤其是涉及未来的知识；（2）利率决定的投机方面。

关于知识问题，凯恩斯广为人知的一个讨论是他认为估计“十年后”的“铁路、铜矿、纺织厂”等的产量缺少理性基础（1936：149），这已经不需要再重复一遍。更有趣的是，凯恩斯在《货币论》中就已经强调如何“精确预测这些事情”，例如预测储蓄变化的结果，“……是非常困难的，需要获得比一般所能得到的信息多得多的信息，企业家的一般行为事实上主要受当前的经验所支配，并以宽泛的概括为补充”（1930：

160)。这与《通论》中强调“习俗”是预测的基础非常接近。所以早在《货币论》中凯恩斯就强调，就长期投资而言，企业家的认识论状态“有问题”。哈耶克所指的企业家有完全不同的定位。在对《生产与价格》的储蓄情境的尖锐评论中，埃利斯（Ellis, 1934：355）认为哈耶克笔下的企业家“……结合了爱因斯坦的数学‘魔力’与哈耶克才具有的经济学理论能力”。换句话说，哈耶克笔下的企业家在处理问题时，好像知道古典利息理论和奥地利学派的资本理论。

关于利息问题，下面这些分析是可靠的。其他商业周期理论家——例如斯皮特霍夫和庇古——先于凯恩斯把企业家的预测困难视为任何商业周期理论核心的。哈耶克（1933a：81）批评这些方法，认为将不稳定性归因于企业家预测错误的理论应当也能够解释为什么价格和利率的变动不能抵消这种不稳定性。一般来说，这是（非货币）理论家还没能做到的事情。

凯恩斯在《货币论》的（或预期的）流动性偏好理论中，刚好为缺失的部分提供了一个理论。哈耶克没有看到这一点，也许是因为在他的研究中，他系统性地忽视了一些问题，而这些问题在他的英国同辈人的研究中至关重要，例如家庭的货币需求、资产市场上的投机等一般问题。《货币论》中主要的创新可以视为是拒绝消费品价格和投资品价格之间存有任何固定的联系。[①] 这同时意味着反对古典利息理论。正是基于这点，凯恩斯坚持认为“……储蓄和投资会出现不一致……没有对哈耶克博士所定义的‘中性’做任何改变”（1931：393）。偏离中性，即货币周转率发生变化，是货币非均衡的充分但不必要

---

① 凯恩斯在《通论》中轻蔑地拒绝奥地利学派经济学家宣扬的“一种特殊的利息理论”，根据这一理论“……利率的变化等同于消费品和资本品相对价格水平的变化”（1936：192），因此，凯恩斯的这个态度也可以追溯到《货币论》。

条件，中性不再能够保证跨期均衡。

根据凯恩斯的观点，投资品的价格水平是“……公众愿意持有的储蓄存款与银行系统希望而且能够创造的储蓄存款数量相等时的价格水平”（1931：143）。根据这个洞见，凯恩斯引进了一个货币投机性需求的理论。这样做的一个结果是使他能够消除货币需求中存量—流量/收入—财富之间的混淆，二者之间的混淆自从马歇尔开始就已经困扰着剑桥学派的货币理论（参见 Keynes，1931：140－146，232）。凯恩斯通过将“替代效应”补充到货币变动的财富效应中，摧毁了稳定性思想，这个思想在两次世界大战期间支配着货币理论和商业周期理论，包括哈耶克的理论：固定的货币数量保证了货币均衡。现在这不再是自动出现的事实。例如，即使在货币没有变化的情况下，证券投资组合的改变也意味着利率的变化。运用到哈耶克的理论中，这意味着中性货币不能保证货币均衡；事实上，即使在没有偏离中性的情况下，储蓄和投资决策也可能出现不一致。或者说，货币变化会导致危机的结论是没有保证的。本质上，凯恩斯断然否认一般可以依赖于金融市场来协调储蓄和投资。哈耶克从来没有对这一挑战给出严肃的回答。

### （七）均衡的不同定义与利率的作用

这表明了哈耶克关于总和法的观点，尽管是很聪明的观点，但应用到对凯恩斯的研究的分析中时，却几乎是无涉的。凯恩斯指出的非均衡的来源不能在哈耶克的分析框架内得到解释。这同样表明，均衡的概念在哈耶克和凯恩斯的理论中都十分重要。哈耶克的利率的概念，作为一个固有的跨期相对价格，“……在价格关系的整体结构中表现其自身”（1933a：207），而且他从奥地利学派资本理论的视角来处理跨期协调问题，与他 1928 年最先提出的跨期均衡概念是完全一致的。非常类似的是，凯恩斯的马歇尔主义的均衡概念——并不意味着跨期计划的一致性，而仅仅是当前的供给和需求相等——与他将利率和跨期偏好相分离，以及他对真正的不确定性和投机行为的强调完全一致。

而且，正是基于这个背景，在20世纪30年代提出的多个不同的货币均衡概念应该要留意。一方面，有哈耶克的概念（本质上源于维克塞尔），根据这个概念，货币均衡/中性意味着"……一项货币政策是'中性的'在某种意义上就等价于非货币化经济，两者的区别仅是称呼不同"（Sraffa，1932：51）。另一方面，有一个最终胜出的概念，即希克斯（1933，1935）对凯恩斯（1930）"试图依据不确定性条件下的资产需求，对货币的正边际效用提供合理性"的一般均衡版。如希克斯所解释的：

> 我们要么对正利率的时候人们持有货币这个事实进行解释，要么就不得不以某种方法回避困难。正是伟大的、传统的回避导致流通速度、自然利率及所有相关的东西。(1935：66)

从这个角度看，哈耶克的理论恰好是"……伟大的、传统的回避"的一个例子，而凯恩斯（1936）的观点，即古典利息理论从根本上说是关于非货币经济的一个理论——至少如哈耶克的理论所应用的——是完全有效的。

## 五　结　论

从现代经济学的角度来看，并不能肯定地说凯恩斯最终战胜了哈耶克，或者说他的理论更加合理。可以确定的是，凯恩斯主义浪潮有效地驱除了诸如“强制储蓄”、“中性货币”等主题，使这些问题边缘化，之后再没有成为主流。差不多在同时，逐渐占据统治地位的克拉克/奈特传统中不包含时间因素的生产函数理论排挤了独特的奥地利学派的跨期协调方法。

然而，不仅经济活动有周期，商业周期理论的流行也有周期。从这个角度看，卢卡斯、萨金特等的新古典经济学也许——至少对老一辈经济学家来说——是有些似曾相识的。对商业周期——遵循最大化逻辑的个体应对货币冲击的反应——的基本的新古典理解，以及强调作为传播机制的真实资本的变化，基本上就是哈耶克的精神（笔者将在下一章详细论述这个观点）。现代经济学理论的主流从很多方面来看可以说更多的是哈耶克主义而非凯恩斯主义。例如，现代的均衡概念源于哈耶克的跨期均衡概念，而不是凯恩斯的那个“马歇尔的”（Marshallian）均衡概念。从这方面看，很多精力被用于研究稳定的性质或者趋于均衡问题，这个问题的性质哈耶克很早就已经了解（Hayek，1933b，1935b）。而且，当然，在现代经济学中，哈耶克的局部信息和价格体系的信息提供作用等洞见的影响日益增大。总之，哈耶克早期的研究当然能够在一般均衡理论及其后的发展史中获得一席之地。但是这并不包含他后期（1937 年后）的研究，这点将会在下一章讨论。

然而，现代经济学家从来没有忽视过“凯恩斯类型”（Keynesian type）的问题；事实上，在过去 20 年里，这些问题越来越多地通过“源于哈耶克的”分析工具来处理，如源于哈耶克跨期均衡思想的均衡概念和不对称信息。这可能会使人质疑希克斯提出的那个问题，即“究竟谁是正确的，凯恩斯还是哈耶克?”（1967：203）是否中肯。从现代主流经济学的角度看，他们可能都是“正确”的。

# 第三章　哈耶克与卢卡斯论均衡与知识

## 一　导言:哈耶克与新古典经济学

人们经常会发现，在经济学理论的创新者中存在一种倾向，即他们会将他们的新思想与一些所谓的先辈联系起来。众所周知的例子包括凯恩斯将其思想与马尔萨斯联系起来，弗里德曼将其思想与休谟联系起来，巴罗（Barro）则将其思想与李嘉图联系起来。讨论这些学说的返祖现象可能的正当性，它们的修辞功能（参照 McCloskey，1985），或者它们是否有其他的社会作用，而不仅仅是为学说史家的磨坊提供谷物，是一件有趣的、值得一做的事，尽管任务艰巨。本章的目的并不是要承担起这个任务。笔者会仅限于谈论罗伯特·卢卡斯——过去 20 年来最具有创新性的经济学家之一——忠实地遵循前面提到的古老的和已经建立的传统，并且会检验他这么做的适当性。

在 20 世纪 70 年代，出现了对凯恩斯宏观经济学和计量经济学模型的强烈的批判，相关的经济学家包括诸如卢卡斯，托马斯·萨金特，罗伯特·巴罗和尼尔·华莱士等人。尽管在政策结论中体现的一般都是货币主义，然而这一组新古典文献从精确度、形式化的程度和分析内容来看都是不同的。[①] 它不仅仅是在基本的货币主义框架中加入著名的“理性预期”；新古典经济学的研究风格不太一样，更加偏向于确切的瓦尔拉斯主义。鉴于货币主义经济学家例如弗里德曼把休谟、英国货币学派和美国经济学家如克拉克·沃伯顿（Clark Warburton）看作他们的思想先驱，新古典经济学家则从别处寻找理论渊源。在卢卡斯认为他能够识别他自己的商业周期的货币理论和凯恩斯之前的货币商业周期理论家的理论之间显著的相似性之前，新古典的研究纲领几乎都没有确立（Lucas，1975：202）。特别地，卢卡斯（Lucas，1977）——在对新古典宏观经济学一个纲领性的和方法论的探讨中——以赞赏的口吻引用了哈耶克[②]早期对商业周期研究的主要问题的分析：

> 将周期现象整合到与之有明显矛盾的经济均衡理论体系之中，仍然是商业周期理论的关键问题。（Hayek，1933a：33）

卢卡斯认为，现代商业周期理论家发现这一理解“大致与他们自己的理解相同”有着貌似的合理性（1977：216）。据此，菲图斯和维卢皮莱（Fitoussi and Velupillai，1987：122）注意到卢卡斯采用了“哈耶克的方法论诉求”，货币主义者大卫·莱德勒（David Laidler）评论说哈耶克和他的导师路德维

---

① 笔者不考虑新古典经济学在非货币主义方面的发展，比如过去十年在真实的经济周期理论方面的研究。笔者也不考虑新古典经济学对凯恩斯主义计量经济学的批判和对公共政策中时间不一致的讨论。

② 正确的参考文献是应该是勒韦（Löwe，1926）。哈耶克（Hayek，1933a：33）总结了勒韦关于现有的均衡理论和商业周期理论之间的概念性张力的讨论，这场讨论始于庞巴维克并体现在20世纪20年代和30年代的一系列文献中（例如Kuznets，1930）。

希·冯·米塞斯应该被认为是“卢卡斯、萨金特以及他们同伴真正的先辈”（1981：12）。

所有这些引起了一系列问题；例如，（1）卢卡斯称哈耶克为其理论前辈之一是否适当？（2）哈耶克的所有研究——并不仅仅是他早期对商业周期理论的研究——与新古典经济学和方法论有怎样的关系？这些是笔者将在本章中考察的两个基本问题。在第二部分，笔者将新古典的方法论立场和哈耶克早期对商业周期研究的范围和方法的反思做了一个对比。这个讨论的一个结果是使我们认识到，从某种程度上来说，卢卡斯称哈耶克为其理论前辈之一是适当的。然而，有一点不能忽略，即哈耶克越来越对均衡理论产生怀疑，而理由与现代理性预期方法紧密相关（第三部分）。在第四部分，笔者将把哈耶克早期对技术经济学的研究，他后期广泛的跨学科贡献和现代新制度理论放在一起讨论。很大程度上，这与哈耶克五十多年前在均衡理论中强调的问题是同样的问题，它们解释了为什么近年来经济学越来越多地“制度转向”——并且以形式化的和主流的形式表现出来。

## 二　哈耶克、卢卡斯与商业周期理论

正如在本书其他地方所讨论的（第二章），哈耶克早期的研究深受一般均衡理论的影响。如卢卡斯（Lucas，1977：215）无误地指出的，哈耶克把均衡理论和真正的经济学理论等同于：

> ……所有经济变量之间普遍相互依赖的现代理论，而洛桑学派的理论经济学对这一理论作出了最完美的表述。（Hayek，1933a：42n）

与哈耶克早期在商业周期的研究（例如 Hayek，1933a）中体现出来的那样，新古典经济学家也具有很强的方法论意识和敏锐感（subtlety）。在一系列的著作中，新古典经济学家（例如 Lucas，1977，1980，1987a；Lucas & Surgent，1979）根据体现他们研究方法之特征的总体研究策略，解释了为什么选择瓦尔拉斯主义作为他们研究商业周期理论的基础：在坚持两个“古典”假设的前提下解释商业周期。这两个假设是“……市场出清……和……个体追求自身利益”（Lucas & Surgent，1979：304）。为了使我们的讨论更加集中，有必要更准确地说明新古典经济学家在这两个假设或者“古典假设”中塞进了什么（同上）。这两个假设本身几乎是毫无意义的。即便是激进的主观主义奥地利学派经济学家，例如路德维希·拉赫曼也不会否认，从暂时的需求/供给均衡这个意义上说，市场出清有时会在很多市场实现，并且人们的行动事实上是“追求自身利益”。

一个明显的特征是，新古典标准框架是一个遵循多元随机过程，而且连续地处于均衡状态的瓦尔拉斯经济。个体信息是局部的，但有穆斯（Muth）意义上的理性预期。在这个框架中加入各种加速器，或者时间效应，使得货币冲击效应在一段时期内的传播成为可能，模拟综合变量之间典型的共变——如卢卡斯（1980）所说的“米契尔（Mitchell）的发现”——就是商业周期。从一个“……价格和数量总是处于均衡状态”（Lucas，1980：287）的随机的瓦尔拉斯框架开始，可使新古典经济学与古典假设，即“市场出清”相一致。新古典经济学家没有看到这种均衡方法和现存的经验证据之间有任何的不一致性，因为“……仅仅只看任何的经济时间序列就得出结论说它是非均衡现象……是……毫无意义的观察”（Lucas and Surgent，1979：305）。而且，超额需求不能与任何“观察到的尺度”相联系。这意味着它们没有任何“观测的作用”（Lucas，1980：287）。这里明显地有强烈的反凯恩斯主义色彩。

第二个古典假设，即个体追求个人利益，所隐含的是所有交易的机会不断地被发现的命题。而且，“理性”扩展到“预期”，因此在新古典暂时均衡模型的背景下，第二个古典假设意味着价格“主观意义上的”（subjectively held）概率分布，与均衡模型所暗含的（客观的）分布不会有系统性的偏离（Lucas，1980：285）。穆斯（Muth，1961）将这个原理称为“理性预期”。

正是在上面这些基本主题——理论和经验证据之间的关系，均衡、知识和预期之间的关系——的背景下，笔者将在本章剩下的部分中讨论哈耶克和新古典理论之间的相似点和区别。笔者在很大程度上会忽视其他相关的因素，例如新古典数量理论方法和哈耶克的维克塞尔主义的（Wicksellian）理论方法，后者意味着明确地拒绝了一种天真的观点，即把数量理论作为商业周期的一种解释。考虑到哈耶克早期对商业周期的研究，笔者将主要关注哈耶克的这一研究和新古典学派对同样问题的研究之间的相似之处。

哈耶克最为明确地讨论商业周期研究的范围和方法的著作，也是他的教授资格论文（Habilitationsschrift）《货币理论与商业周期》（*Monetary Theory and the Trade Cycle*，1933a），似乎支持卢卡斯等人的主张。我们已经知道，哈耶克在这部早期的著作中坚持把瓦尔拉斯主义作为商业周期理论的基础。用经验方法研究商业周期的经济学家，例如米契尔（Mitchell，1927）认为“……确定周期性波动的事实……与一般均衡理论如何相协调”（同上：462）基本上是事与愿违的或者至少是无趣的工作。相反，哈耶克坚持商业周期理论：

> ……必须用无懈可击的逻辑，从理论体系的基本观点中推导出来……必须用纯演绎法解释那些我们在实际周期中所观察到的现象及其所有的特点。(1933a：32 –33)[①]

特别地，认为非货币的（nonmonetary）瓦尔拉斯经济能够一直保持均衡，是哈耶克的均衡理论思想的根本。正如他所说："基据的变化……直接并且立即地，会导致（价格）的变化"（p. 77）；他讨论了"均衡过程的平稳运行，正如在均衡理论中所阐述的"（p. 197），等等。这表明哈耶克在其早期研究中，视（瓦尔拉斯）均衡的存在性、独特性和稳定性为理所当然。如我们后面将会看到的，这点会改变。然而，视非货币化的经济具有根本的稳定性是哈耶克"通过保持货币存量完全固定（但是会根据货币周转率的变化而进行调整），以保持货币'中性'"这一政策的基础。尽管新古典宏观经济学家并不认同这种货币政策，而是更偏向于弗里德曼的"货币存量增长规则"政策，但是他们与哈耶克早期的研究持同样一个基本信念：没有货币冲击的经济基本上是稳定的。

与他大部分同时代的人（尤其是熊彼特）相反，哈耶克并不认为瓦尔拉斯经济是静态的。当然，这是完全合理的，因为，例如，阿罗－德布鲁经济与随时间而产生的波动完全一致，并且自然状态也是可以实现的。[②] 而且，完全预见（per-

---

① 比较卢卡斯："通过建构最真实意义上的模型，就展现了他对经济周期的理解；一个随时间变化的、得到充分表述的人造经济，会真切地模仿真实经济中的时间序列行为。"(1977：219)

② 这不是一个非历史的观察，因为哈耶克（1928）（先于林达尔和希克斯）采用了跨期均衡作为他理解波动和均衡的一致性的基础。当然，哈耶克强调这种波动在商业周期理论中并非关注的对象，主要是因为这种波动不会减少福利。基于他的马歇尔主义的时期分析，罗伯特森（1926）得到了本质上相同的观点。

fect foresight）——与理性预期确切等同——刻画了非货币化瓦尔拉斯经济的特点（1933b：143 - 143）。[①] 事实上，哈耶克似乎在经常暗示，他所说的那些个体拥有他们的世界的正确模型（参照 c. 2）。

总之，我们可以观察到以下哈耶克早期的研究和新古典的方法论立场之间显著的相似性：（1）将跨期瓦尔拉斯均衡（或者派生的构造，如临时的均衡）作为商业周期理论分析出发点的建议；（2）非常强调方法论个人主义和主观主义，即根据“经济行动的逻辑”（Hayek，1933a：30），从“……人们发现他们自己所处的状态……当他们自己看待那些状态时”（Lucas，1987a：57）这个洞见开始解释经济现象。这个演绎的和个人主义的出发点解释了哈耶克和卢卡斯都反感加总理论（Hayek，1935a：1 - 32；Lucas，1980）；（3）最后，我们会注意到一种相似性，它与赋予完全预见/理性预期和市场出清以现实意义有关，因此它们不仅仅是启发式建构（Lucas，1933b：143 - 144；Lucas，1987b）。

如果我们将注意力转到哈耶克的商业周期理论（有别于他对方法的反思），那么卢卡斯等人提出的观点似乎将得到巩固。和在卢卡斯（Lucas，1975）的商业周期的货币理论中见到的一样，哈耶克（Hayek，1935）的分析是在一个竞争性的框架中，从最大化、局部信息的个体、把货币冲击视为引起周期的“脉冲”和把资本结构的跨部门变化视为传导货币跨时期冲击效应的机制等开始的。通过价格体系传播的错误信息在哈耶克的理论中起到了重要作用，在卢卡斯的理论中也有同样的重要

---

① 理性预期的 1929 年版本，参见哈耶克（Hayek，1933a：69 - 70）。预见了对理性预期假设的现代批判，艾利斯（Ellis，1934：355）注意到哈耶克笔下的个体“结合了爱因斯坦的‘数学魔力’（mathematical wizardry）和哈耶克的经济理论能力”。

地位。

哈耶克解释说，任何商业周期理论都必须包含“假设企业家已经犯了错误”（1933b：141）。在一个动态经济中，潜在基据的改变当然会造成这种错误。但是，一个商业周期理论并不能构建在这个基础之上，因为“基据”的改变在总体层面上会“界出”（net out）（对比 Lucas，1977：228）。需要强调的是为什么“企业家会在同时，并在同方向犯错”（1933b：141）。“嘈杂的”价格信号提供了一个解释：“……可能是当他们（企业家）作出决定的时候，价格已经存在了，以及他们对未来的看法必须基于这个已经存在的价格，创造了必然是失望的预期。”（1933b：141）在哈耶克的著作中，相关的价格信号是可观察到的贷款利率，个体将它视为自然利率的可靠替代。在哈耶克的框架中，不可预期的和货币引起的贷款利率和自然利率的不一致，导致了投资项目与资源的稀缺性和跨期偏好不符，因而投资项目最终会失败（参见第二章对该理论更加全面的阐述）。[①] 这是一个危机。

因此，卢卡斯等人的断言，即哈耶克是新古典经济学重要的先驱，不论在方法论层面上还是在理论层面上似乎都是可以得到确认的。但是，需要注意的是，事实上只有哈耶克早期的研究才可以被援用来说明他对新古典经济学的真正预见。这是因为，在 20 世纪 30 年代，哈耶克开始越来越怀疑均衡理论。从根本上说，哈耶克的怀疑态度与（静态的）均衡理论运用到理解（动态的）现实的困难有关。当然，在那个时候，那并非一个不同寻常的认识，但是，正如笔者要讨论的，哈耶克的反

---

① 这种总体上的明显相似不能掩盖具体理论的差异。利率在哈耶克的理论中占据中心地位是有极其重要意义的，这使他的理论成为“维克塞尔联系”（Leijonhufvud，1981）的一部分，而老练的新古典货币主义却使其属于数量理论的方法。

应与他同期的经济学家的反应并不一样。总之，哈耶克后来（战后）对文化演化的研究与20世纪30年代困扰他的问题有着直接的关系。

## 三　均衡与协调

### （一）均衡概念与商业周期理论

凯恩斯主义之前的货币、资本和商业周期理论家，他们的主要努力是试图建立一个能使他们能消除静态均衡理论和动态现实之间的紧张的理论框架，这种紧张关系是他们中很多人都认识到的。很自然地，这种紧张关系使商业周期理论家获得了某种特殊的力量。实际上，在两次世界大战期间，所有想到新均衡概念的经济学家的一个主要研究工作就是解释商业周期（例如 Robertsion，1926；Hicks，1933）。这些努力产生了例如，哈耶克（Hayek，1928）的跨期均衡概念，以及瑞典的（林达尔、缪尔达尔等人）和马歇尔主义的（罗伯特森）周期分析。

在一个对凯恩斯理论的扩展性抨击中，卢卡斯和萨金特（Lucas and Surgent，1979）表达了他们对这些努力的认可，并将它们与凯恩斯的研究作了一个很好的对比。根据卢卡斯和萨金特的观点，凯恩斯主义之前的理论家——与凯恩斯相反——认为不需要"……为解释商业周期而建立一个有着它自己的特殊假设的经济学分支"（p. 304）。经济学家如哈耶克和他同时代的学者本质上遵循与新古典经济学一样的研究策略：通过建立现存的时间序列和连续均衡之间的联系，可以使分析模型的逻辑时间与历史时间相协调。

正是在这一点上新古典学说史严重地曲解了凯恩斯主义之前的理论家，尤其是哈耶克。让我们关注一个典型的例子，约翰·

希克斯直接宣称商业周期理论“超出了均衡理论”（1933：35）。这样的评论——在当时的理论家中具有代表性——并不意味着与在非理论方面研究商业周期的研究者（例如，米契尔）形成了结盟关系。它们反映的是，意识到了将均衡理论应用于理解货币经济中的周期现象存在的微妙问题和困境。

特别地，希克斯的评论证明凯恩斯主义之前的理论家实际上否认可观察到的商业周期与它们时间序列上的、连续均衡的呈现之间存在关联。哈耶克尤其明确地指出了商业周期理论家面临的这个两难困境的特征。在批评商业周期的“非货币理论”时（斯皮特霍夫、熊彼特、庇古以及其他人），哈耶克指出这些理论面临一个严重的理论困境：

> 出现这个困难是因为，在陈述……（一个真实的冲击）……的影响的时候，他们必须利用均衡理论逻辑。然而这个逻辑……最多只能表明这样的扰动只能来自外部……经济系统总是通过著名的适应方法，即通过形成新的均衡对这样的变化作出反应。（1933a：43）

换句话说，均衡理论面临一个严重的“库恩异常”（Kuhnian anomaly）问题：给定哈耶克严格的均衡理论概念（参照第二部分），这个理论不能使那些**观察到的**“**背离**均衡的发展”合理化，而这种背离是商业周期的特征。这是哈耶克在论述商业周期现象和均衡理论之间存在“一个明显的矛盾”时所表达的意思（参照第一部分）。事实上，哈耶克（Hayek，1933a）——卢卡斯非常热情地引用过——这一著作是对现存的均衡理论**不能**使商业周期合理化的一个扩展性的宣告。当然，这并没有使哈耶克变为历史主义者或者制度主义者而拒绝新古典经济学（如罗伊、米契尔和库兹涅茨那样）。相反，均衡理论应当得到进一步发展。

利用一个有名的论点，哈耶克（Hayek，1933a）认为，因为瓦尔拉斯模型不能让人信服地模拟商业周期，现实世界中存在的商业周期肯定是由这个模型中不存在的一些原因，即货币和信用引起的。瓦尔拉斯理论就其本身而言，对于商业周期的理论理解是不充分的——货币理论必须纳入其中［也是希克斯（Hicks，1933）的结论］。或者，换句话说，凯恩斯主义之前的理论家事实上主张需要“经济学的一个特殊分支……以专门解释商业周期”。

### （二）开始怀疑均衡理论

哈耶克早期的大部分研究都试图建立分析工具以应对商业周期的经验现象给经济学理论带来的挑战。因此，哈耶克在1928年对跨期均衡的介绍，从本质上来说是试图提供一个工具，以处理在资本理论和商业周期理论领域中出现的那些因果过程。他之后对资本理论的研究（Hayek，1941）也许也应当从这个角度加以理解。然而，哈耶克越发清楚地认识到，跨期均衡在应用上和概念上都存在问题。例如，在包含了完全预见这个分析结构的情况下，如何分析以不确定性和不完全信息等为特征的货币经济中动态的、连续的过程，例如商业周期？[①] 如何能利用这样一种工具分析作为商业周期之特征的协调问题？如同样严格地使用前面已经讨论过的阿罗－德布罗模型，那么阐明凯恩斯主义这种类型的问题，无非就是完全消除这类问题（Hahn，1973）。

---

① 更复杂的是与跨期均衡中加入货币媒介问题有关的。正如其同代人（如Hicks，1933）的批判所表明的，哈耶克本质上面对的是在一般均衡中加入货币的问题。

哈耶克并不是试图通过提出新的分析概念来消除这个问题——如人们可能认为林达尔对暂时均衡的创新是这么处理的——而是关注经济学理论中更加深刻的问题。然而，完全预期假设作为均衡的决定性特征，在他的思想中依然很重要。一般认为这个假设对于均衡分析的应用是必要的（参照 Hicks，1933）；然而，使完全预期成为一个好的“逼近”所需的条件仍然不清楚［另外，这个假设似乎会引起逻辑上的问题，关于这点参见摩根斯坦（Morgenstern，1935）的论述］。哈耶克似乎是最先指出这点的经济学家之一：

> 要使这种预见……具有可能性，唯一的方式是所有的……价格实际上事先就在某个单一市场上同时固定下来，并且这是一个不仅交易现货，而且也交易所有期货的市场。(1935e：96n)

换句话说：在没有十分独特的市场组织，即利用拍卖商的服务使所有的远期市场（forward market）出清时，不能再假设完全预期具有描述上的正确性。差不多在哈耶克对均衡理论的标准假设开始产生怀疑的同时，他卷入了社会主义经济计算大辩论中。他著名的立场——在他 1945 年的论述（Hayek，1945）中有出色的总结——是由于局部的、经济相关的知识的特殊性，分散利用知识的市场和扩展性的财产权能比中央计划更好地利用所有的信息（第四章会有更多讨论）。

### （三）《经济学与知识》

所有这些似乎都反映了哈耶克越来越意识到经济学理论中认识论问题的重要性。正是这点使他对“协调问题”有新的认识：当每个主体仅拥有不完全和异质的知识，而他们每一个人都卷入到复杂的、扩展的劳动分工中时，众多的主体如何能成功地协调他们的行动?[①] 这个协调问题是亚当·斯密思想的核心，但之后因为例如完全预期/完全知识假设的使用而被忽视了。哈耶克第一次全面地讨论“斯密问题”是他1937年的文章:《经济学与知识》。

在这篇文章的导论部分，哈耶克解释，他会考察:

> ……有关不同社会成员持有的知识的假设和命题在经济学分析中的作用……（与）……形式性的经济学分析究竟在何种程度上传达了有关现实世界中所发生的事情的知识。(1937：33)（译文引自哈耶克:《经济学与知识》，载《个人主义与经济秩序》，邓正来译，生活·读书·新知三联书店2003年版，第52页——译者）

很明显，这里哈耶克关注两个不同的认识论层面：被分析个体的知识和做分析的经济学家的知识。这种二分法背后的逻辑是，只有在“重言式”（tautologies of）的经济学理论中附加“有关知识是如何获得和交流的明确阐述”（同上）时，经济学家在经济学范围内提出有关因果关系的重要命题才是正当的。[②]

---

① 卡尔德威尔（Caldwell，1988）实质上认为卷入社会主义经济计算大辩论是仅次于他意识到协调问题的重要性的关键事件，而福斯（Foss，1995）认为哈耶克对商业周期理论的研究在这里是同等重要的。

② 这一立场通常被解释为对米塞斯的隐含攻击，因为——据说如此——米塞斯认为所有经济命题都可以从一个先验的命题推导出来。这是对米塞斯的误解，而哈耶克的立场也并不必然背离了米塞斯，这体现在这一事实中，即米塞斯并没有宣称所有的经济学都能以纯粹理性主义的方式推导出来。通常，必须加一些“据情况而定”（contingent）的、非先验为真的“辅助性假设”。这与他明确说人类行为学可以用纯理性的方式去构想是两回事。

通过（进一步地）区分个体的均衡和相互依存的个体构成的系统均衡，哈耶克的这一观点变得更为具体了。对于单个个体，均衡不会造成特殊的问题：行动“作为行动”总是基于计划的行动，而计划是基于对客观存在的主观感知。哈耶克认为，根据这些感知，对于单个个体来说，均衡可以被认为是先验存在的。它遵循“纯选择逻辑”——这里他大概是指米塞斯的人类行为学。现在，那个阐述本身可能是有问题的，但是为了便利讨论另外的问题，哈耶克先把它放在一边。他认为，只有当我们希望在个体均衡和相互依存的主体构成的系统均衡之间建立对应性时，问题才会出现。为阐述社会的过程，但使用的却主要是用于理解单个个体的行动的逻辑，一般来说这种合成加总原则是不允许的。但是为什么会这样？既然每个个体可以在任何时候达到均衡状态，为什么在相互依存的主体构成的系统中，均衡不能同时达到？

哈耶克仔细分析了这个问题，他认为如果这些主体对客观现实都有相同的感知，那么谈论相互依存的主体构成的系统的均衡（即计划的一致性）才是有意义的。重要的是，这个现实包括其他个体的行动和计划。哈耶克认为，标准的均衡理论忽视了这个困难，因为作为惯例，它假定所有的主体都有关于客观现实的相同知识。认为借助于我们理解单个个体行动的选择逻辑，就能获得关于社会过程的命题，这必然等同于假定所有的主体都拥有相同的知识，以及“这样的陈述，即如果人们无所不知，那么他们便会处于均衡的状态之中，这个陈述的正确性显然是因为我们就是那样定义均衡的”（1937：46）。

问题是完全信息、完全预期等假设，“……未能对这样一种均衡状态将在何时并以何种方式产生的问题做出任何解释”（1937：46）。换句话说，“纯粹的均衡分析”并不能说明任何有关非均衡或者趋向于均衡的问题。与此有关的命题必须是经验命题；具体地说，它们必须是“关于获取知识的命题”（p. 33）。只有关注这些命题，也就是说，通过对学习过程的理论化，经济学理论才能够解决为什么个体“应该永远是正确的”（p. 34）问题，这是实施一致的计划：“……如果我们想提出这样一种论断……即人们将趋近（均衡状态），那么我们就必须解释他们将通过何种途径获得必要的知识”（p. 46）。

对这种协调状态感兴趣的唯一正当理由是“假设趋向均衡的趋势的存在”，尽管哈耶克并没有怀疑这种“趋势”是一个经验事实，但他那个时代的经济学没能在理论上将这种趋势合理化，这使他感到焦虑。回避或者不考虑学习过程——如卢卡斯所明确做的那样（1987b：218）——暗含的是假设“斯密问题”已经解决了。用现代术语来说，哈耶克强调的问题——几乎与瓦尔德（Wald）和冯·诺伊曼（von Neumann）同时——是稳定性问题。他也对现在宏观经济学中非常盛行（尤其是受到了新古典理论的影响）的“代表性的个体”（representative agent）模型（Kirman，1992）提出强烈的批评：如果我们只关注代表性个体，仅应用“纯选择逻辑”，所有有趣的协调问题都会被忽视。

而且，哈耶克明确了一些仍未得到令人满意的解决的深层次问题：如果没有经济活动的明确协调者，个体如何能利用所有潜在的、能够提高效用的交易的可能性，如何知道他们什么时候需要发现什么商品能交易、能在哪里交易、什么时候交易、和谁交易、以什么价格交易等等（参照 Fisher，1983）？如假设——如新古典经济学所做的——个体理性意味着一直都不存在增进效用的交易可能，那么对于哈耶克来说，这就相当于不合理地把个体的理性等同于系统的理性，从根本上说，这就回避了他在《经济学与知识》中论述的那个问题。让我们回到理性预期；哈耶克的个体均衡和相互依存的主体构成的系统的均衡之间的区别，在这个背景下也有重要的意义。①

### （四）哈耶克，知识和理性预期

哈耶克（Hayek，1937）认为作为一个启发式原则，对经济学理论中的假设的评价，一般来说应基于这一点，即给定的假设从“……被认为有可能是真的；至少在大体上，必须有可能证明在特定情形中是真的”（p. 37）这个意义上说是否具有“正当性”。应用这一原则，我们认识到经济主体——“至少在大体上”——能够将效用最大化，因为这个活动包含纯粹的个人决策。然而，理性预期均衡的形成预测需求，和内生变量的均衡分布参数的知识，这个假设“……在分散的竞争市场的背景下，一般来说不能被认为有可能是真的”（Frydman，1984：111）。如大量关于趋向理性预期均衡的文献所表明的，哈耶克关于个体均衡和多主体经济中的均衡之间的区别确实是非常根本性的（参见 Machlup，1983；Arrow，1987b）。

进一步考察哈耶克（1937，1945）对经济学分析中知识的作用的探讨，那么就更加容易理解哈耶克和新古典经济学之间在基本的方法论和认识论上的区别。哈耶克（1937）对学习过程的讨论所隐含的是那个被他视为“**知识分工**”的问题（p. 50），或者，如现代奥地利学派经济学家所说的，那个“不同的人了解不同的事”的事实。给定这个分工，经济学的核心问题是解释，通过“……一群每个人都只拥有少量知识的人之间的自发互动”（pp. 49 – 50），是如何产生只有当计划者拥有全部的社会知识储存（这里的要点就是“没有单个的人拥有”）时才有的结果（这里指的是“均衡”），通过全盘的计划

① 哈耶克的区分的另一个现代含义是个体行为对总的超额需求施加的弱限制所产生的桑南夏恩 – 德布鲁（Sonnenschein – Debreu）效应。

才能产生。这可以被看做是现在主要与哈耶克（和卡尔·波普尔）有关的方法论立场的早期版本：社会科学主要的应用领域是**有意识**的人的行为导致的**无意识**的结果。例如，市场现象，是“看不见的手的解释对象”（参照 Ullman – Margalitt, 1978）。

当然，哈耶克局部信息的洞见自然会产生显著的影响，特别是在新古典经济学的微观经济学部分。“哈耶克式”（Hayekian）的主体和新古典经济学的主体在认识论上的关键区别，本身与不完全信息问题并没有关系。相反，哈耶克笔下的个体并不知道“经济体系的结构”（Muth, 1961：5）。哈耶克（1933a）早就强调经济主体一般来说不会拥有关于经济运行的理论/科学知识。正如他提出的：“……生产是由价格控制的，独立于个体生产者对整个过程所拥有的任何知识”（p. 84）。在《知识在社会中的运用》（1945）中，哈耶克对科学知识（“一般规则意义上的知识”，p. 80）和“有关特定时空的情势的知识”作了明确的区分。

在我们这个讨论背景中，这种区分意味着“相关经济理论的预测”（Muth, 1961：3）和局部知识之间的重要区别。哈耶克对科学知识和实践知识之间的区别（就如事实上那样）——每一个哲学史的学生都会认识到——本质上是对“看不见的手”的推理的应用：经济系统发挥作用，而且原则上并不需要任何人精确地拥有“为什么会这样”的科学知识。当然，这并不意味着这个“为什么”——也就是说，“看不见的手”的过程的性质，是这个过程将个体行动综合成整体的（有利的）无意识的结果——是无趣的。

相反，理解这个过程是非常重要的；正如富兰克林·费雪（Franklin Fisher, 1983）所阐述的，构建一个令人满意的稳定性理论对于均衡分析的可应用性是必需的。因此假定个体拥有关于“经济体系的结构”的知识就相当于忽视哈耶克对知识的分类，也等同于忽视经济现实中还没有得到（完全）理解的方面（稳定性、学习过程等）。最重要的也许是：它给社会科学中那个最基本的待解释对象，即“人的行动的无意识结果”没有留下什么余地。如阿罗（Arrow，1987b）在相似的背景下观察到的：“如果每个个体都拥有经济的完整模型，经济的运行之手事实上就是清晰可见之手。”（p. 208）换句话说：通过如此宽泛地论述个体的认识能力，那么市场现象的解释就无需使用“看不见的手”的观念，而是本质上可从“完全有意识的”这个方面去解释。

## 四 结论性评论：迈向新制度经济学理论

正如哈耶克在《经济学与知识》中所阐述的，均衡理论，或者“纯选择逻辑”，是一种目的—手段逻辑练习。这种逻辑并没有包含任何关于“知识是如何获取和交流的”（p. 53）的因果阐述；因此，这对于变化的过程，特别是稳定性问题的理解是不充分的。一个给定时点的个体决策，可以应用“纯选择逻辑”去理解。决策往往是不一致的，因此价格/数量反馈的结果也是不一致的。但是，正如柯兹纳（1979）所解释的，对于哈耶克来说，“……在逻辑上，不能用市场参与者在某一个时间作出的一系列选择去说明他们将来某个时间作出的一系列选择”（同上：27）。换句话说，正如哈耶克所做的，如果我们仅将理性和纯选择逻辑联系在一起，那么学习（包括**新的**目的—手段结构的建立）就不可能是一种理性活动。当然，对米塞斯“人的行动”的人类行为学概念也会提出同样的批评，因为这完全是一个从“逻辑一致的目的—手段结构”的角度构建的概念（Lachmann，1951）。柯兹纳（1979）的企业家理论代表了奥地利学派经济学试图消除拓宽理性的范围所产生的问题，使其也包括对新的交易机会的“企业家警觉”（entrepreneurial awareness）。但是哈耶克呢？

如果我们只坚持哈耶克对技术经济学的研究，我们必定得出结论，认为他并没有解决这个问题。但是，将关注的范围扩大到他后期在政治哲学、法学等跨学科方面的研究，我们就能够提出这样的观点，即哈耶克事实上拥有一种将分配和学习结合在一起的理论。而且这个理论与柯兹纳的新奥地利学派经济学理论是不同的，尽管不一定是相反的。

哈耶克战后的扩展性研究中贯穿了一个主题：反对被他认定的笛卡尔主义的理性概念，也就是说，那种完全从一个明确的和给定的假设中进行逻辑演绎的理性概念。与此相反，哈耶克认定了——并且支持——一个悠久的哲学传统，这个传统主要与苏格兰启蒙哲学家，例如大卫·休谟、亚当·弗格森和亚当·斯密等有关，在这个传统中，理性意味着“……当一个人遇到真理的时候，他有认识真理的能力，而不是根据明确的假设进行演绎推理的能力”（Hayek，1967：84）。换句话说，理性应与“学习”和“规则遵循的行为”相等同，这个立场与他早期的立场（例如 Hayek，1937）形成了鲜明的对比。这相当于拒绝那种从“纯选择逻辑”出发的、严格的“情境逻辑”所代表的理性概念，在这种逻辑中，个体仅仅是“零”（波普尔的术语）；并且更加“历史地”看待个体。

尽管根据这种概念，行动不再是服从“情景逻辑”的个体的“零”的问题，但是外部的影响依然很重要：行动可能会受到规范和制度等的约束，部分受它们决定。而且，许多行为是受隐含特征为主的规则的支配的。然而，这些社会的形构（formations），例如规则、规范和制度可以和各种演化和“看不见的手”的解释联系起来，根据其他主体早期的行为，进行

“历史的”解释，但要有经济学理论的指导（Ullman Margalitt，1978）。这种“制度个人主义”是一种放宽对个体认知能力的要求并且更加现实的方法：规则、规范、制度等带来了稳定性和对社会前景的预见。这意味着哈耶克（战后）对社会制度的兴趣和他的文化演化理论可以被看做是为他 1937 年就已强调的协调问题提供一个“制度导向”的答案的尝试。社会制度框架有助于协调状态的形成，哈耶克在后来的著作中将这种协调状态称为“自发秩序”（Hayek，1973）。

在哈耶克（从 1937 年开始）的研究中，我们看到一种把经济理解为一个动态过程的兴趣、对个体认知能力的关注以及对非设计的社会制度的强调等的出现，而这些恰恰是一种新的和正在扩展的经济学方法——经常被称为“新制度主义”——的范式特征（Langlois，1986a）。在本书剩下的部分，笔者将会更多地讨论这些相似性。但是新古典主流经济学家对社会制度也有越来越多的理论关注，一个证据是，例如，近来以新古典方法为导向的企业和合约理论研究突然很活跃。制度的议题不再由“古典的”（凡勃伦式）制度主义者确定。这种“制度转向”极大地刺激了经济学家对斯密—门格尔—哈耶克的主题——作为自发的、非计划形成的制度——的兴趣。这一点已经反映在罗伯特·萨格登（Robert Sugden，1986）、安德鲁·肖特（Andrew Schotter，1981）以及其他经济学家对博弈理论的扩展性研究之中。

这个对社会制度的不断增加的兴趣并不能在新古典的纲领中找到。新古典经济学中一个核心的启发式主题是坚持所有的经济现象都被简化为基本的基据，即技术和偏好。这意味着“自由参数”，即不能使用理性选择理论来解释的社会实体，在所有的社会科学解释中都应当避免。这种简化主义表面上似乎排除了利用制度约束来解释个体行为。正如卢卡斯所承认的

(在他 1981 年那部著作的“导论”中):“在某种具体层面上,社会习俗和制度结构影响这些(观察到的行为)模式。”但是,他继续道,这些社会形构

> ……不是突然出现的,也不是任意地将自身强加于个体行为人。相反,制度和习俗正是为了有助于满意地匹配偏好和机会而设计出来的。(p. 4)

换句话说,卢卡斯似乎坚持把**每一种**社会现象都解释为有意识的,即是有意识地设计出来的。在后来的著作中,卢卡斯(Lucas, 1987b)略微放宽了这种极端的立场,但是依然认为在一定程度上经济学家应关注有效均衡的研究,而对制度形成和变迁作单独的经济研究则是没有必要的(同上:218)。然而,哈耶克(1937)对社会协调问题的兴趣和他后来的跨学科研究所隐含的恰恰是,我们寻找社会制度存在的理由,要从社会现象并不处于连续的有效均衡这个事实出发。因此,在新古典的研究纲领中,似乎很难获得对制度的充分理解。在本书剩余部分,笔者会关注哈耶克和米塞斯的研究与(广义上理解的)现代制度和演化经济学之间的关系。按照时间顺序,笔者将先讨论社会主义经济计算大辩论,这可以说是导致哈耶克脱离均衡理论的一个事件。

# 第四章　经济学与社会主义：奥地利学派经济学的再审视

## 一　导　言

在过去几年中，许多西方知识分子的思想发生了转变，这主要是因为在世界范围内中央计划经济制度的崩溃。在经济学家当中，也发生了这种思想转变。以弗兰克·哈恩（Frank Hahn，1990）为例，在他很罕有的一次对政治经济问题的涉足中，我们注意到他的反应“……与哈耶克《通往奴役之路》（1944）一书中的主张相近，而这是一本笔者年轻时讨厌的书”（p. 142）。哈恩评论道：“……近来关于代理理论和信息问题的研究，是加强了而不是弱化了哈耶克观点的力量。”（同上）类似地，我们注意到英国马克思主义经济学家安德鲁·甘布尔（Andrew Gamble，1985/1986）赞扬路德维希·冯·米塞斯（1920）批判社会主义的论证“逻辑严密”，以及哈耶克对社会主义经济学的贡献，这部分是由于“很多社会主义者对于社会主义的可行性变得没有把握”（p. 365）。在一个更为具体的层面上，我们发现保罗·萨谬尔森（Paul Samuelson，1983）总结道，熊彼特“在社会主义理性经济计算可能性的问题上，认为兰格（Lange）和勒纳（Lerner），而不是路德维希·冯·

米塞斯取得了胜利是异常天真的”（p. 176）。①

在五十多年前的大辩论背景下产生的奥地利学派思想，突然之间受到人们的关注，是什么原因？当然，从中央计划经济的突然崩溃（当然是在多年的停滞之后）中可以找到部分的解释，这一事件促使人们为它寻找一个更为全面的经济解释。在这样的一种解释中，奥地利学派对全盘社会主义持彻底批判的态度，引起人们的关注是非常自然的。

另外一种可能的解释是，自20世纪70年代末以来，在比较制度学说史内部，修正主义的趋势日益明显（Vaughn，1980；Nelson，1981；Nelson and Winter，1982：Chapter 15；Lavoie，1981，1985，1986；Steele，1981；Keizer，1987，1989；Murrell，1983；Kirzner，1988；Rothbard，1991；Ebeling，1993）。值得注意的是，这种新修正主义主要见于非正统阵营，特别是奥地利学派经济学家和演化经济学家之中。

相反的是，对发生于20世纪20年代和30年代的**社会主义大辩论**中发生了什么的解释，长期以来却是被新古典经济学家主导。据说，历史是由胜利者书写的，那些至少已宣称赢得了经济计算大辩论的，主要是具有形式主义偏好的、新古典导向的经济学家，如奥斯卡·兰格和阿巴·勒纳。

在这一章中将要进行简短考察的是这场辩论的学说史（historiography）。并且将更进一步说明现代经济学——各种类

---

① 所有这些都说明，经济理论长时间滞后于经验证据。听听列夫·托洛茨基（Leon Trotsky）对这一试验经历的描述吧，他是历史上第一位试图理解全面的中央计划、苏联战时社会主义的人：“我们是如何开始的？我们首先……在经济政策上坚决地，也是毫不妥协地与资本主义的过去断绝关系。当初，是有市场的——我们把它取缔了，是有自由交易的——我们把它禁止了，是有竞争的——我们把它取消了，是有商业计算的——我们把它废除了。用什么代替呢？中央的、严肃的和神圣的‘国民经济超级经济委员会’，通过它的权威机构，分配一切、组织一切，也照看一切：机器、原材料以及最终产品的去向，所有这些，都由单一的中央决定并由它分配。我们的这一计划失败了”（引自 Szamuely，1974：94）。对此，经济学家难道不应该思考些什么吗？

型的新制度经济学和演化经济学——的洞见，可认为是加强了米塞斯和哈耶克等人当初在计算辩论背景下提出的奥地利学派的观点。因此，前面提到的修正主义者，至少其中有一些人的看法，笔者是隐含地同意的，他们认为很大程度上这些观点在纯新古典的框架内是无法表达的。笔者与他们不同的地方在于，笔者是从新制度主义和演化理论，而不是从奥地利学派的市场过程理论的角度去解释奥地利学派的观点的（对于那种解释，具体可见 Lavoie，1985 和 Kirzner，1988）。然而，结果证明，这两种解释很大程度上是互补的，它们都利用了米塞斯与哈耶克在大辩论中提出的部分观点。

## 二　比较制度学说史中的新修正主义

### （一）新修正主义概述

人们一般认为，在过去的 20 年中，那场关于比较经济体制的大辩论已引起人们越来越浓厚的兴趣，根据唐·拉夫尔（Don Lavoie，1985）的看法，那场辩论应被视为最重要的一场辩论：在这里称之为“社会主义经济计算大辩论”。这场辩论以不同的节奏并在不同的阶段上发展，延续的时间长达二十多年，无数重要的经济学家都卷入其中。反社会主义一边的主角是米塞斯、哈耶克和莱昂内尔·罗宾斯，而在社会主义这边，有奥斯卡·兰格、阿巴·勒纳、莫里斯·多布（Maurice Dobb）、亨利·迪金森（Henry Dickinson）和弗雷德·泰勒（Fred Taylor）。[①]

---

① 主要的文献有：米塞斯（1920，1936）、哈耶克（1935b & c，1940，1945）和泰勒尔（1928）、迪金森（1933）、兰格（1936/1937）、勒纳（Lerner，1944）。霍夫（Hoff，1948）做了一个早期的，也是全面的综述，主要针对的是奥地利学派一方的观点。值得一提的是，对辩论的探讨实际上是某种理性的重构，因为多数假定的辩论，是在社会主义经济学家之间发生的，因为米塞斯，就其被提到的场合而言，都是被丑化的，而哈耶克和罗宾斯很大程度上被忽视了。

如已经指出的，这一不断提升的兴趣的总趋势明显是修正主义的。简而言之，对奥地利学派的初始观点的一个精确阐释，据说能够揭示出与这些“标准的解释”极不一致的东西。尤要指出的是，唐·拉夫尔（Don Lavoie，1985）试图把标准性解释的出现，追溯到经济计算大辩论中双方之间存在的根本性的——实际上是范式的——差异之中。新古典市场社会主义者没有理解米塞斯、哈耶克和罗宾斯等人批判他们时所采取的具体的奥地利学派的方法。

另一方面，奥地利学派经济学家自己也没有真正认识到，在基本的理论架构方面，他们和他们的对手是十分不同的。如柯兹纳（Kirzner，1988）指出的，奥地利学派经济学家认识到他们是一个不同的学派，主要要归功于经济计算大辩论。正是由于经济计算大辩论，奥地利学派经济学家意识到他们的方法从根本上不同于他们对手的形式主义的一般均衡方法。关于这种关联，理查德·纳尔逊（Richard Nelson，1981）说道：

> 有意思的是，相对于兰格来说，冯·米塞斯……与哈耶克……是以一种更加偏离于现代福利经济学的方式提出他们的观点的。(p. 95n)

经常有人认为（例如 Koopmans，1957：42），对于使瓦尔拉斯主义成为新古典经济学，特别是福利经济学的主导方法而言，经济计算大辩论起到了推动作用；具有新意的是，上面提到的新奥地利学派的观点认为，大辩论事实上对奥地利学派也起到了类似的作用。同样有新意的是，大辩论并没有随着市场社会主义者宣称取得了胜利而结束。

### （二）标准的解释

大约从阿博拉姆·伯格森（Abram Bergson）写了他权威性的综述文章《社会主义经济学》（1948）开始，一直到新修正主义，有一种确定的解释——“标准的解释”——被普遍接受。它认为，在理论层面，经济计算大辩论的主题和分歧都已最终分出了胜负：大辩论以奥地利学派经济学家的失败告终。熊彼特（1942：185）总结了这种当时正在形成的共识，说道：“……作为一种逻辑上的蓝图，不可否认，社会主义的蓝图在更高水平的理性下绘出来了。”

在当时的理论陈述技艺的帮助下，市场社会主义者的贡献，特别地在于对“社会主义经济中，理性地分配资源在理论上最终是可能的”给出了终极的证明。剩下的只是细枝末节的计划的技术，即“计划经济计量学”（planometrics）（Wilczynski，1970）或“资源分配机制”（Hurwicz，1971，1973）。

拉夫尔（1985）对这种“标准的解释”的具体方面做出了全面的论述；下面简要地予以说明。在1920年前，中央计划方案的经济内容是正统的马克思主义，它以劳动价值单位和货币“清偿”（liquidation）、价格和利润动机为基础进行中央计划。如大卫·拉姆齐·斯蒂尔（David Ramsay Steele）所观察到的，当时几乎“任何一位活跃的社会主义者”都知道《反杜林论》中那著名的一段话，他们“几乎都能把它背下来”，在这段话中，恩格斯是这么说的：

> 社会可以简单地计算出：在一台蒸汽机中，在100升的最近收获的小麦中，在100平方米的一定质量的棉布中，包含着多少劳动小时。……人们可以非常简单地处理这一切，而不需要著名的“价值”插手其间。（引自

Steel, 1981：12)(中译文引自《马克思恩格斯文集》第九卷，人民出版社2009年版，第326页)

米塞斯（1920）对这种方案作出了明确的反应，他提出了一个本质上与之相对的观点。他说，在既没有反映真实的稀缺性，也没有不同商品的所有权的拥有者之间的互动所产生的价格的情况下,[①] 理性的经济“计算”是不可能的：

> 没有自由市场，将没有价格机制；没有价格机制，将不会有经济计算……我们看到，在没有经济计算的指引时，社会主义经济秩序在由各种可能的与可想象的经济组合构成的汪洋大海中扑腾……社会主义是对理性经济的消除。(Mises，1920：110 - 111)

没有价格，决策者就没有有关“要素服务的各种可替代用途的相对经济重要性”的相关指标。这是为什么从经济意义上说，社会主义是在“黑暗中摸索的制度”(Mises，1949：700)。

在第一波浪潮退却之后，米塞斯价格体系对“理性的经济计算”的必要性这一观点，被结合到了瓦尔拉斯计划模型中。这些理论的努力包含一个常常被“标准的解释”所重复的论战焦点，即米塞斯社会主义分配“不可能性”的命题某种意义上

---

① 注意这种区分。价格制度对理性分配的必要性，高森（Gossen）在1855年就已经指出，后来弗里德里希·冯·维塞尔（Friedrich von Wieser)，马克思·韦伯（Max Weber)、鲍里斯·布鲁兹库斯（Boris Brutzkus)、帕累托（Pareto)、瓦尔拉斯（Walras）(Menard，1990)、皮尔逊（Pierson)、巴罗内（Barone）和米塞斯之前的很多人，都重述了这一观点（见 Ebeling，1993）(对米塞斯一些不那么有名的先驱者的学术性探讨)。换句话说，如兰格所言，在1920年，这就已经不是一个新观点。然而，有新意的是米塞斯对产权的强调。正是这一观点被兰格误解，并被误读为本质上的制度主义观点。后面对此有更多论述。

已经被证明是错误的。这是因为，巴罗内（Barone）在1908年（之前帕累托也做过）证明，分配问题在私有企业经济和社会主义经济之间，有着“形式上的相似性”，争论也因此继续。巴罗内认为，这些分配问题在结构上是相似的，因为这两种情况都可以用瓦尔拉斯方程组描述，这就意味着可以应用同样的最优资源分配原理。具体地说，就是社会主义经济可以实现帕累托最优意义上的效率。

相比巴罗内（1908）满足于仅仅指出这种“形式上的相似性”，迪金森（Dickinson，1933）走得更远。他似乎认为，让计划当局写下一套瓦尔拉斯方程组并求解它们，那么相应的制度在现实中就可运行了。在社会主义的“玻璃墙”内，迪金森想，计划当局可以毫无问题地直接获得生产技术，并且也假设他们能获得个体的偏好和禀赋。

在发现“社会主义在理论上可能有效”的影响下，哈耶克和罗宾斯都从（“标准的解释”宣称的）米塞斯站不住脚的“不可能性”立场中后退了。相反，他们给出了一个本质上是实践的，而非理论的反驳：求解市场社会主义计划模型的成千上万个方程，超出了现代的计算能力（Robbins，1934：151；Hayek，1935c：156）。实际上，巴罗内（Barone，1908：71）在更早些时候就已经做了同样的说明。里奥尼德·赫维茨（Leonid Hurwicz，1973）总结了哈耶克和罗宾斯的观点：

> 应该能够记起，哈耶克的……一个要点是……变量和方程的数量“至少是成千上万”，用目前已知的手段去求解这些方程，这个任务一辈子也不可能完成。并且，这些决策……需要不停地做出。（p. 5）

然而，兰格（1936/1937）的著名研究已经明确了这一点，即在社会主义条件下，也可以消除这些计算问题（指上面哈耶克提出的计算问题——译者），因为他的推理清楚地表明，计划当局根本没有必要直接去了解，比如单个企业的技术。这是为什么长期以来，兰格的文章被认为是明确地回答了奥地利学派的挑战的一个原因（Bergson，1948）。如迪金森所指出的，在兰格的方案中，并不要求计划当局根据有关技术、偏好和禀赋的具体知识去求解数量巨大的方程；他们只需要通过瓦尔拉斯拍卖机制（Walrasian tatonnement mechanism），找到真实资本市场的市场出清价格（受泰勒1928年的文章启发）。[①]

这个过程的产生，假设了管理者能够将要素成本最小化，它暗含了资源的有效使用，它也假设了生产将进行到边际成本与价格相等为止，它暗含的是生产单位的有效规模。换句话说，它的资源分配和标准的完全竞争模型是相同的，并且意味着有利的福利效应。唯一不同于标准模型的地方在于，资本品的所有权不是排他的，也不是可交换的，计划者当局占有了资本租金。

根据“标准的解释”，尽管兰格的贡献是对米塞斯理论层面的挑战的一个满意回应（参照Nove and Nuti，1972b：12），但是市场社会主义者清楚地知道，作为一个“现实的”计划方案，兰格的思想并不那么成功。事实上，兰格很少具体地说明假定可以获得均衡价格的试错过程。在兰格的影响下产生的那些有关市场社会主义的文献，实际上多数都对具体说明这个过程感兴趣，这个过程附加的限制条件是从当地的生产者（local

---

① 兰格的方案和瓦尔拉斯的拍卖机制并不完全等同，因为他允许在错误的价格发生一些交易。兰格（1936/1937）把交易过程的稳定性看做是毫无问题的，完全把系统参数内生的变化问题抛在一边。资源分配机制的研究（一个优秀的，尽管可能有点过时的综述，可见Hurwicz，1973）已经清楚地表明，迭代的程序（iterative procedure）要趋向均衡的话，需要很强的限制条件。

producers）传递到中央计划者那里的信息是极少量的（Hurwicz，1984）。显然，哈耶克对“可行性”的质疑，即“把所有相关的信息传递到单个的机构手中是困难的，因为这些信息是分散在整个经济当中的”（Hurwicz，1973：5），没有被忘记。

然而结果证明，设计具有可操作性的市场社会主义的计划方案，比当初想象得要难（例如 Koopmans，1951）。正是对这种困难的印象，赫维茨（Hurwicz，1973）在他的文献综述中总结道，我们应该把这些模型视为“……类似于某种人工合成的化学品：即便没有实际使用的目的，它们的纯粹形式还是可以研究的，因此它对我们理解设计的困难和潜力是有帮助的”（p. 27）。然而，这并不能贬低这个事实，即这些模型是对米塞斯的社会主义秩序中“理性”分配之理论不可能性假说的确切回应。在下面一部分，笔者将简要地讨论新修正主义对“标准的解释”提出的一些批评（Vaughn，1980；Lavoie，1981，1985；Steel，1981；Nelson，1981；Murrell，1983；Kirzner，1988）。

### （三）标准的解释对新修正主义

这一新修正主义的一个核心观点是，这场经济计算大辩论的特征是争论双方之间存在的大量的概念和理论混乱。这种混乱主要是源于争论双方在辩论时采取的不同立场存在着范式差别。另外，标准的解释只采用辩论中社会主义一方的观点，这是狭隘的。最明显的例子是对米塞斯说社会主义“不可能”时的真实含义的解释。实际上，米塞斯已经被解释为“不学无术的”（unscholarly）（Nove and Nuti，1972b：12），因为巴罗内“在 1908 年就已经”证明了社会主义理论上具有效率的可能性。

然而，米塞斯、哈耶克和罗宾斯都没有说，在给定假设后市场社会主义模型在逻辑上是有问题的。他们争辩的是，这些模型的内在逻辑不足以证明社会主义有现实效率的可能，这是因为这些模型并没有抓住事关现实世界的本质的某个重要方面(Hayek，1940)。因此，它们是完全不适用的。这个反对的观点可能会被认为是“实用的”——笔者将说明并不限于此——但它不是微不足道的。

这可以被认为是对新古典经济学合理的应用范围的争论。然而，新修正主义认为，重要的不是这些：这场大辩论在方法论上的、概念上的和理论上的差别都根源于各方还没认识到的范式差别。具体地说，这场大辩论至少包含了三种经济学方法：马克思主义、奥地利学派经济学和瓦尔拉斯经济学。另外，它至少发生在三个阶段。第一个阶段的标志是米塞斯对中欧的马克思主义者的攻击。第二个阶段是与瓦尔拉斯主义的出现并成为市场社会主义的基础相联系的，奥地利学派对此进行了批判。第三个阶段主要与哈耶克对后来的瓦尔拉斯市场社会主义模型的批判相关。让我们简要地对这些内容逐一作个考察，目的是为了强调“实际上存在根深蒂固的差别”这个观点。

米塞斯（1920）对经典的马克思主义的计划理想的攻击，基本上是源于这一具体的信念：即所有的资本主义经济制度对他所说的（有点模棱两可的）“理性计算”都是必需的。[①] 在这些制度中，财产权是最重要的，它们是“……市场经济的基本制度。这个制度的存在是市场经济之所以为市场经济的特征”(Mises，1949：678)。因此，要产生一个“有意义的”市场经济，不仅需要价格体系和货币，而且也需要排他的、可交

① 在米塞斯的著作中，“理性计算”的概念是模棱两可的，因为在这里它既与单个企业家的计算相关，也与社会效率的计算相关。

易的资本资产所有权。然而，米塞斯的新古典对手把关于产权的观点和关于价格的观点有效地分离了开来。他们在承认后者的同时，嘲笑了前者（Lange，1936/1937：62），指责米塞斯似乎采用了反理论的制度主义（institutionalist）立场。这一点的理由是明显的，承认米塞斯的产权观，即意味着抛弃社会主义理想。

总结第一阶段的经济计算大辩论，很明显，米塞斯并没有被打败。相反，他的“价格机制的必要性”这个洞见在社会主义的计划方案中得到承认这一事实，应被视为是一个胜利。米塞斯并不是没有注意到这点（Mises，1949），而是认为市场社会主义者的回应是不完全的。如市场社会主义者尝试的“人造的市场”（playing market）是不可能的，因为资本主义的经济制度是不可分割的；兰格等人的市场和价格，不是“真正的”价格，因为它们不是产权所有者之间的竞争互动中产生的价格。然而，这并不能说明很多。因为，“真正的”价格和市场究竟是什么意思呢？尽管在下一章中笔者会对此作进一步的论述，但是笔者还是要在这里指出，在米塞斯的思考中，产权的洞见是非常坚实的。这些洞见构成了他反对市场社会主义者想象的各种市场的基础。如他说：

> ……把市场及其价格形成功能，与一个建立在“以私有财产为生产手段”之上的社会的运行分离开来，是不可能的。(1936：137)

更准确地说，排他的和可交易的资产权利对效率而言是必需的，在资本主义秩序中，这是一个趋势，因为在这种秩序当中，这种所有权是“资本家和企业家为获得最大利润而进行无休止的搜寻的基础”(同上：138)。

辩论的第二个阶段是以哈耶克和罗宾斯攻击早期的瓦尔拉斯的计划方案为特征的。根据“标准的解释”，米塞斯“……在他猛烈的攻击中……隐含地认为资本主义和资源的最优分配是相伴随的……并且……认为社会主义经济根本就不可能运行，这似乎言过其实了。”（Nove and Nuti，1972b：12）不像米塞斯，哈耶克和罗宾斯承认瓦尔拉斯市场社会主义模式的逻辑一致性。因此，据说他们接受社会主义的理论可能性。假如这是真的话，这是从米塞斯立场上后退了一大步。然而，新修正主义反对这种解释。以对奥地利学派的初始贡献的详细分析为基础，辅以奥地利学派“市场是企业家发现过程”这一现代理解，新修正主义认为：

（1）哈耶克承认市场社会主义模型的逻辑一致性这一事实，并不意味着他把这些模型视为对米塞斯挑战的相关回应。如哈耶克所说，市场社会主义者被证明“过于迷恋静态均衡的纯理论问题”，使得他们想不到要往企业家如何“根据不同场合以及不同产业每时每刻发生的变化进行调整”这个方向去理解（Hayek，1940：188）。毫无疑问，通过集中的拍卖机制，这些“调整”未必能得到最好的处理。

（2）米塞斯事实上预见了市场社会主义后来的发展，并拒绝了它们［见米塞斯对《作为经济计算问题之解决方案的人造市场》的批判（1936［1922］：119－123）］。因此，哈耶克后来的贡献并不是对米塞斯立场的显著倒退。

（3）哈耶克的驳斥绝不是无关紧要的。正是在与形式主义、瓦尔拉斯市场社会主义针锋相对的过程中，哈耶克提出了“市场是一个发现和知识协调的过程”，这个他自己的观点（Kirzner，1988：7）。[①]

---

① 这一解释的一些批判性评论见福斯（Foss，1995）。

如这三点所表明的，奥地利学派对瓦尔拉斯市场社会主义实际上有着广泛的批评。如新修正主义所言，奥地利学派经济学家憎恶一种日渐流行的做法，即把无限理性和均衡锁定为经济学的主导工具。具体地说，奥地利学派经济学家批评：(1) 瓦尔拉斯模型的静态特征；(2) 这些模型的认识论假设，如每个主体都拥有所有相关的信息；以及 (3) 经济行为被理解为只不过是给定价格的最大化。奥地利学派经济学家希望，用重视企业家**发现**假定的“基据”的过程方法，去替代这种静态的假设。

笔者想，应该承认奥地利学派经济学家和他们的对手事实上是在相对不同的框架中进行推理的。然而，必须要理解的是，从现代新奥地利学派的视角来认识奥地利学派在“计算辩论”中的立场在很大程度上是一种回溯性的推理。笔者想，直到哈耶克 1937 年的文章《经济学与知识》发表，奥地利学派经济学家才认识到他们与他们的瓦尔拉斯主义对手之间有着根本的分歧。在这篇赫赫有名的文章中，哈耶克想说明的是，人们如何才能获得“实施均衡计划所需的信息”才是需要讲清楚的问题。市场社会主义者的瓦尔拉斯模型隐含地认为，这一问题已经得到了解决。

哈耶克 1937 年的文章取得的进展是确立了现代奥地利学派“把市场过程视为企业家发现交易机会的过程”的方法，大多数新修正主义者对“经济计算大辩论”的理解正是使用了这一方法。我们的确发现，三年之后哈耶克在对市场社会主义的批判中采用了这种发现过程的视角：

> （市场社会主义者）忘记了这样一个事实，即那种在特定条件下最为廉价的方法乃是待企业家去发现的，有时企业家几乎天天都会有新的发现；并且，尽管存在强有力

> 的激励，已确立的企业家（可以理解为“工厂的管理者”——译者），即掌管已有工厂的人也绝不是发现最佳方法的人。（1940：196）

换句话说，发现最好的生产技术的问题不是求解静态的参数最优问题：一旦好心的兰格计划当局发布了正确的价格，地方的生产者就能轻易地把问题弄清楚并能解决它。相反，这种发现在根本上是一个企业家问题。价格在这里的作用是把数量巨大且技术上有可能的生产商品的方法简化为一些具有潜在赢利性的方法。但是，价格并非起全部的决定作用。没有完整的、基础性的产权结构，不可能有很多的发现。例如，兰格的计划当局就没有有效地参与发现过程的充分激励。

由于价格是变化不定的，只有某些事先被选择的生产技术，在事后是赢利的。受利润预期的指引，企业家对资源拍出的价格也时高时低，正是这一活跃的过程，指引市场趋向均衡的方向。制度的理性（rationality of the system），并不是真正地取决于单个企业家/生产者的决策，相反，是整个活跃的对抗过程赋制度以理性。这在某种程度上类似于拉夫尔（Lavoie，1985）得出的一个结论，他说：

> ……经济计算大辩论的一个要点是，没有竞争性的市场过程，客观的生产可能性所需的知识是不可能获得的。（p. 102）

显然，这是对市场活动的演化理解；对于新的生产可能性的产生及其选择排序来说，市场的变动和选择机制是需要的。如笔者在后面将要说明的，这一理解和现代演化经济学的发展刚好是殊途同归的（如 Nelson and Winter，1982）。然而，在下面一部分，笔者将继续讨论经济计算大辩论中那些至关重要的问题。笔者将说明，各方如何理解经济学这门学科——它的应用领域以及它应该如何发展——是一个至关重要的因素。

## 三 形式主义、制度和奥地利学派经济学家

在米塞斯写他 1920 年的文章之前，社会主义经济学的经济学方法主要是制度主义和历史主义，在某种意义上，一般性的基本经济学范畴（理性、激励，甚至稀缺性）都被否定了。在这一背景下，米塞斯的文章和它出现的背景可以被视为方法论论战（methodenstreit）的另外一段插曲。尽管米塞斯关于价格必要性的观点，完全可被视为基本的微观经济理论的一个简单应用，但是在一个不同层面上，它可以被看做是来源于门格尔在方法论论战中坚持的那个观点：“稀缺性条件下的理性行为”这一普遍的事实意味着存在必然的和系统性的关系，这种关系相对于时空的特征来说是恒定不变的，即便是在社会主义条件下也一定是成立的。

根据这种解释，作为方法论家的米塞斯和作为理论家的米塞斯之间，并不存在明显的分裂。然而，奥斯卡·兰格恰恰把这两个角色之间的分裂这顶帽子，戴到了米塞斯头上，他说，根据米塞斯的观点：

> ……对不同的替代方案进行选择的经济原理，只适用于特定的制度背景，即一个承认生产资料私人所有权的社会。他坚持……所有的经济规律的有效性都是历史相对的。但是最让人惊讶的莫过于发现，这一制度主义的观点得到了一位著名的奥地利学派成员的支持，而该学派则是不遗余力地强调经济理论的基本原理的普遍有效性的。

(1936/1937：62)

假如这是真的话，那么，这将是“最让人感到惊讶的”。把米塞斯的观点解释为对“经济理论的基本原则”的否定，是完全误解了他：在米塞斯的整个职业生涯中，他都坚定地认为，有关选择的理论原则适用于任何社会中的行为。

与其说兰格的误解是对米塞斯的挑衅，不如说兰格表达了当时的一个趋势，大约在他写这篇文章的年代，这个趋势在经济学中具有普遍性和主导性。在新兴的瓦尔拉斯革命的影响下，尽管有理论的“告知”，经济学家还是越来越多地被引到偏离于“现实地理解真实制度”的方向上去。这一点与经济学家如何看待他们的科学的转变是联系在一起的：新古典经济学家开始越来越多地把他们的认识完全局限于分析性工具所呈现的结果。如是讨论经济政策，那么这种态度容易导致熊彼特说的“李嘉图恶习”(the Richardian vice)，即从非常抽象的模型直接跳跃至政策含义的倾向。显然，兰格是这个恶习的践行者：他毫不犹豫地从一个比如说关于没有交易费用、不确定性和跨时期交易之模型的抽象命题，跳到宣称该模型有直接的应用性。[①] 相反，对奥地利学派经济学家来说，对问题的构想(conceptualizations)所表明的是，已有的理论存在需要弥补的鸿沟。例如，如我们在第三章看到的，正是对真实的市场过程是“学习过程”的认识，导致哈耶克（1937）怀疑均衡方法的有效性。

在一篇精彩的文章中，拉赫曼（Lachmann，1973）讨论了

① 对一般均衡理论演进过程中“规范的”和“描述的”这两个分支之间的区分，可见英格罗和伊斯雷尔（Ingrao and Israel，1990）。显然，兰格属于“规范”这一支，瓦尔拉斯本人以及与赫伯特·斯卡夫（Herbert Scarf）的研究相关的“可计算的一般均衡”的现代研究也都属于这一支。

上述的新古典立场，并把其中一种特征从新古典立场的各种特征中单独分离出来，即他说的“形式主义”：“……一种思维的方式，它把抽象的实体看做是好像真的一样”（p. 9）。换句话说，“形式主义”意味着哲学家所说的“概念上的现实主义谬误”（the fallacy of conceptual realism）。这种谬误在新古典经济学家中的流行程度，不一定比在一般的经济学家中更为广泛；在这里要指出的是，在市场社会主义者的思维中，尤其是在兰格的经济学中，它的存在是非常明显的。

兰格（1936/1937）是这样定义他的任务的：

> 这是……这篇文章的目的，即要阐述在竞争性市场中“试错”是以什么方式影响资源配置的，且弄清楚在社会主义经济中试错的方法是不是具有可能性。（p. 65）

接着，他就着手运用“瓦尔拉斯价格调整”，也就是一个拍卖的过程，它本质上利用了一个纯想象建构的拍卖者。当然，使用这一思想建构本身并不是不合理的，假如记住它的“想象”性质的话。但是，兰格的讨论给人的主要印象是，瓦尔拉斯拍卖过程与真实市场所发生的情景具有某种相似性，是对它极为近似的模仿（1936/1937：第二部分）。

在他的脑子里似乎有这样一种强烈的倾向，即把“概念的建构”理解成对真实的行为者和真实现象的极为“逼真的”投射（projections）。他好辩地攻击哈耶克和罗宾斯“成千上万个方程”的观点，就体现了这一点：

> 哈耶克教授和罗宾斯教授他们自己就至少每天都“解出了”成百个方程，例如购买一份报纸，或决定在饭馆里吃一顿饭，可以推测，他们并不会为达到那个目的而使用

数学行列式。(1936/1937：88)

由于对价格形成的形式主义理解，兰格对他的问题“在社会主义经济中，试错的方法是否有可能”给出肯定的回答就毫不奇怪了。当米塞斯指出数理经济学家“……把均衡当作实有其物在处理，而不是作为一个限制性的观念、一个心智的工具”(1949：251)时可能是他性格太宽容的(再一次)体现。但是，根据兰格的形式主义的讨论，这样的言论是十分容易理解的。米塞斯说，比市场社会主义者“构建的市场过程更加荒谬的，几乎找不出来了”(同上：354)也是非常可理解的。

在兰格(1936/1937)指责米塞斯“制度主义”的几年之前，皮耶罗·斯拉法(Piero Sraffa，1932)批评哈耶克在构建理论时完全忽视了制度的角色，并且是在一个极为抽象的层面上进行推理。因此，在20世纪30年代中期，奥地利学派经济学家处在一个非常奇怪的位置上，他们同时因反理论的制度主义和过度抽象而受谴责。实际上，他们两者都不是。因为奥地利学派价值理论的主要推动者之一门格尔曾试图理解真实的制度、它们存在的理由以及功能。人们习惯上认为，奥地利学派经济学家是清高的先验主义者，他们几乎就是埋头搞逻辑推理，而不会去探究几个自明的命题的琐碎含义。

这意味着，门格尔对真实制度的重要性及解释它们的必要性的重视，米塞斯的研究，尤其是对货币和信用制度的研究，以及哈耶克涵盖广泛的文化演进理论，这些具有奥地利学派特色的理论在很大程度上已经被遗忘了。尽管奥地利学派经济学家把经济范畴视为理解市场规律的必要简化，但是他们也认识到，只有辅以对意义结构——真实的经济主体的经济行为据以显示它们自身——的“解释性”(verstehende)洞见，这些经济范畴才可以在历史研究和预期中得到充分的运用(参见Mises，1949：59 - 64；Hayek，1952：第三章）。奥地利学派经济学家并不“反对”历史和制度研究本身。例如，门格尔1871年的那本著作中就有叙述货币媒介演进历史的长章节。[①]米塞斯——先验主义方法论的著名倡导者——最初是位经济史学家，他关于社会主义的主要著作中含有大量的历史细节（Mises，1936）。另外，他促成建立了奥地利第一家研究经验性的商业周期的机构，哈耶克是它的首任负责人。奥地利学派经济学家所说的是，制度和历史分析不应该独自进行，而是要和理论概念的使用结合起来，这是基本的认识论的要求。

奥地利学派在“经济计算大辩论”中的观点，应该从这一历史的和方法论的角度去理解。正是由于奥地利学派的形式主义反对者几乎不理解制度考察对奥地利学派经济学家的作用，才会错误地把他们（尤其是米塞斯）复杂的、以产权为基础的观点看做是反理论的制度主义。在某些重要的维度上，计算辩论中真正发生碰撞的，是对经济学范围和方法的基本看法。用演化经济学家纳尔逊和温特（Nelson and Winter，1982）的话说，奥地利学派经济学家们——尽管有共同的看法——不只构建了“形式化的”（formal）理论。他们的理论表述也是“评价性的”（appreciative）；也就是说，让真实的制度和过程对理论构建产生显著的影响。例如，在前面一章中，我们看到哈耶克越来越怀疑均衡理论，因为它不能处理变化的过程。在社会主义经济计算大辩论的背景下，奥地利学派经济学家把变化和产权视为真实世界的特征，任何合理的比较制度分析都不能把它们排除在外。

① 然而，门格尔的阐述并不是要展示精确的历史画卷，而是“猜测史学”的实践；也就是说，他是对在“概念上”导致货币媒介出现的历史力量做一个模糊的叙述。

## 四　产权、选择与资本市场

米塞斯在计算辩论中复杂的比较制度观，预示了直到20世纪60年代的产权方法兴起时才得到重视的论题。尤其要指出的是，米塞斯“‘理性的计算’只有资本品所有权是排他的、可交易的制度下才有可能”这个命题，预见了对资本市场的运行以及资本市场如何监督管理者的偷懒等的“产权洞见”（Alchian, 1965, 1969; Manne, 1965; De Alessi, 1969, 1980, 1983）。然而，米塞斯的洞见并没有引起注意。这在很大程度上与他的理论构建常见的隐含性有关——也就是说，他并不总是把他的分析所含的全部假设讲出来，新的假设在他的分析中也很隐蔽。然而，这与他对手的新古典和形式主义的倾向也有关系，这种倾向使得他们把以产权为基础的观点视为反理论的制度主义。对此，有部分例外的是迪金森（Dickinson, 1937），他在对米塞斯《社会主义》一书所做的评论中写道：

> 作者的观点的完全确立，看来需要对交换和市场的概念以及这些本质上的**经济**现象在多大程度上必然是与特定的企业家才能的**制度**形式，以及生产手段私有存在联系做仔细的分析。（p. 96）

值得注意的是，尽管他理解米塞斯研究的重要性，迪金森坚持认为产权本质上属于非经济范畴。

然而，预见了新制度主义产权多样性的那些观点，并不是奥地利学派经济学家区别于他们对手的瓦尔拉斯主义的唯一观点。如新修正主义强调的，正是在计算辩论的过程中，奥地利学派“竞争是企业家发现交易机会的过程”的观点才具体地浮现出来。笔者想，这与事实十分接近，但是某些方面被忽视了；现代奥地利学派经济学家的观点并没有涵盖米塞斯和哈耶克在计算辩论时提出的观点的各个方面。如笔者在后面将要明确说明的，假如我们结合现代演化理论家，如纳尔逊和温特（Nelson and Winter，1982）的研究（除了产权洞见之外），那么这对于哈耶克和米塞斯的解释，会有额外的帮助。尽管纳尔逊和温特的思想渊源，主要是熊彼特和赫伯特·西蒙，但是他们的研究在某些方面与现代奥地利学派经济学的研究，如柯兹纳（Kirzner，1973）的研究是十分相关的。最为明显的基本相似性是这两种方法都把市场视为本质上的发现过程。

在米塞斯的研究中，基于产权的观点和他的“市场是发现的过程/选择的场所”的观点是不可分的。假如我们考虑他对“经济计算问题”的描述，那么这一点就显而易见了。米塞斯用赫拉克利特（Heraclitean）的戏剧式语言说道，人的行动“……是引起变动的动力之一。它是宇宙的活动和变化的一个元素”（1949：18）（中译文引自米塞斯《人的行为》，夏道平译，远流出版事业股份有限公司1991年版，第62页——译者）。正是这种变动解释了为什么“……经济计算问题是动态经济学的问题；而非静态经济学的问题”（1936：121）。尽管米塞斯并没有真正说明他所说的“变化”是什么意思，我们可以（在第六章中将详细说明这一点）把它和未预料到的变化联系起来，因为正是这种变化，使得经济组织变得紧要。尽管通过改变相对价格，预料到的变化也有经济效应，但是一般来说，它对经济组织是没有影响的。例如，预料到的变化可能已经体现在合约中了。直观地，其含义是不同类型的经济组织的效率源于它们处理未预料到的变化的能力。

因此，一个社会的经济问题不是兰格所说的给定目的—手段框架下的静态最优分配问题（Hayek，1945）。经济问题的出现正是源于被兰格撇在一边的现象：不确定性、不可预期的变化、跨时期交易和交易费用。因而，经济问题主要是有效地适应不可预期的变化的问题，意味着“……解散、扩大、转移和限制现有企业以及建立新企业”（Mises，1936：215）。这种行为是以“投机性预期”为基础的（同上：205），并且企业家处于中心地位。在米塞斯的思考中，创造市场基据的是企业家，也是企业家使那些没有企业家才能的人受益。这意味着他的功能对理性分配来说是有普遍的必要性的；他“……执行的是在社会主义社会中也必需执行的任务”（同上：213）。根据柯兹纳（Kirzner，1973）对企业家才能的研究，企业家的服务是任何社会都必需的，因为经济机会必须是被**发现的**。发现赢利性的机会的问题，意味着在兰格的方案中形成新的企业，以及现有企业的变化等都被完全忽视了。

在米塞斯的论著中，企业家的角色和资本家的角色是重合的[①]；资本家/企业家不只是柯兹纳意义上的“迄今未被发现的交易机会的警觉发现者”；他也是必须要由某人去承担的不确定性的（奈特意义上的）承担者。但是“……资本家不只是将资本投资到高利息或高利润企业的人；他更愿意对自己的获利欲望和风险评估加以平衡”（1936：122）。因为在社会主义经济中这种激励是缺失的，社会主义经济是对“粗心大胆以及无理由的乐观进行奖赏”（1949：709）（中译文引自米塞斯《人的行为》，夏道平译，远流出版事业股份有限公司1991年版，第867页——译者）。米塞斯这个观点的证据，比如有鲍尔（Bauer，1978）对中央计划经济中由于社会主义管理者的“投资饥渴”而产生的投资驱动型的商业周期的讨论，以及科尔奈（Kornai，1980）对“预算软约束”的讨论，根据后面这

① 这是罗斯巴德的观点。

一理论，中央计划当局起到了承担单个管理者的道德风险的保险机构作用。

如上所述，米塞斯的产权观也是在明确具有演进特征的市场过程观的背景下形成的。米塞斯对变化和企业成长的差异性的强调说明了这一点。另外，尽管米塞斯明确地预见了代理理论的一些洞见，但是他并没有说管理者只是在他们追求委托人的利益的有效性上有差异，尽管这种差异在代理人中是常见的。企业家和管理者的天赋在几个维度上有差别；企业家能力的分配是不对称的（参见 Manne，1965；Lucas，1978）。对企业家的冒险活动进行选择的是市场：

> （企业家）的投机越成功，他支配的生产资料就越多，他对社会经济的影响也就越大。他投机成功的程度越低，他支配的生产资料就越少，他的影响也就越小。假如输得精光，他就从人称经济事物当家人的行列中消失了。(1936：182)。（译文引自米塞斯《社会主义》，王建民等译，中国社会科学出版社 2008 年版，第 170—171 页——译者）

显然，这是一种以不同的企业增长率为基础的“选择”理论。如一般的演化理论所表明的，重要的是作为一个整体的制度的理性（rationality of the system），而不是单个的市场参与者的理性（参照 Alchian，1950）。如米塞斯所说，企业家

> ……赢利不是因为他们执行任务时的聪明，而是因为他们比其他人更聪明，或少愚笨一点。他们绝不是不会犯错误，而是经常地犯错误。(Mises，1974：114)

也就是说，“即便是在一个蠢人组成的世界中，仍然会有利润”。(Alchian，1950：20)

如目前演化理论在比较制度分析中的应用（Pelikan，1988)，米塞斯把金融和资本市场放在他对资本主义经济中选择力量的解释所做的努力的中心位置：

> 在资本主义制度下，把自己的资本委托给谁，是由资本家决定的。股份公司经理对企业的未来的信心，施工商对自己的计划的收益率的希望，在这里不起任何决定性的作用。决定是由货币市场和资本市场机制做出的。这确是它的主要职能：从整体上适应经济制度，判断各种机会的收益率，不盲目跟随经理因自己企业的视野有限而偏向于提出的建议。(1936：121－122)（译文引自米塞斯《社会主义》，王建民等译，中国社会科学出版社 2008 年版，第 106 页——译者）

正是市场的这些至关重要的性质解释了为什么米塞斯能够宣告，假如它们被取消，如在社会主义中所见的那样，那么“……不能保存市场的任何部分”（1949：709)。这是米塞斯说社会主义“不可能”的最基本含义。尽管国有企业的管理者和私有企业的管理者的效用函数可能含有相同的参数，甚至可能有相同的权重，私有企业中的管理者才是最终（至少是在边界之内）受资本市场的约束的。在兰格的市场社会主义体制中这种监管不存在（Nutter，1967)；他仅仅是假设，社会主义的管理者和计划当局之间有连续的激励兼容。但是这种兼容——假如能实现的话——恰是需要解释的。

## 五　演化与知识

在上面一部分中，笔者已经把米塞斯，某种程度也是哈耶克以产权为基础的观点解释为在左右为难的反理论的制度主义和瓦尔拉斯形式主义之间开辟新道路的尝试（参照 Lavoie，1986）。目前，一个相似的工作是纳尔逊和温特（Nelson and Winter，1982）在演化方面所做的研究：可以确信，他们的理论是一种形式化的经济理论，然而它们却成功地将非均衡、过程和企业家才能并入到形式化的装置中。它们的思想渊源要追溯至这一经济学传统："……竞争被视为动态的过程，包含不确定性、争斗和非均衡，而不是静态的均衡"（1982：164）。熊彼特，某种程度上也包括阿尔弗雷德·马歇尔，是这一观点的主要倡导者，然而，米塞斯和哈耶克也应该包括在内。根据哈耶克的视角，企业被视为由行为规则所构成的演化的实体，它们的成长或衰败在于它们应对未预料到的变化的程度如何，正是这一演化的过程，赋予制度整体以理性，这与米塞斯对市场过程的想象是非常相似的。

在单个的个体层面上，（赫伯特·西蒙在 1976 年提出的）有限理性和（波兰尼在 1958 年提出的）默会知识被视为是至关重要的。正是这一点在根本上构成了纳尔逊和温特的"市场是一个发现的程序"的观点，以及他们声援私有企业制度的基础[①]："对私有企业的论证应该这样：给定人的局限性，拼合而成的私有企业是人们能够设计出来的最好的组织解决方案"（Nelson，1981：95）。我们应该指出，纳尔逊和温特对西蒙意

① 然而，纳尔逊和温特并不接受哈耶克和米塞斯的自由主义政策观。见他们 1982 年那本书中论述政策的章节。

义上的有限理性的强调并不等同于现代奥地利学派经济学对不完全知识的强调（Kirzner，1973）。西蒙倾向于把理性的有限性归于人脑不能处理大量给定的知识，而奥地利学派经济学则强调缺少所有的相关知识，因此需要企业家市场过程去解决这一知识问题。①

然而，尽管在认识论上，这些立场存在概念性的分歧，但是从这些立场中得出的关于竞争的观点实际上却具有很大的互补性。它们都和标准的竞争观及对竞争的标准评价有着天壤之别。

如纳尔逊（Nelson，1981）注意到的，认为分散的私有企业具有优势的观点一般来说属于"评价性理论"（appreciative theory）的范畴，而不属于"形式化的理论"（formal theory）的范畴。斯密的制针工厂，哈耶克价格的"通信系统"（telecommunications system）比喻（Hayek，1945），以及熊彼特的"英雄式的企业家"都是比较制度方面标准的非形式化的探讨。更为具体地说，支持私有企业的观点，往往是强调该制度具有如下特征：（1）管理的节约（administrative parsimony）（Hayek，1945）；（2）它对变化的反应（Mises，1936；Hayek，1945）；以及（3）创新性（Pelikan，1988）（Nelson，1981）。代理理论、产权理论和机制设计理论的文献对第一点有所洞悉，而其余的两点却不易被主流理论所阐述。

如纳尔逊所说，上面三个观点有"……一个坚实的共同前

---

① 然而，在描述计划者将会遇到的问题时，米塞斯的脑子中似乎有"有限理性"的思想："……生产财的种类多得无法列举，而可用以制造消费财的程序也是无数的。"（1949：698；也可见同书第699页，中译文引自米塞斯《人的行为》，夏道平译，台湾远流出版事业股份有限公司1991年版，第856页）。这可被解释为纯计算问题，这是一个可以通过计算机的发展，缓解计划者的理性有限性之后，最终得以克服的问题。根据拉夫尔（Lavoie，1985），奥地利学派经济学家的对手认为奥地利学派经济学家提出的正是一个纯计算的观点。

提把它们连接在一起，也把它们和现代福利经济学区分开”(1981：95)。这一共同的前提是，隐含地或明确地认识到“人的数据处理能力，他理解复杂或新奇情况的能力，以及他达成协议的能力，是有限的”（同上），并且关于比较制度的理论构建不应该忽视这一点。纳尔逊的一个要点是，现代福利经济学至多是评价和比较经济制度的一个不完整的基础，因为它源于不能与有限理性兼容的理论结构。如纳尔逊所言，奥地利学派经济学家理解这一点，而他们的瓦尔拉斯市场社会主义对手却没有。然而，由于上述观点的非形式化特征，它们应该“……被视为是偏见，且并不是完美地建立在任何分析性的结构之上”(同上：109)。纳尔逊这么说有点奇怪，他和温特一起，事实上已经成功地构建了一个形式化的理论，它至少可以支持奥地利学派的一个“偏见”：市场发现过程的有益效应。如他们所说，在他们看来，

> ……市场制度（部分地）是对经济行为试验和经济组织试验予以实施，并进行评价的装置。竞争的含义和优点必须相应的进行评价。(p. 277)

资本主义市场体制的一个优点是，它能够处理**默会的**知识，这是哈耶克在“经济计算大辩论”中提出的观点。纳尔逊和温特研究工作的一大部分是对刻画新古典理论的技术的假设进行澄清（也可参见 Winter，1982)。这些假设的一个主要问题是，隐含知识的作用以及它如何在企业中得到储存和开发被忽视了，而在现实中，生产活动如主要被看做是隐含的，并且也是非常具有企业专有性的惯例的结果，那么它们就能得到更好的理解。在批评早期市场社会主义者“所有相关知识都可以集中在计划当局的手中”这个假设时，哈耶克强调：

> 无须强调的是，即使就那种能够被恰当地视作任何时候都“存在”的知识而言，这种想法也是极为荒谬的。一如我们所知，在人们实际使用的知识当中，许多知识都不是以这种现成可得的形式“存在”的。大多数得到实际使用的知识，都是隐含在思维方式之中的，而正是这种思维方式使得个别管理者在面对一系列新情势的时候能够即刻发现新的解决方法。(1935c：155)（中译文引自哈耶克《个人主义和经济秩序》，邓正来译，生活·读书·新知·三联书店2003年版，第226页——译者）

换句话说，社会主义经济组织的认识论问题实际上并不真的是只有企业个体才知道它们自己的生产技术。这个问题在理论上可以通过各种激励方案解决。也不是在中央和单个的生产者之间需要传递数量巨大的知识的问题。相反，问题是大多数相关的经济知识是默会的。这意味着它是“……**就其性质而言**不能进行统计的那种知识”(Hayek，1945：83)，以及它“……不能被称作一般规则知识意义上的科学知识”(同上：80)。换句话说，企业家和生产者知道得比他们所能传递（给计划当局）的更多些。

资本主义市场制度能够处理这种知识——它的有效运行并不要求它的明晰表达——而社会主义经济组织却不能（参见Pelikan，1988)。例如，在市场社会主义模型中，通过一种迭代的程序找到价格矢量的办法，要求生产知识的明晰化。这是因为，在与中央对话的过程中，生产者必须在给定的价格以及他们利润最大化的条件下，对使用什么投入、能在哪个层面生产及生产哪种产品做出回应。管理者能够做到这一点几乎是不太可能的——即使他们能够，也很可能是非常低效的。如纳尔逊和温特所言：

> 不要把经济理论家对企业决策的抽象说明同企业家的技巧混淆起来……对企业家来说，清楚说明他的方法可能是毫无价值的，甚至是反生产性的。(1982：92)①

并且，

> 把企业的行为想象为从一张列出数量巨大、具有替代性的机会——在某些外部的观察者看来，是组织“可获得”的——菜单中进行有意识的选择是不恰当的。这张菜单并不大，而是狭窄的和特殊的；它内置于企业惯例之内，大多数的“选择”是自动地根据那些惯例做出的。(同上，第134页)

假如这些对企业的生产性知识的特性的理解是可以接受的，并且认为叙述正确的话，那么我们必须直截了当地拒绝兰格的断言，即“社会主义的管理者将毫无二致地拥有（或缺少）资本主义企业家所拥有（或缺少）的关于生产函数的知识”（1936/1937：61），并视之为形式主义者的夸大其词（上述意义上的）和“知识的僭妄”（Hayek，1974）。

尽管现代经济学家认识到兰格的市场社会方案的天真，但

① 切斯特·巴纳德（Chester Barnard，1938，他是系统组织理论创始人，现代管理理论之父——译者）清楚地认识到隐含知识对理解管理者技能的重要性："根据常识，人们每天发挥他们的技能所需的实践知识很大一部分是不容易用语言表述出来的——这是一个诀窍问题（know how）。它可被称为行为知识。在具体的情形中做事时，它是必需的……再也没有比在发挥技能时更离不开它了。"（p. 291）这一点可与哈耶克（1945）相比较。

是他们还没有从默会知识的角度去认识。因此，格罗斯曼和斯蒂格利茨（Grossman and Stiglitz，1976：251－252）认为，社会主义计算辩论实质上是这两种经济学之间的区分，一种经济学认为“价格，因而分配是竞争性的套利过程的产物，由于套利成本的存在，这样的过程必然是不完美的”，另一种认为价格和分配是中央分配机制的结果，由于存在“监督官僚的成本”，这种机制是不完美的。这里被忘记的是，社会主义分配的代理成本应该把不完善地传递默会知识产生的成本也包括在内。奥地利学派在“经济计算大辩论”中的观点正是这两种成本范畴远远压倒资本主义制度中的“套利成本”。

在某种程度上，奥地利学派经济学家也预见到了佩利坎（Pelikan，1988）提出的一个很有说服力的观点，即比较制度的基本问题与默会知识的分配相关，也就是佩利坎所说的“能力”。在标准的新古典经济学中“能力”被认为是无限的，因此这个问题不会出现。而佩利坎认为默会知识的分配不可能与组织结构不相干。此外，这意味着标准的市场社会主义方案所假设的“分配机制”和“要分配的资源”之间的分离被打破。这是因为，构成经济理性的能力/默会知识本身是稀缺的，是需要有效配置的。但是，配置稀缺能力的只能是稀缺的能力本身。根据佩利坎的观点，资本主义制度能够解决这一配置问题，而社会主义经济组织却不能。尽管奥地利学派经济学没有应用佩利坎的聪明观点，但是本质上得出了相同的结论：资本主义市场制度比社会主义经济组织能更好地实现默会知识的配置。

## 六　结　论

在这一章中，笔者首先回顾了比较制度史学中的新修正主义（主要是现代奥地利学派经济学）。其次，笔者认为这一修正主义的基本立场——“经济计算大辩论”是分歧巨大的经济学方法相互碰撞的标志——应该被接受。然而，现代奥地利学派经济学方法并没有体现哈耶克和米塞斯观点的所有方面，如他们对产权和隐含知识的重视。根据新制度主义的产权理论和演化理论，他们的这种观点能够得到更好的理解。笔者也已经指出，辩论的背后归根结底是对经济理论的认识有冲突。这一差别关系到经济理论的发展是要朝着描述真实的制度这一明确的目的而去，还是要朝着以形式主义架构为主的方向发展，在这种架构中，允许静态的和没有制度的模型作为理解经济现实的唯一工具。

经济理论的近期发展似乎增强了第一种理论（奥地利学派的理论）。经济学，甚至是主流经济学的发展，也不再完全是因为基本的分析“军械库”（armory）的变化而推动的，而是越来越受到经验问题的概念化（conceptualization）的影响，它使这门学科的硬核逐渐产生变化。例如，有限理性的概念和路径依赖的概念正越来越多地融入主流经济学中。主流的新古典经济学和新的非正统的新制度主义和演化理论之间的区别可能会逐渐消失。假如那是真的话，那么在社会经济组织问题的分析中，越来越多地应用奥地利学派的洞见是可以期待的。

# 第五章　产权经济学的先驱：路德维希·冯·米塞斯

## 一　导　言

最近两届诺贝尔经济学奖（1991 和 1993）分别授予了罗纳德·科斯（Ronald Coase）和道格拉斯·诺思（Douglass North），这将进一步激励人们对产权理论的兴趣。毕竟，科斯获得这个奖项是因为他以产权理论为基础，洞见了社会制度——不仅包括企业（Coase，1937）——的起源和运行机制，也因为“科斯定理”（Coase Theorem）（Coase，1960）这个命题。这个命题常常被解释为（也许这是十分狭隘的解释）一种大体上以完全竞争为视角的产权理论。诺思获得这个奖项则是因为他受产权理论的启发而对经济史和国家理论的研究。

受科斯 1960 年的论文《社会成本问题》的影响，从 20 世纪 60 年代中期开始，产权理论就已成为经济学的一个研究领域。早期重要的贡献者包括：阿尔钦（Armen A. Alchain，1965）和德姆塞茨（Harold Demstez，1964，1988a），以及后来推动这块理论发展的经济学家，如张五常（Stephen Cheung，1974，1992）、约拉姆·巴泽尔（Yoram Barzel，1974，1989）、道格拉斯· 诺思（Douglas North，1990）、詹森和麦克林（Michael Jensen and William Meckling，1976，1992）、阿莱西

（Louis De Alessi，1983，1987）、菲吕博顿和佩杰威齐（Eirik Furubotn and Svetozar Pejovich，1972）等。①

在20世纪60年代，产权经济学与风险条件下的决策理论以及人力资本理论相结合，成为经济学领域当中最具有解释能力的方法，而衡量标准就是经济原理对现实制度的解释能力。现今，许多早期的产权洞见都已与企业理论、科层和官僚机构的激励责任（incentive liabilities）、委托代理理论、寻租理论和创新发明理论等诸多理论相融合（assimilate）。它们还出现在资源经济学和法与经济学等理论中。的确，人们可以认为正是由于产权理论的洞见出现在许多不同的理论中，才会使一个统一的方法的出现变得合理——这种方法一般被称为“新制度经济学”（Willimamson，1985；Arrow，1987a）。

尽管我们仍然可以拿某个特定的产权学派——比如巴泽尔（Barzel，1989）和诺思（North，1990）的产权理论——来进行讨论，但是如把这种方法作为现代标准的配置理论的一部分来进行讨论，我们会有更多可探讨的东西。的确，对于埃格特森（Eggertson，1990：5）而言，产权方法从根本上来说“……是一种新的研究方法……目的是在保留经济学方法的基本要素——稳定偏好、理性选择模型和均衡——的情况下，使微观经济学理论一般化”。②

产权方法确实是带有主流经济学的特点，但有个有些令人吃惊的事实是，那些一般被认为是产权方法先驱（至少在某些

① 二十多年前，菲吕博顿和佩杰威齐（1972）所做的研究仍然值得一读。目前，对产权方法表述得最好的是埃格特森（Eggertson，1990）。当今最具有原创性的产权理论家可能是巴泽尔，（参见 Barzel，1989）。产权方法在方法论方面的经典陈述可见阿莱西（1983）。

② “新制度经济学”一个非常与众不同的解读，可见兰柯路易斯（Langlois，1986），在该书中，奥地利学派经济学和演化理论的思想明显地结合在一起。

方面）的经济学家，很多都是经济思想史上著名的异端分子（heretic）。在本世纪（指20世纪——译者），他们中除了有张五常（Cheung，1992）、詹森和麦克林（Jensen and Meckling，1992）之外，还有奈特（Knight，1924）、艾伦·迪雷克特（Aaron Director）和哈耶克（Hayek，1945），当然也包括科斯。[①] 不过，他们同时也是极受尊敬的经济学家，他们的理论表述中包含了未成熟的产权思想这一事实表明，产权这个话题在两次世界大战的间隔期间就已经广为流传了。[②] 在当时，关于比较制度的争论非常热烈，而争论的焦点明显地集中在激励和产权问题上，如果某种程度上，产权问题竟然没有出现在经济学的讨论中，那将是非常奇怪的。然而，总体而言，这些相关的思想并没有得到清楚的表述，最终被在“二战”以后发展起来的形式主义革命压制了将近二十年。

在接下来的内容中，笔者将阐述一个观点，即与其他经济学发展历史上出现的异端分子——例如奈特——相比较，一位通常被认为更加异端的人物，即米塞斯应当被视为是产权方法的先驱者之一。可以肯定的是，在米塞斯开始著书立说之前，奥地利经济学派经济学就有一段包含产权理论的历史。这个学派的一位奠基人——庞巴维克清楚地表达了这一思想，即经济财货本质上就是“权利束”（Böhm - Bawerk，1881）。卡尔·门格尔也清楚地理解稀缺性和产权之间的关系，以及稀缺程度的变化是如何意味着产权的（重新）界定（Menger，1871：97，100）。按照门格尔的说法，产权直接来源于稀缺性和人的

---

① 关于马克思（Karl Marx）应被视为产权经济学的先驱者的观点，请参见佩杰威齐（Pejovich，1982）。当然，古典经济学家，尤其是亚当·斯密，也强调了产权的作用。然而，他们没有看到，受偏好和技术的冲击影响，产权的变化是内生的，但是马克思意识到了这点。

② 笔者从埃格特森（Thrainn Eggertson）那里知晓这个观点。

理性。他写道：

> ……人类的利己心就要发动，对于那些支配量不足以供应全社会需要的财货，个人就要努力排除他人，力求完全满足自己的需求……所以，人类的经济和财产有着共同的经济起源。我们之所以如此说，是因为二者存在的最终根据都在于财货的支配量比人类的需求量为小。因此，财产，与人类经济一样，不是绝不是人类任意的发明，而是由于需求量与财货支配量的不平衡，在一切经济财货上不可避免会发生的问题之唯一可能的实际解决办法。(1871：97)（译文参考了门格尔《国民经济学原理》，刘絜敖译，上海世纪出版集团、上海人民出版社 2001 年版，第 49 页——译者）

稀缺的财货——**经济**财货——的所有权应当受到法律秩序的保护（同上：97，100）。在所有可以设想到的环境下，对经济财货的产权都会出现（p. 100）。而且对经济财货而言，如果认为产权本身在任何类型的社会组织中都可以处置，则是犯了逻辑上的错误。当然，如果不是稀缺的财货，那么情况就不同了，这时候人们就是“共产主义者”了（同上）。但是财货的经济性或非经济性本质上属于主观范畴，会随着时间而变化；也就是说，一旦非经济财货成为经济财货，财货的产权也将界定下来。

在科斯、阿尔钦以及德姆塞茨在 20 世纪 60 年代为产权方法奠定基础以前，门格尔和庞巴维克是为数不多的论述产权问题的经济学家。在某些方面，门格尔预见了产权理论的现代发展，尤其是他给予了产权发展的动态视角（对照 Demstez，1967）。但是，门格尔的讨论中没有包括重要的产权分割，即将产权分为商品的使用权、收益权和交换权。而且，门格尔也没有研究产权的不同组合如何影响资源分配。米塞斯更接近于提出这方面的思想。在奥地利学派的学者中，没有谁比米塞斯更加充分地发展了产权理论。

当然，米塞斯对社会主义经济和货币理论的研究是最著名的，他的理论的许多解释者——尤其是那些与他有更多共鸣的人——已经指出了他对财产范畴的第一个主题进行理论化的重要性（Vaughn，1980；Murell，1983；Lavoie，1985；Salerno，1990）。然而，似乎没有人把米塞斯和现代产权经济学的洞见联系起来，也没有人把他视为产权方法的一位重要先驱者，而本章的目的就是要说明这一点。但是，笔者将较少地推测米塞斯为什么最终形成了他自己的产权学说。对此，下面的说明就已经足够。

米塞斯是一位古典自由主义者、一位主观主义者，也是一位奥地利学派经济学家。他的古典自由主义思想的重要性根本就在于，权利的概念——包括所有类型的产权——在古典自由主义中永远是重要的（当代古典自由主义者实际上已经尝试将所有的权利简化为产权。例如，Buchanan，1975：10）。这与米塞斯强烈的功利主义（strong utilitarianism）并不冲突，因为在米塞斯看来，产权存在的合理性最终源于其社会利益。鉴于“站在主观主义立场，将财货理解为权利束”比“以财货的物理特性来区分商品”更加恰当，米塞斯的主观主义也许可以用以猜测为什么他将产权观点融入他的研究中。最后，指出米塞斯是奥地利学派重要的成员这一点也是重要的，因为自门格尔开始，奥地利学派经济学家就借助于选择理论来解释社会制度的起源和运行，这是奥地利学派经济学整个理论发展史上重要的部分，而不像另外两个新古典学派那样，只是将它们作为外生变量来看待。

在本章的第二部分，我首先对产权方法的要点作一个简短的归纳。然后，在本章的第三部分，我根据前面的论述，讨论米塞斯对产权的研究。在本章的第四部分，我将对产权理论和奥地利学派经济学之间的关系作进一步的思考。

## 二　产权方法的要点

尽管新古典经济学有非常严谨而复杂的形式化表述（例如 Debreu，1959），但它是以一些简单的命题为基础的，例如，边际生产力递减、替代性和凹形效用函数的最大化等。然而，大约从 1960 年代中期开始，人们就能够区分新古典价格理论的（至少）两个分支：一个分支希望从改进“以价格为媒介的交换经济”这个古典观点着手研究，另一支派希望将新古典经济学的架构（neoclassical apparatus）一般化，并予拓展。现代一般均衡理论家们属于第一个分支，而产权理论家们则属于第二个分支。

正是人们对标准的一般均衡理论的研究框架的某些固有特性越来越不满，才导致了关注产权的“修正主义”的（revisionist）文献出现。在修正主义者在文献中提出反对的这些固有特征中，有一般均衡理论所认为的“标准假设下的配置和最优化总是与标准的一般均衡框架下的制度联系在一起”、“市场仅是众多能实现最优结果的潜在手段之一”。但是，根据产权理论家的观点，这种结果只有在忽视交易费用的情况下才成立。那么，这些交易费用是什么？它和产权有什么关系？

从琐细的层面来看，人们可以简单地认为，交易费用产生了所有的制度安排。而这些制度安排和标准的一般均衡模型中纯粹以价格为媒介的协调模式是有区别的。若放大一点来看，交易费用是与产权的界定、执行和转移有关的费用（Barzel，

1989；North，1990）。[1] 而产权是个体使用稀缺资源的权利，这些权利不仅在正式的法律下得到承认和执行，而且还要得到社会风俗习惯的承认和执行（Demsetz，1967）。换句话说，产权是（在允许使用的范围内）使用资源的权威指定，它确定了对资源的实际使用权，以及从资源和资源转让中获取收入的权利（Alchian，1965）。

那种具有排他性，并且可以转让的权利是私有产权；而那些具有排他性，但无法转让的权利被称为用益权（usufruct rights）；那些不具有排他性、无法转让的权利为共有产权，这种产权是公共开放的（Alessi，1987）。此外，给定资源的产权可以进行分割，这样，不同的个体对该资源的使用就有不同的权利。而如果产权的界定、执行、分配更加清晰，那么会有更多的外部性内部化。如果产权的界定、执行和分配都非常完善的话，那么市场的外部性问题将不复存在，标准的一般均衡模型也得以成立。然而，在这种情况下，我们就无法对制度的存在给出重要的经济解释。

制度可以看做是产权的具体化；了解不同制度的行为含义，就等同于研究以产权形式存在的各种约束对行为的影响。人们使用制度的原因是制度将配置资源，使其达到使用价值最大时的交易费用最小化（Demsetz，1967）。例如，相对于市场来说，企业通过组织团队生产能使其交易费用最小化（Alchian and Demsetz，1972）。类似地，市场和市场定价机制同样是能促进专业化和交换的低成本的安排，也是正确决定价值、使租值耗散最小化并提供激励和信息的手段。例如，资本市场上的

---

① 包含寻找合约伙伴的费用、缔约和监督合约实施的费用（Williamson，1985）、监督团队生产的费用（Alchian and Demsetz，1972）、质量检测的费用（Barzel，1989）和价格决定的费用等。

资产定价使得公司管理层专注于管理，并能对他们进行监督。

只有将交易费用和产权融入效率分析中，才有可能超越不切实际（Nirvana）的一般均衡模型（Demsetz，1969）（即效率分析应该是“比较制度”的）。这也说明标准模型完全脱离了动态：假设一个静态或者实质上类似的跨期建构，并用它来处理信息和交易费用。不过，在这种情况下，就不可能对不同经济制度的效率给出理论说明。例如，很难理解定价机制一直都是一种信息费用最小化的制度。（Hayek，1945）。

正如阿尔钦一直强调的，当社会上两个或两个以上的个体对同一商品有需求时，就意味着竞争（Alchian and Allen，1964）。而约束竞争和解决冲突的规则就是产权。市场定价机制是一种限制或解决冲突的机制，而所有的定价机制背后是产权。因此，现有的产权通过已有的或估算的价格，决定行为者和社会上其他成员给定行为的成本和收益的分配（Coase，1960）。

尽管从原则上来说，定价机制仅是解决资源使用冲突的一种手段，但是它有一些独特的特点。首先，它与私有财产紧紧联系在一起。还有一点不是很明显的，即在所有可行（或者至少是已知）的手段中，它可以使租值耗散最小化（Cheung，1974；Barzel，1974）。我们可以利用张五常（Cheung，1992）的一个例子来说明这点，并考虑“等待配给”（rationing by waiting）问题。在这种情况下，至少会有一些租值会耗散，因为通过排队获得的商品价值部分会被等待所造成的费用相抵，而这个费用对整个社会来说是毫无价值的。如果竞争发生在以价格为媒介的自由市场中，那么这种交易费用是可以避免的。在不是以价格为标准的分配中，竞争者为了在这种标准下得到利益所付出的代价，远超过他们本来在自由市场条件下所付出的代价。

在本章的第三部分，我将会结合前面的讨论，验证在本章节开头所提出的观点，即路德维希·冯·米塞斯应当被包括在产权方法的学说史中。

## 三　产权经济学的先驱:米塞斯

在他漫长而高产的学术生涯中，米塞斯几乎触及了他那个时代经济学和方法论的每个方面，并且思想的一致性得到了很好的保持（参照 Salerno，1990）（在米塞斯 1949 年的著作中表述得最为完整）。然而，由于米塞斯的论述风格——他对持不同意见的人（想象的和现实存在的）缺少耐心，以及他很少清楚地阐述他的分析所要求的假设，他经常被描述成一个教条主义者，甚至在某些方面被说成是一个缺乏学问的人。但是，最后一条指控——在社会主义经济计算大辩论的背景下——已经被沃恩（Vaughn，1980）、纳尔逊（Nelson，1981）、默雷尔（Murrell，1983）、拉夫尔（Lavoie，1985）和柯兹纳（Kirzner，1988）等人的修正主义有效地驳倒了。

正如我们在前面章节中所看到的，这些研究向我们展示了一位学者在特定的背景下，始终被人误解的画面，因为他所隐含的经济框架与和他观点相反的人（如 Lange，1936/1937）完全不同。更确切地说，这些研究——尤其是拉夫尔（Lavoie，1985）和柯兹纳（Kirzner，1988）的研究——以现代美籍奥地利学派（例如，以 Kirzner，1973 为代表）的观点来“解读”（read into）米塞斯的观点，这种解读得出的一个明显结论是，即在经济计算大辩论中，本质上相互冲突的是以过程方法为代表的一方（主要关注企业家发现），和以静态一般均衡方法为代表的另一方。接下来，我不再详述这些观点和社会主义经济计算大辩论。不过，我同意修正主义者的说法，即经济框架确实存在矛盾。但是，更重要——至少同样重要——的是本质的产权观和不存在交易费用的一般均衡模型之间的矛盾。在前面的章节中，我对这一见解做过扼要的表述。在本章，我将阐明在米塞斯的研究中，足以证明他是现代产权经济学重要（但却被人们遗忘了）的先驱的那些方面。

构成米塞斯经济学和社会哲学方法，从总体看，其背后的基础本质上是斯密的“分工的扩展将带来好处”的观点（参见 Salerno，1990）。正如他用高雅的语言所说的：

> 人类社会……是有意地利用一个决定宇宙形成的普遍法则——分工能提高生产力——的结果。（Mises，1949：145）（本段译文参考了米塞斯《人的行为》，夏道平译，台湾远流出版事业股份有限公司 1991 年版，第 215 页——译者）

但是劳动分工带来了“劳动的智力分工”——即知识的扩散——以及由此造成的协调问题（1936：101）。这个协调问题由不同的社会制度来解决，这些制度包括市场、价格、货币、财产、法律、道德准则、婚姻和核心家庭。很明显，社会制度是劳动分工的必要条件（同上），并且作为部分演化过程、部分有意识的过程的结果来演化。在这种演化过程中，试错学习、天赋和理性的自利共同产生一个有效率的结果。[①] 社会制度的起源和功能一直都是用效率来解释的。米塞斯反对社会主义的根本原因是：社会主义本质上是希望舍弃那些能够维持“复杂的社会分工的效率”的制度。

当然，私有产权和它的各种契约化身（embodiments）是这样一种制度，即“长时期演进的结果”（Mises，1949：650）。

---

① 使用十分明确的产权方法来研究社会演化的，可见诺斯（North，1990）。

或者它们是其他一系列制度背后的一个基本制度，因此“……是市场经济的基本制度”（p. 678）。例如，一夫一妻的婚姻制度可以用下面的方式来描述：

> ……婚姻……完全是契约观念进入这个生活领域的结果……（婚姻的权利和义务）是从对待婚姻生活的契约观中发展起来的……现代婚姻——是资本主义发展的结果。(1936：82－83)（译文引自米塞斯《社会主义》，王建民等译，中国社会科学出版社 2008 年版，第 62—63 页——译者)

米塞斯基于原始占有、武力和偷窃（1936：32)，以及效率，对私有产权的出现给出了不同的解释。因此，私有财产

> ……当人们用他们自己的能力，把那些尚未成为任何人财产的东西据为已有时已经出现了。有财产的人，其财产一再地被没收……几乎每个财产所有者或者是直接的，或者是间接的合法继承人，被继承者之得到所有权，或由于据有无主之物，或由于强夺别人。(1949：679)（本段中译文引自米塞斯《人的行为》，夏道平译，台湾远流出版事业股份有限公司 1991 年版，第 835 页——译者)

但是，对私有产权的出现所作的这种解释（和总体效率视角非常一致，体现了米塞斯关于社会演化的观点)，与德姆塞茨（Demsetz，1967）的观点十分相似。大量的例子（1949：652－653）阐明了米塞斯的观点，即私有产权的产生是为了使(由于谁都可以获取的资源的不可转让性所意味着的）外部性内部化（米塞斯论述了“外部成本”)。例如：“如果一块土地

不为任何人所有……这块土地之被利用是不会考虑到不利的后果的”（1949：652）。但是，从另一方面来说，如果严格地建立了土地的私有制，那么将“没有土地侵蚀的问题”和“森林被蹂躏的问题”，而会出现这样的情况：“欧洲大陆中部和西部地区，私有财产制已坚固地建立了几百年。”（p. 653）（译文引自米塞斯《人的行为》，夏道平译，台湾远流出版事业股份有限公司1991年版，第804—805页——译者）

外部性问题的解决方法并不一定依赖于庇古的方法，而是“修改那些有关损害责任的法律，并废除那些妨害私有权充分运用的法制障碍”（Mises，1949：653）（中译文引自米塞斯《人的行为》，夏道平译，第805页——译者）。这里的障碍指的是那些妨碍充分界定所有权，即“……对那些会来自财货的劳务之充分控制”（p. 678）（中译文引自米塞斯《人的行为》，夏道平译，第805页——译者）的障碍。隐含在这种论述中的是这样一种观点，即产权的不同规定可以解释为对社会问题的回应，这些问题的出现源于稀缺性。根据佩杰威齐（Pejovich，1982）的说法，这是产权经济学的根本洞见。

米塞斯知道产权可以分割，并有不同的表现形式（1936：Chapter 1）。在他预见了产权的学说中，主要关注转让资源的权利和从中获取收益的权利。考虑后一种权利时，他注意到它们对经济的有效运行非常重要，其主要原因是它们可以激励人们有效率地去承受风险。

> 在以生产资料私有制为基础的经济制度中，投机者极为关心投机的结果。如果投机成功，首先是他获利；若投机失败，首先是他遭受损失。投机者为社会而工作，但是，他对自己的行为成败的感受是社会无法体会的。（1936：182）（译文参考了米塞斯《社会主义》，王建民等

译，中国社会科学出版社2008年版，第170页——译者）

社会主义制度下的“人造市场”（the artificial market）不能运行，其中一个原因是社会主义制度下的经理人之间的财货转让和资本主义经济制度下的财货转让是不一样的：在社会主义制度下，转让的不是完整的财产权，相应的，价格和激励是扭曲的。根据产权理论，相信以下这点从本质上来说就是错的，即社会主义经济中，“通过命令，不同生产单位的管理者好像资本主义国家的企业家一样行动”（1936：120；也可参见Mises，1949：702－705）。

米塞斯十分明确地预见到的一个现代研究领域——具体地说，是关于金融市场如何监督经理的现代研究——是他指出，要使经济高效运行，资本市场绝对是至关重要的。在这里，转让资源的权利就十分重要了。资本市场通过“解散、扩张、转移和限制现有企业和建立新的企业”（1936：215），可以确保由米塞斯提出的“计算问题”在一个动态的经济环境中得以解决。只有在资本市场和公司控制权市场不受损害的情况下，对管理进行监督的两个关键任务才能得以完成：解决所有者和经理人之间的委托—代理问题，以及资产的正确定价问题。或者正如米塞斯所总结的：

> 在资本主义制度下，把自己的资本托付给谁，是由资本家决定的。股份公司经理对企业的未来的信心，施工商对自己的计划的收益率的希望，在这里不起任何决定性的作用。决定是由货币市场和资本市场机制做出的。这确是它的主要职能：从整体上适应经济体制，判断各种机会的收益率，不盲目跟随经理因自己企业的视野有限而偏向于提出的建议。（1936：122）（译文引自米塞斯《社会主

义》，王建民等译，中国社会科学出版社2008年版，第106页——译者）

将这个观点和兰格（Lange，1938：110）“……私营企业的管理者在实践上不需要对任何人负责”的观点对比，现代理论站在米塞斯一边，而不是兰格那边。

委托—代理理论是经济组织理论中发展最快的一个领域，也是产权经济学发展的一个结果。正如我们已经指出的，从这个理论中，米塞斯预见了许多观点，例如，他认为在社会主义制度下，个体管理者（代理人）的行为是不考虑委托人（即计划当局）的利益的。此外，米塞斯也意识到了社会主义制度下委托人和代理人之间风险分担的问题，出于职业生涯的考虑，并且在存在可以作为保险机构并为个体管理者承担道德风险的机构（计划当局）的情况下，管理者要么是毫无效率的风险规避者，要么是风险偏好者（Mises，1936：122）。而且，社会主义经济组织会向寻租者提供一系列寻租机会（Mises，1936，1945，1949）。用现在的术语（Milgrom，1988）来说就是，社会主义为“影响活动”（指为了获得利益而影响有权力者，类似寻租行为——译者）而提供了一系列的目标，并附带地产生了高额的影响成本。

相反，市场社会主义者没能真正理解委托—代理问题，就算他们理解了，他们也忽略了；正如经常被指出的，兰格（Lange，1938）假定个体管理者和计划当局之间存在着持续的激励相容。米塞斯认为，以私有产权为基础的市场制度的主要优点之一是极大地缓解了潜在的委托—代理问题。在资本主义经济中，

市场的步伐不会在大企业的门前停下脚步……它们渗

> 透到它所有的部门和分支机构……它把整个企业完全的集中制和各部门完全的自治结合在一起，它使中央管理的全面责任与下层经理对利益的高度关注和对他的激励取得一致。(1945：47)

把企业分解为分离的利润中心是上层经理监督下层经理的一种方式。米塞斯（Mises，1945：42－47）认为，对职业生涯的考虑是预防管理者玩忽职守的重要力量，这也预见了法玛(Fama，1980）的理论。

其他一些评论也是恰当的。米塞斯指出为了促进整体的效率，以“资产产权交换”为基础的市场定价的必要性（Mises，1920，1936，1949)，这个观点与张五常/巴泽尔的“在价格机制下，租值耗散最小化”（Cheung，1974；Barzel，1974）的观点相似。尽管米塞斯主要强调了基数货币价格的信息提供功能，但是，这一点对于他的观点来说显然是很重要的，即当价格是资产的完整产权的交换结果时，价格才能最好地发挥这个功能。根据张五常/巴泽尔的观点，米塞斯的观点可以被理解为：社会主义市场经济学家们所说的“人造市场”——不是基于这种交换——会导致无效率的租值消散（除此之外，还有各类以信息为基础的资源被错误配置)。

同样是在米塞斯对社会主义经济组织的评论中，他十分清晰地预见了产权经济学的方法论基础，即比较制度主义。从米塞斯（Mises，1920）开始在辩论中发起攻击到后来奥地利学派经济学家的著作，直到哈耶克（Hayek）的“知识在社会中的运用”一文，我们可以清楚地看到真正让奥地利学派经济学家恼怒的是他们的社会主义对手采用一种不切实际的、无法实现的社会理想——不切实际的理想（Nirvanas）——作为比较标准。不言而喻，根据这个标准，资本主义看起来好像是无效率的、不经济的。奥地利学派经济学家最先坚持认为社会主义的经济组织也应当通过经济学分析工具来分析，而理想化的、无制度的模型不应作为比较的标准。他们——尤其是米塞斯——也是最早一批一贯地追求比较制度主义的经济学家。

那些模型——例如奥斯卡·兰格（Lange，1938）的市场社会主义模型——和比较制度主义纲领的指导原则（dictates）不一致的原因至少有三个。首先，社会主义经济学家忽视了激励机制的作用（Mises，1936；Hayek，1940）；其次，关于个体可以拥有的知识总量（尤其是计划当局），他们做了不切实际的假设；最后，他们在静态模型中表述他们的推理，遮掩了所有重要的经济学问题。或者，用更简洁的话概括，市场社会主义的经济学家将他们的理论建立在静态经济中，从而忽视了现实经济中的知识和激励问题。

根据经济计算大辩论最新的修正主义的观点（Lavoie，1985；Kirzner，1988），正是对这点的认识使得奥地利学派经济学家明白他们的方法和瓦尔拉斯主义方法的区别有多大，也促进了具有特色的奥地利学派经济学方法的发展。这种解释或许会产生一些问题，因为“以新古典产权方法为主体来解释米塞斯”与米塞斯本人“以企业家和市场过程思想为导向的方法”（例如 Mises，1949）是相互冲突的。在接下来的部分中，将简要讨论这点和其他一些解释性问题。

## 四　奥地利学派经济学与产权方法

非常值得注意的是，尽管我们看到奥地利学派的后期发展以及现代奥地利学派经济学家们时常希望将他们的经济学理论与主流经济学区分开来，但直到 1933 年，米塞斯还认为当时的三个边际主义学派并没有实质性区别[①]：

> 我们时常谈论起奥地利学派和英美经济学派，以及洛桑学派……（然而）这三个经济学派思想的不同之处仅在于他们在表达同一个基本概念时采取了不同的表述模式和……他们之间的区别更多地在于他们的术语和表述的特点，而不是他们的理论所传达的实质内容。（Mises，1933，1960：214）

然而，因为社会主义经济计算辩论，奥地利学派经济学家意识到从该学派创立的时候起，这三个学派就是完全不同的。或者说，这是无可争议的事实（Kirzner，1988）。可以肯定的是，我们无法否认市场社会主义者的瓦尔拉斯框架和奥地利学派的理论之间存在巨大的差异（Murrel，1983）。但这并不意味着广义的新古典经济学——即产权经济学——和奥地利学派经济学之间存在根本性的分歧。接下来将说明这点。

最不起眼的原因无非就是，财产范畴和产权经济学对其分配含义的分析在奥地利学派经济学家设想的那种动态背景下是相关的。各种财产**概念**和奥地利学派经济学之间不存在冲突。这些理论之间的区别可能在于基本的思想和概念是如何得到**关注**的；也就是说，是从均衡方法还是从过程方法的角度去关注产权问题的。

当然，米塞斯的研究有一个基础，那就是本质上动态的经

---

① 这不仅值得我们关注，同时也令我们感到惊讶。因为在1932年，汉斯·梅耶（Hans Mayer）发表了一篇有关市场的“函数”理论和市场的“因果起源”（causal - genetic）理论之间的区别的长篇论文。他把前者与洛桑学派联系起来，把后者与奥地利经济学联系起来（Mayer，1932）。米塞斯肯定知道他这篇论文（尽管他与迈耶之间的关系不好），但是很难令人相信他不同意迈耶的这个观点。

济过程观（也参见 Nelson，1981）。正如他所说“……经济计算问题是一个动态经济学的问题，而不是静态经济学的问题”（1936：121）。之后，当哈耶克在表述“经济问题始终是由变化所引起的，而且也唯有变化才会产生经济问题”（1945：82）时，支持了米塞斯的观点。米塞斯（Mises，1936：105）认识到，在一个本质上毫无变化的静止状态下——他（Mises，1949）称之为“均匀轮转的经济”（the evenly rotating economy）——政治当局能按照计划实施现有的资源分配模式，经济中的一切活动都将按照先前的模式持续运转。这时，“**根据假设**，经济计算的基本功能已经得到实施了”（1936：120）。从米塞斯的这个洞见中可以得到一个一般化的启示，即只有发生经济变化时，经济组织才是确定的。这一点可以从不同的方面进行解释。

其中一个是一般性的（新）奥地利学派经济学的洞见，即我们需要企业家发现交易机会的过程，以此来应对由经济变化所引起的知识问题（Kirzner，1973）。在私有产权得到明确界定和保护，从而为企业家的警觉提供适当的激励时，这个过程最有效率。并不像标准的产权理论和代理理论所认为的那样，人们只有在得到充分的激励时才能做得最好；而是说，他们将不知道怎么做才是对的，如果没有给予激励去**发现**它。

这是一个很重要的洞见。但还有一个更加具体的，更加中肯的解释，即把米塞斯的洞见看作是对这样一个观点的预见：在不存在变化的情况下，将不存在交易费用和信息费用（参照 Alessi，1987：27）。即在不存在由经济现实的变化引起的知识问题时，就不存在发现合约伙伴、签订和履行合约、监督生产、建立合约保障和质量监督等的费用。而在不存在交易费用的情况下，选择以价格为媒介的市场交易还是选择企业是不定的（indeterminate）。正如哈耶克（Hayek，1945）和米塞斯已认识到的，在市场经济下，制度——例如市场和企业——起着有效利用分散信息的功能；换言之，制度体现了产权的组合（constellations），它能够最大效率地解决由分散知识所产生的协调问题（Jenson and Meckling，1992）

从理论上来说，这表明奥地利学派经济学关于计算辩论的洞见和科斯关于经济组织的洞见之间存在一种联系。但是奥地利学派经济学家和科斯都没有认识到这一点，这也许是因为他们将注意力集中在不同的制度上。当哈耶克（Hayek，1945）赞扬价格机制的“神奇”时，科斯早在八年前已提出了企业存在的理由，即价格的“通信系统”的运行是有成本的。这可能会给我们一个印象，即哈耶克和科斯的分析是完全相反的。当然，事实并非如此；只有结合哈耶克和米塞斯设想的那种动态的经济现实，科斯观点的有效性才是充分的。①

## 五　结　论

在本章，我已说明我们应当承认路德维希·冯·米塞斯是产权方法发展的早期贡献者。米塞斯是最早理解所有权对经济组织和资源有效配置的重要性——例如，理解代理问题的实质和资本市场具有抑制公司管理层玩忽职守的作用——的经济学家之一。此外，他还开创性地采用了“比较制度主义”。

这些发现很有希望能使主流经济学家们以更加温和的态度来看待米塞斯的研究。在现代美籍奥地利学派经济学家中，有一批忠实于米塞斯，但思想相对狭隘的追随者，米塞斯的思想

① 当然，这产生了一个问题，即为什么是科斯发现了企业的经济学原理。奥地利学派经济学家已经拥有了许多必要的分析基础，为什么不是他们完成这项工作呢？我将在本书第八章进一步探讨这个问题以及其他相关的问题。

内涵要比他们的解读宽广得多。毫无疑问，米塞斯开创了奥地利学派经济学的市场过程方法，但他在产权经济学的前史（prehistory）中也具有重要的地位。从另一方面说，米塞斯成功地将产权洞见和过程视角相结合。这是现代产权理论家所没有做到的，他们的理论依然主要是新古典式的。唯一的一个例外是道格拉斯·诺斯（North，1990），在其后期研究中，他尝试将产权和演化经济学结合起来。在下面的章节，我将进一步探寻这个“米塞斯的问题”：新制度经济学和市场过程方法之间的关系。

# 第六章　市场过程理论与新制度经济学

## 一　导　言

人们经常可以看到，“动态”这个词一般更多的是充当修辞的工具，而不是对实质性特征的描述。因为在经济学的研究中，这个词的应用，大多数情况下，是在经济学家希望将其他自己的贡献与其他经济学家的贡献很好地区别开来的时候。相似的情况似乎也适用于“新制度”（neo - institutional）这个术语。各种文献一致认为新制度主义（neo - institutionalism）是利用经济学工具来研究社会制度，包括它们的起源、性质和可能的变化等的理论。然而，现在这种一致的观点已经不复存在了。埃格特森（Eggertson，1990）在最近的一本著作中，试图在科斯—阿尔钦—德姆塞茨产权传统中，为新古典理论保留这个术语。对于这个说法，理查德·兰柯路易斯（Richard Langlois，1986b）并不完全赞同，他似乎应用这样的标准来判断是否与“新制度”相关：一个给定的理论是否：（1）说明了与制度有关的一些事情；（2）对标准的新古典经济学持批判性立场。而且，值得注意的是，在兰柯路易斯这个受奥地利学派经济学影响的评价中，很重要的一个方面就是理论是否是“动态的”。人们可能会推断，试图同时抓住“动态”和“新制度主义”会产生麻烦。但那正是笔者在本章所要达到的目的。

在一定程度上，笔者会继续前面章节中对产权经济学的讨论。然而，笔者会指出，新制度主义主题的这种变动对一些现象不能作出令人满意的表述。最明显的是，产权方法事实上并没有真正描述变化的过程，新制度主义思想的其他一些门类也有这样的特征。[①] 但是，笔者会说明，如果新制度主义思想与市场过程理论，例如演化理论和奥地利学派的理论结合起来，那么这些由于静态属性引起的缺陷可能会得到弥补。具体而言，通过对市场"动态"理论的一个比较性说明，笔者将指出，只有演化理论和奥地利学派的市场过程理论（简称"市场过程理论"）才是对新制度经济学思想的充分补充。从某种意义上来说，这可以看做是奥地利学派和受奥地利学派影响的市场过程理论与奥地利学派经济学家有早期贡献的经济组织理论的结合。以前面章节为背景，本章试图略为详细地说明米塞斯"将经济组织放在一个动态的环境中"的观点。

## 二　新古典的新制度主义:产权方法

### （一）新制度主义方法的多样性

如上所述，正在形成过程中的新制度经济学有一个问题是它有多种存在形式，其中有一些主要是新古典的，其他的则更倾向于非正统的立场。这是一个学科问题，因为看起来，新制度主义思想的特征，只能通过制度内生化的尝试，在总体上加以刻画。并且，有不少的理论都能满足这个标准；然而，它们在分析方法上是非常不同的（参考 Langlois，1986a；Maki，1987）。因此，我们会将罗伯特·萨格登（Robert Sugden，1986）的"制度的博弈论方法"看做是新制度经济学，另外

---

① 比如代理理论或威廉姆森的交易费用经济学。

还有奥利弗·威廉姆森（Oliver Williamson，1985）的交易费用经济学，代理理论（Pratt and Zeckhauser，1985），产权方法（Eggertson，1990），甚至理查德·纳尔逊和西德尼·温特（Nelson and Winter，1982）的企业演化理论。

为了清晰地衬托下面的讨论，使之具有可辩论性，笔者打算简要地讨论一下新制度主义的各种交易费用理论中最古老，也是发展最充分的那个分支，即产权方法（Alchian，1965；Demsetz，1967；Alessi，1983；Eggerston，1990）。笔者同样会表明，从动态（或者缺乏动态）的角度看，产权方法的一些特性也存在于新制度主义的其他分支中。

### （二）产权方法

产权经济学为经济学的基本概念和假设，例如效用函数的凹性、向下倾斜的需求函数、稀缺性、边际生产力递减、消费和生产中的可替代性，增加了一个概念（即“产权”——译者），这门学科也正是以这个概念命名的。产权是个体拥有的使用资源的权利，并受到法律、规范和社会习俗的调节。现存的产权体系决定了行动的成本和收益如何在不同人之间配置（Coase，1960）。

在一个静态世界中，没有交易费用和信息成本，而解决“社会的经济问题”（Hayek，1945）至多是个计算问题。个体了解他们遇到的所有相关的“基据”（data），而由产权结构决定的博弈规则可以无成本地实施。在产权方法中，确实有一个真正的经济问题，这个问题的出现，准确地说，是因为个体对变化的经济环境没有即刻的和充分的知识，而界定、执行和交换产权——包括寻找合约伙伴、合约谈判以及执行合约都需要成本。交易费用和信息成本的出现产生了新的约束，产生非价格的资源配给，并导致产权不能充分界定和执行。然而，无论是在个人层面上还是在系统层面上，个体对这些约束的最大化回应产生了有效的结果（Alessi，1983）。盈利机会是为那些采用能够节约信息成本和交易费用的制度的个体而准备的。市场是处理由劳动分工引起的信息成本和交易费用的低成本制度，而企业是市场安排的特殊形式，即是投入的所有者之间为了将团队生产出现的激励问题最小化而结成的合约联盟。

### （三）对过程思想的忽视

由于新制度经济学在产权方面的表现，它是新古典经济学的一般化，但这更多的是在实质（substantial）意义上的，而非方法论意义上的。大体上，自从标准的新古典经济学被认为是产权方法的一种特殊情况后，这个观点就更加普遍化了。例如，德布鲁（Debreu，1959）描述的模型有一个产权背景，它是以凸性等标准假设，以及产权的界定、执行和交易都是零成本等假设为前提的。然而，从方法论上说，产权方法很明显是新古典的，因为它只关注有效的结果，无论是在个人的决策、合约还是在总体的结果等方面都是如此（Alessi，1983）。尽管新古典经济学中的两大支柱——最大化和均衡——已经一般化了，但实质没有变。这意味着产权方法没有得到正式的研究。

• 个体如何能够采用产生最大化决策的决策规则，以及相互独立作出的决策之间的一致性是如何产生的。也就是说，学习过程并没有得到研究。

• 如有“变化”发生，产权（制度）如何界定，并怎么改变。也就是说，制度变迁并没有被直接阐述。制度变迁只是伪装，以比较制度主义的形式出现，因此，不同的制度，根据不同的参数进行效率比较。

• 变化是如何产生的，哪些个体有助于实现变化（包括制度创新）。也就是说，制度变迁背后的推动力——例如技术变化和企业家才能——没有被研究。

换句话说，各个相关层面的变迁过程至多是以隐含的方式出现的。变化基本上被视为是给定的，而由变化引起的调整过程则被纳入到比较制度的、功能主义的解释模型中（参照 Demsetz，1967）：参数变化与相应的（不受时间影响的）产权/制度的变化直接相关，这些状态/制度之间的调整过程并没有引起关注。在这样的背景下，对变化的忽视，往往会通过“经典的辩护”（the classical defense）——使用以选择为基础的推理为最大化以及其隐含的均衡进行辩护——而获得支持（Winter，1987）。它的问题不仅仅在于这种辩护并不具有普遍性，而且这种选择（以及变化和承袭）机制本身——显然，是构成变化的真实的生成机制——并没有在理论上得到探讨，而只是临时添加的摆设。这种解释套路不仅仅是产权方法的特性；在代理理论中也可以找到，而且在威廉姆森的交易费用经济学中也存在，尽管不是很明确。

不可否认的是，产权方法极大地扩大了新古典经济学的应用领域（例如可见 Eggertson，1990）。而忽视变化和过程并不总是不合理的，理由很简单，因为没有哪个理论是用来解释一切的。但是，如果目的是考察制度变化和组织变化，以及这些变化背后的机制，我们就不能只用比较制度主义的方法；我们需要动态的制度主义，一种不是随随便便地对待变化产生的真实机制的方法。因此，我们需要从广义的角度解读新制度主义，在接下来的部分，笔者会给出这种解读。

## 三　对新制度主义的广义解读

笔者将从理查德·兰柯路易斯（Langlois，1986b）非常清晰的，并且也是受奥地利学派影响的论述开始分析。兰柯路易斯在这方面的研究策略是确定一系列的“共同主题”，坚持这些主题对于某个理论有资格称为“新制度”是必要的（也许也是充分的）。他的讨论有巨大的优势，不仅可以用来明确地剖析制度问题，而且也可用来剖析理性和过程问题。事实上，统一的“共同主题”恰好就是：

**理性**：在给定的和明确的手段—目的结构中（如在产权方法中），理性没必要非得理解为有意识的和持续的最大化（如产权方法那样）。在复杂性、无知和不确定性的影响下，理性也是创造性问题，例如柯兹纳的“警觉”，哈耶克的“规则遵循”和西蒙的“满意”。

**过程**：过程意味离开学习就无法理解经济现象。人类行为中这一“有目的”的因素必须与更高层面——例如，产业——的因果分析结合起来，这样可以一种理论，在这一理论中不止在一个分析层面的动态现象相互作用。

**制度**：经济活动的协调性并不仅仅是以价格为媒介的市场交易，而且发生在众多本身需要经济解释的非市场制度中，并受到它们的影响。

对这三个共同主题的确定使兰柯路易斯能够进一步区分一系列的理论传统，他认为这些理论传统在一个更宏大的新制度研究纲领下是补充的：乔治·沙克尔的激进主观主义、奥地利学派的市场过程理论（Hayek，Mises，Kirzner）、熊彼特主义的技术演化理论（Nelson and Winter，Abernathy，Utterback）、演化和制度的博弈理论（Schotter，Sugden）和组织经济学（Williamson）。毫无疑问，这些理论的视角很不相同，而我们并不清楚它们是以哪种方式互补的。很明显，它们的分析层面、适用范围甚至分析单位都是各异的，这正是它们的特征。

兰柯路易斯主要兴趣在于对这些不同的理论融合之后那些更有解释性的，以及方法论方面的内容予以澄清，而笔者将更进一步，到更加清晰的理论层面上去探究市场过程理论和新制度思想是如何融合在一起的。笔者将指出，并不是所有的市场“动态”理论都适合充当新制度主义思想的动态基础。与兰柯路易斯（Langlois，1986a）一样，在接下来的部分中，笔者将指出，只有市场过程理论，也就是说，奥地利学派和演化理论，才能作为坚实的动态基础。

## 四　市场的“动态”理论

自从社会科学家奥古斯特·孔德（Auguste Comte）提出“静态”和“动态”的概念以来，弗里兹·马赫卢普（Machlup，1959）指出“静态”和“动态”之间有39种不同的区别。在这个部分，笔者会提出一个框架［受池田（Ikeda，1990）文章的启发］，在这个框架内，可以比较和评价各种不同的市场动态理论。

在最为原始的分析层面上，我们会把动态分析和传统的价格理论——至少是它的初级或中级应用——联系起来。这里，并没有严格遵循比较静态方法（参见第七章）施加给价格理论的规定。我们不是仅仅把价格理论分析视作“一个外生变量变化后，比较各种内生变量的均衡价值”来阐述的，而是尝试重新计算各种均衡之间一些动态的，但非常松散的变动。不严格的套利理论就是这种类型。在更高级的层面上，我们会发现跨期模型的分析，在这个模型中，通过在给定变量的下标注上“t”，“时间”因素明确地进入到模型中，而且个体会最大限度利用多种状态变量。在它的“动态”进程的任何时候，这样的系统都处于均衡状态。

主流的“静态”和“动态”方法的共同点，其**正式**的表现是，完全只分析均衡状态。然而，也有往往被认为使均衡理论得以“合法化”的一系列理论，它们阐述均衡之外会发生什么；例如，一个系统会从非均衡状态向均衡状态转变吗？如何转变？这是稳定性理论的范围。然而，如通常意义上的新古典经济学，稳定性理论假定人们至少拥有有关潜在的相关基据的概率方面的知识。这不是奥地利学派和演化方法看待市场的视角。这里，笔者将这些方法称为“作为发现程序的市场理论”，就是为了表明基据并不是给定的，而是需要被发现的。关注“**无知**”（而不只是概率风险）意味着人们的“惊奇”将是真正意义上的（参照 Shackle，1972）。均衡不是模型必不可少的方面。

现在，我们可以把从“静态”通往“动态”的方法逐个列出来，这基本上对应时间先后的顺序：

（1）基本的传统价格理论

（2）动态均衡

（3）稳定性理论

（4）市场过程理论

对理论进行分类的另外一个途径是问这样一个问题，即“它们是用以回答哪些问题的”（Machlup，1967）。如撇开兰柯路易斯的动态主题，而转向他的理性主题，那么将对应于三个相关的问题：

（1）当知道基据发生变化时，个体如何做出反应？

（2）当新的基据在个体没有预料到的情况下出现时，个体如何做出反应？

（3）哪些个体能够改变基据，以及如何改变？

直观上很清楚，传统理论、动态均衡和稳定性理论只能完整地阐述第一个问题，因为这里至多只有概率风险。包含在这些理论中的最大化框架只允许讨论第一个问题。如接下来要讨论的，只有市场过程理论全面阐述了问题（2）和问题（3）。

从根本上说，这是因为市场过程理论专注于对非均衡的分析。如荷（Hey，1981：201）所指出的："……如果个体希望为真正的非均衡构建模型，那么必须放弃个人选择的最优化模型。"但是，正如笔者要讨论的，阐明后面两个问题［尤其是问题（2）］对于经济组织理论来说至关重要。这就是笔者为何要尝试将兰柯路易斯的三个主题——理性、过程和制度结合起来的原因。

## 五　动态理论简述

为了使上面给出的"区别"更为具体，笔者会介绍五种理论，这五种理论的共同点是，它们的支持者，从各自的观点出发（如前面所列），都认为他们的理论是"动态"的。我们将按照"动态"的程度，从低到高对这些理论进行介绍。正如我们将要看到的，除了市场过程理论外，所有其他的理论，"变化"和"过程"都没有涉及，或只有临时性的讨论。

### （一）可竞争的（contestable）市场理论

根据鲍莫尔、潘扎和威利格（Baumol、Panzar and Willig，1982）的观点，可竞争的市场理论代表"一种新的产业组织理论的基料"，他们认为它"会转变研究领域"（p. XIII），"作为产业组织分析的基础，它不亚于一个统一的理论"（Baumol，1982：15）。然而，这种夸大其词的论调并不能掩盖可竞争市场理论在很多方面代表了传统产业经济学——尤其是有限价格理论（theories of limit pricing）——的扩展和极端化。作一个非常简要的概括，"可竞争"市场是指，可以自由进入，现有的企业相信潜在进入者持有伯特兰德—纳什期望（Bertrand－Nash expectations）的市场。在可竞争市场中，企业明白，要是不想吸引其他企业的立刻进入，价格不能设在高于平均成本的水平。在完全可竞争的市场中，企业以“打了就跑”的方式进入市场的可能性会使价格不能高于平均成本。当然，“可竞争”要求没有沉没成本存在。如果可竞争的市场中现有的企业财务没有问题，并且在伯特兰德—纳什假设下，进入市场没有利润，则可竞争的市场将更加稳定。稳定性是长期均衡的一个条件。

这个分析的一个含义是，只有两家企业的市场才可能是完全可竞争的。当然，这就是为什么这个理论的支持者认为这是“完全竞争市场的一般化”（Baumol，1982：2），因为这个理论适用于“各种各样的产业结构”（Baumol、Panzar and Willig，1982：28）。这个理论有众多值得关注的结果，其中包括其规范性的含义：稳定性永远意味着帕累托最优。所有这些都清楚地说明，可竞争的市场理论是完全竞争理论的一般化。和这个理论一样，可竞争的市场理论需要对相关知识和理性作出极为严格的假设。可竞争市场从根本上来说是一种均衡建构，在其中有效率的产业结构（由潜在的成本结构决定）“……本质上是纯粹的计算问题”（Baumol，1982：6）。在这个理论所设定的背景中，没有失望的期望，也没有惊奇。有效率的结构从一开始就存在——由现有的企业和可能要进入的企业的成本和完全预期所决定。从前面的分类来看，可竞争市场理论是成熟的新古典理论，属于动态均衡范畴。接下来，笔者讨论稳定性理论。

### （二）富兰克林·费雪论竞争和稳定性理论

给出富兰克林·费雪（Franklin Fisher）的例子对讨论非常有用，因为他不仅对稳定性理论做出了重要的贡献，而且他在非正式的讨论中，将本质上由熊彼特提出的（市场过程理论）

观点应用到了应用产业经济学中。例如，据说那个时候，费雪、麦高文和格林伍德（Fisher，McGowan and Greenwood，1983）的经济学在反托拉斯判案中为IBM辩护，他们将静态效率和动态效率的讨论结合起来，并声称社会不在意垄断造成的静态无谓损失，而会关注随着时间的推移而出现的高度创新性的动态效率。但是，当然，费雪作为主流的新古典经济学家，知道在新古典经济学中，所有这些的理论基础都很贫弱。这仅仅是主流的经济学家在将本质上静态的理论应用到动态的现实中时，如何改变他的概念或者增加新的、更加一般化的概念的例子之一。[①]

这里需要提一下费雪（Fisher，1983）关于稳定性理论的研究。在费雪的稳定性理论中，他构造了一个市场调整模型，在这个模型中，理性的个体将驱使经济达到均衡状态。根据费雪的观点，稳定性和迅速的收敛是经济学家的标准假设。然而，一个成熟的稳定性理论是“……经济理论中均衡分析的必要基础。如果稳定性理论不能令人满意，那么就缺乏这个基础”（1983：2）。一个健全的“基础”是必需的，否则经济理论必须“有巨大的改变”。如果这个世界“根本没有趋向均衡……（那么）……对非均衡的研究……成为经济学家主要的工作”（ibid.：5）将成为事实。然而，费雪选择了两者中的第一种。

费雪的研究中，有创新性的方面是他引入了他所说的“有利的惊奇”，也就是交易中新的未预料到的可能性。换句话说，原则上，费雪的稳定性理论可以解决前面提到的第二个问题：当新的基据在完全不可预期的情况下被引入时，个体如何做出

① 参见纳尔逊和温特（Nelson and Winter，1982）关于“正规的”和“评价性的”理论的论述。

反应？费雪表明，在他的具体模型中，“即使没有一连串被感知到的新机会，无论是真实的或者是想象的”，收敛都是有保证的（同上，第89页）。“新的非预见的机会”成为“不稳定性——因为持续的变化”（同上：88）的必要条件。然而，这些不能预见到的变化是什么、由**谁**引进的、是**什么**经济机制导致这些变化的出现等，费雪并没有回答这些问题。为了试探性地寻找这些问题的答案，我们接下来讨论市场过程理论。

### （三）市场过程理论

市场过程理论包括演化的（Nelson and Winter，1982）和奥地利学派的（Hayek，1937；Mises，1949；Kirzner，1973；Lachmann，1986）市场过程理论。从总体上来说，这两种方法的共同点是他们都强调变化过程，更具体地说，他们都将竞争定义为一个发现程序（借用哈耶克1978年的表述）；也就是说，从广义的角度看，是一种社会试验机制。笔者将首先讨论演化理论。

纳尔逊和温特（1982）的研究——笔者讨论市场过程理论的第一个例子——的主要研究动机之一是对“演化推理”进行形式化，他们认为，当经济学家和同事展开非正式的讨论或者向外界解释什么事情时，这种推理总是隐藏在经济学家的头脑中的。传统上，如费雪采用熊彼特的观点时所描述的那样，在涉及与创新相关的问题时，这种“评价性的”（appreciative）理论特别流行。然而，与费雪不同，纳尔逊和温特希望经济学理论有“巨大的改变”，对非均衡的研究成为“经济学家的主要工作”（Fisher，1983：5）。这与诸如柯兹纳（Kirzner，1973）或者拉赫曼（Lachmann，1986）等提倡用过程方法研究市场活动的奥地利学派经济学家的观点完全一致。

很多经济学家在非正式的场合大概都会承认，从某种意义上来说，经济大部分时候都处于非均衡状态。但是在正式场合，经济学家，至少是新古典经济学家认为：(1）过度需求无法确认，即没有可观测的对等物（新古典的回应）；或者（2）经济基本上是稳定的，总是围绕均衡波动；和/或者（3）市场中的自然选择过程是如此有效，以至于只有最大化行为模式能够"存活"，言外之意是适应性过程的稳定状态很快就能达到(第七章将有更多的相关讨论)。

纳尔逊和温特的研究背景有一部分恰好支持了由米尔顿·弗里德曼最为有力地提出的自然选择理论。尤其是西德尼·温特，他能够把弗里德曼的结论有效所必需的强假设单独地分离出来（例如，可见 Winter，1975)。此外，如果弗里德曼本质上是站在市场的供给方面，以非均衡的选择过程为基础来为利润最大化辩护，那么为什么这些过程不能成为真正让人感兴趣的研究目标？以潜在的科学现实主义思想为基础（与弗里德曼的工具主义相反）——根据这种观点，识别并对潜在的机制进行理论化是有可能的——纳尔逊和温特把对动态非均衡市场过程的研究视为经济学家真正的任务。

因此，他们的理论有明显的方法论辩论的背景。但是，也有一个更实质性的理论背景，这一背景的来源，与其说是温特对弗里德曼的批判，不如说是理查德·纳尔逊终其一生，为了从理论上弄清楚技术竞争的过程所作的尝试。技术创新提出了一个问题，这个问题一直以来都困扰着新古典经济学，因此它也一直被忽视。它表明经济本质上是开放的，即创新性出现的事实。逻辑上，有一个标准的哲学观认为新知识是不能预见的，因为如果可以预见的话，从各种意义上来说，这就不是新的了。创新一般被定义为是新知识的产生，也就是，新奇的事物。

经济学研究在处理这个问题时的传统策略是干脆忽视它。

例如，在现代“专利竞赛”模型中，所有的市场参与者对创新都有充分的和精确的知识，不确定的是谁首先将其商业化。新古典经济学的问题在于，本质上它不适合处理不可预料的情况。对于个体如何对不可预料的变化（前面提到的第二个问题）作出反应，或者一些个体——创新性企业家——如何以及为什么进行创新等问题，新古典经济学都没有建立理论。原因并不难发现：如果商品的空间的扩张由于产品创新而变得不可预期，那么给出（跨期）均衡的意义是有难度的。而最大化只需要数量有限的可能状态。这就是为什么理查德·纳尔逊说：“我们（纳尔逊和温特）相信学术界最终会采用我们的方法……**如果描述和解释重要的、不可预见的经济变化被放在优先的位置**。”（1986：450）

但是，有一些基本的演化方法可以处理技术变迁过程中的棘手问题（至少其中一些）。如用演化观来理解市场活动，例如用生物的自然选择作为类比，那么将（1）不预设均衡是模型的必要方面；（2）不预设个体总是追求最大化。如果“最优”最终还是与演化相关的问题，那么它至多是，也更有可能是系统的理性问题而非个体的理性问题（Alchian，1950）。十分自然地，创新性活动神奇的创造机制所产生的经济变迁，很自然地成为这种理解的一部分，即创新类似突变，最终构成变异。这并不意味着分析将陷入混乱状态。因为市场选择作用于显示绩效不同的企业群体，这就保证了演化过程的结果并不是完全随机和不可预测的。例如，形成生存的标准是有可能的；一个明显的、尽管并不是最主要的标准是，在一定的时间跨度内实现正的利润。

纳尔逊和温特将企业描述为“受利润驱使，尽管不是追求最大化”。而且，企业遵循“惯例”，在他们的理论中，这种惯例类似于基因和生物遗传。惯例是按等级安排的，高级别的惯例指挥更有效率的低级别惯例的搜寻（即过程创新）。将市场中的选择效应放在一起看，这种创新性的搜寻决定了盈利能力，并因此改变了企业的真实资本。在复杂的世界中，企业并不是自动地、零成本地获得最佳的生产技术。如奥地利学派经济学所强调的，这种技术必须被发现和重新发现。

而且，企业"已经在哪里"对它们能做什么构成很大的限制，他们的创新绩效和技术发展都有着很强的路径依赖性。这是不同的企业在面对"相同的"变化时会有不同的反应的一个原因。然而，不同的反应意味着不同的盈利能力和不同的增长能力，因此"……随着时间流逝，与自然选择类似的经济机制将发挥作用，市场会决定哪些企业是盈利的，哪些企业是不盈利的"（1982：4）。在事先没有任何有关哪个生产过程是最有效率的，哪种产品是最具有盈利性的等的可靠知识时，市场就起到一个发现程序的作用："……市场体系（部分地）是一种实施和评价经济行为和组织的试验的装置"（Nelson and Winter，1982：77）（对比 Hayek，1978）。

纳尔逊和温特的多数研究与奥地利学派的市场过程理论是趋向一致的。受路德维希·冯·米塞斯和弗里德里希·冯·哈耶克的启发，伊斯雷尔·柯兹纳（Kirzner，1973）提出了一个得到详尽论述的观点，它把市场过程视为企业家发现新的交易机会的过程。柯兹纳观点的核心部分是，他所说的"罗宾斯最大化"（以莱昂内尔·罗宾斯的名字命名）不足以充当"动态过程的市场理论"的个人主义的基础。这是因为对于个体决策者所面临的问题的理论化，传统的方法是把整个决策结构视为**给定**的。个体的行为组合中应该包含的就是柯兹纳所说的"警觉"（alertness），即识别并根据新的可能交易机会而行动的能力。

这部分对动态的市场理论的考察得出的结论是，尽管它们都包含了一些“动态”的见解，但是只有“把市场作为发现过程”的理论和费雪的稳定性理论才能够解决前面提到的问题(2)，即说明个体对变化一无所知时，他们将如何反应。然而，费雪和柯兹纳的理论并不是关于个体如何创造新基据的理论，而是关于个体如何对新的基据做出反应的理论，这些理论的主要目的是为了考察趋向均衡的趋势。原则上，尽管纳尔逊和温特（Nelson and Winter，1982）在他们的研究中没能很好地阐述这方面内容，但是他们笔下的个体能够引发变化，因此他们的理论可以（部分的）说明前面提到的问题（3）。现在剩下未解决的就是证明市场过程理论是新制度主义经济思想的天然补充。这意味着，在阐述了兰柯路易斯的过程和理性问题之后，笔者现在可以转向制度问题，说明另外两个问题与它的关系。

## 六 为什么新制度主义需要市场过程理论

### （一）重要的待解释内容

将一直来分散存在的理论集中起来的一个理由是它们也许有某种程度的互补性。然而，这并不见得是人人都能接受的理由，因为两个理论，每个理论都有其各自的应用领域的状况仍然可以保持，而且当我们进入不同的研究领域时，可以从一个理论跳跃到另一个理论。我们需要更多的理由，才能更加让人信服地说明为什么要把理论结合起来。也许是因为独自应用任意两个（或者更多）的理论不能完全解释需要解释的现象，因此需要把理论结合起来。最终，统一的理论比任何两个单独的理论都有更强的解决问题的能力。

在目前的讨论语境下，可以对下列问题进行解释（排列顺序不分先后）：路径依赖对经济组织的影响，产业结构的变化对经济组织的影响，企业家才能和经济组织，技术变迁的组织，等等。直观地看，单独依靠新制度主义思想，或者奥地利学派的市场过程理论或演化多样性理论，都不能对这些问题作出充分的解释；对这些问题的满意解释需要**两种理论**的洞见。

### （二）历史与解释

第二个理由利用一般化的社会—科学观：一般来说，在解释一种社会现象时，只有将其产生的历史作为因素考虑在内时，对这种社会现象的理解才会充分。否则，这种“解释”就很容易退化为对需要解释的事物（待解释现象）的描述。仅仅罗列出一系列均衡价格和数量并没有**解释**均衡，因为解释项（explanans），即产生均衡的“历史的”过程并没有被考虑在内。这是哈耶克（Hayek，1937）早期对均衡理论的批判采用的就是这个解释维度，他要求更多地关注知识获得的过程。还有另一个例子，只有把一个企业以前的能力发展和解释工具结合起来，才能对一个特定的企业为什么事实上采取那种多样化的方式有充分的理解（Penrose，1959）。另一个与“历史与解释”主题紧密相关的解释是，一些锁定于某个发展路径中的小的历史事件，由于其众所周知而使历史显得举足轻重。事实上，对比如彭罗斯的观点给出这种解释是恰如其分的（Dosi，Winter，Teece，Rumelt，1993）。

交易费用这个门类的新制度主义经济学在解释制度时，在多数情况下是不考虑历史过程的。用一个比喻，标准的新古典经济学类似比较静态解释，主要的注意力是“快照”（snap－shot）式地描绘经济组织，而不是像“电影”一样，用一张张依序出现的画面去描绘经济组织。直观地看，市场过程理论明确的因果特征可以弥补笔者所说的交易费用经济学的解释缺陷。

### （三）功能主义

第三个原因与前一个原因紧密相关，而且，事实上可能会被视为是从更加具体的方向对它的考察。这与功能主义的解释模式有关，传统上，这种解释模式被新制度主义经济学家应用于对交易费用的种类的研究中（Dow，1987；Williamson，1987）。也就是说，当解释一种制度或者组织的存在时，理论家指出它对相关者有利的结果。但同时，要使解释成为真正的功能主义的解释，这些结果对相关的个体来说必须是不可预料到的。

就如社会科学中大量关于功能主义解释之合法性的文献所表明的，这种解释只有在因果反馈机制/过程可以被确定，并且能够指出，在有利的结果不可预料的情况下，随着时间的推移，个体如何能够保持一种制度/组织（Elster，1983）时才是合法的。其中一种机制就是自然选择（同上），因此，解释/过程主题的这种变化也意味着有必要把市场过程理论（尤其是演化多样性理论）与新制度主义思想结合起来。

### （四）什么可以（合法地）被认为是给定的？

这个答案和在经济学分析中，什么应该被认为是与“**基据**”（data）有关（Hayek，1937）。在传统的价格理论对竞争性企业的分析中，投入、产出和技术是给定的，经济问题就是在给定的价格下，根据利润最大化的要求，对它们进行组合。交易费用经济学中的企业问题与这一点没有**本质**区别；这里，经济问题要处理的是在给定合约风险的情况下，根据交易费用最小化的要求，组合投入和产出，等等。这里隐含的是产出、投入和技术——通过一些在逻辑上和历史上先于经济活动的组织的问题的过程——是**给定的**。这是威廉姆森（Williamson，

1985：84）说"'一开始就存在市场'的假设预示了交易费用方法"的含义。

假如被研究的现象是出现在运行良好的市场中**已经存在**的资源的经济组织，那么对这一过程的抽象可能是合法的。当然，这是新古典经济学传统上所理解的经济问题。然而，如果技术变迁——投入、产出和技术组合的变化——对经济组织有很大的影响，例如，因为它们影响交易费用和信息成本，那么这种方法是很不充分的（参照 North，1990；Langlois，1991）。理解技术等的变迁是理解经济组织变动的先决条件。而且，只考察运行良好的市场中既有资源的交易的方法，完全忽视了市场创造问题；这个市场创造问题似乎是看似不同的边际主义先驱，例如卡尔·门格尔（Menger，1871）和阿尔弗雷德·马歇尔（Marshall，1925）的研究的核心，其后熊彼特也强调了这个问题。

当然，批评一个理论没有阐明它本来就没有打算阐明的现象，在方法论上是不适当的。而经济组织理论通常并没有想要阐明技术变迁的过程。但是技术变迁本质上以交易的方式进入经济系统。这意味着技术变迁的组织原则上并没有超出经济组织理论的研究范围。[①] 但是，那样的话，对技术变迁的出现作一定的阐述似乎就成为研究任务必不可少的组成部分。而这是市场过程理论，尤其是演化的市场过程理论（Nelson and Winter，1982）研究的内容。

另外，创造市场的活动当然隐含了经济组织的创造，正如钱德勒（Chandler，1977）对美国商业历史的经验研究中所阐

---

① 事实上，大卫·蒂斯（David Teece，1986）试图从交易费用的角度讲述一个关于技术变迁的组织的故事。蒂斯主要关注创新过程的商业化方面。以交易费用角度为导向的分析的特点是，它暗含创新本身是给定的。可能会改变的是创新的商业化。

明的。[①] 我们不应忘记市场是拥有强烈公共品特征的物品。因为市场的建立成本（指建立企业的成本——译者）与它们的经常性费用相比会非常高，看起来，将这种资本承诺与长期存在实体（企业）的创造联系起来是明智的。只有与顾客保持长期的接触，初始的承诺才能得到补偿（Casson，1982）。市场的创造，因此也就是新企业的创造，一般来说并不是与新古典经济学有关的主题，而主要是与企业家才能相关的研究，因此，也是与市场过程理论特别有关的主题。

### （五）变化对于理解经济组织是必要的

尽管新制度主义经济学中的交易费用这个分支的“静态”特征非常明显，但是事实上，“变化”确实在某些维度上得到体现。例如，在威廉姆森（Williamson，1985）的经济组织理论中，类如复杂性、不确定性、信息不对称、机会主义、不完全合约和频率等概念是至关重要的。其他经济组织理论——比如与阿尔钦和德姆塞茨（Alchian and Demsetz，1972）有关的合约联结方法——使用更为紧凑的一组经济组织的决定因子，包括道德风险和团队生产。但是经济组织的所有的交易费用理论，不管它们有什么区别，都利用其含义只有在变化的经济现实这个背景下才能得到充分理解的概念——例如不确定性、不完全合约和信息不对称。换句话说，要使理论有意义，“变化”绝对是必要的，对于各种经济组织形式的有意义识别，“变化”也是必要的。解释并使经济和技术变迁内生的理论是市场过程理论。但是哪种变化是相关的呢？

---

① 这实际上是钱德勒（Chandler，1992）越来越怀疑交易费用经济学的根本原因。

### （六）哪种变化?

这是个复杂的问题，因为并不是所有的变化都与经济组织有关。区别变化的一个重要标志是看“变化”是不是可预期的。如果一些商品的相对价格在未来的某一天发生了变化，而这是所有人都知道的，这种变化当然会有经济影响，因为这会导致消费和生产常见的替代效应。但是这种可预期的变化并不会影响经济组织，因为交易费用或者信息成本没有变化。为了强调这一点，并把与经济组织相关的变化分离出来，让我们从经济思想史的角度简要地考察一下某些主题。

变化和经济组织在某种程度上是相关的，这一主题直到哈耶克、米塞斯与兰格、勒纳在20世纪30年代展开社会主义计算大辩论（参照第四章）时才出现。奥地利学派的立场的重建发生在此之后。只有将变化纳入考虑，经济组织对配置和最优化才会有影响。在静止状态，经济组织是“不定的”（indeterminate），这意味着，比如说，选择中央计划还是选择私有产权为基础的市场组织在经济上无关紧要（Mises，1936）。市场社会主义者的社会主义方案以静态的经济学为基础，这导致他们忽视了所有与经济组织相关的问题，并且非常积极地看待市场社会主义。

奥地利学派的立场表达了前面介绍过的观点：完全能预料的经济变化——如在静止状态下那样——与经济组织问题不相干。但是，从静态经济学中得出的有关经济组织的结论与现实世界中的经济组织没有关系。当然，硬币的另一面是，重要经济组织问题来自不是静态的经济学。这正是哈耶克所说的“值得强调的，经济问题总是也只能是由于变化才产生的”（1945：82）。对米塞斯和哈耶克的洞见略作修正，我们可以说，如果没有变化，就不会有寻找合约伙伴、起草合约、监督生产、质量检测和遵守承诺等的成本，总而言之，没有交易费用和信息成本。在稳定的静止状态，经济组织的存在性问题不会出现。

在一个变化的经济中，是什么保证了计划有可接受的一致性？哈耶克对这个问题的回答是强调“价格的通信系统”。这意味着他从信息的角度给制度定义：价格体系制度有效地利用信息和有限理性，并使得对未预料到的变化的有效调整成为可能。与哈耶克提出这些洞见的时间非常接近，罗纳德·科斯（Coase，1937）提出了一个表面上与哈耶克的洞见完全相反的洞见。根据科斯的观点，企业存在的合理性应该从哈耶克的通信系统的失败去解释。科斯更进一步指出，就处理不可预期的变化而言，企业在某些方面优于价格体系。

然而，这两种观点根本就不是对立的；正是在哈耶克所说的那个“变化的经济”背景下，科斯的“使用价格体系的成本”才是成立的。正如科斯（1937：393）所说，“在不存在不确定性的情况下，企业几无可能出现”，而且从上下文中可以知道，他所说的是奈特意义上的不确定性。然而，哈耶克和科斯都没有根据哪种制度能更好地适应不可预期的变化，给出一条能够满意地区分企业和市场的原则。提供这一原则——以资产专用性概念为中心——是奥利弗·威廉姆森现在解释他自己的研究工作的途径（参照 Williamson，1991b）。

不论是哈耶克还是科斯，都可以看做是确定对当前的情境至关重要的经济变化，也就是对经济组织有影响的变化。哈耶克很清楚，他所关注的制度的主要效率属性源于处理不可预期的变化的能力，而科斯对于他所关注的制度所持的观点本质上与哈耶克的相同。因为企业效率的一个方面是适应某些不可预期的变化的**灵活性**。正如科斯所说，令人感兴趣的合约并不仅仅持续时间长，而且是开放式的，因为一般来说，确认未来所有可能性的成本太高或者说基本上没可能。

这个主题被奥利弗·威廉姆森以及大卫·克雷普斯（David Kreps，1992）、桑福德·格罗斯曼和奥利弗·哈特（Sanford Grossman and Oliver Hart，1986）等不完全合约理论家全面论述过，如这些作者所阐明的，一些关于不可预期的变化的观点，如不完全合约理论所体现的，对于企业这种制度的经济意义是必不可少的。然而，在正式地表述这个观点时，个体被描述成非常聪明的人，他们能够事前设计能有效地处理未来不可预期的变化的合约，因而，后来对合约的修正都没有必要。一个典型的例子是，克雷普斯（Kreps，1992）将他关于这个问题的正式模型命名为“出现不可预期的偶发事件时的静态选择”。道（Dow，1987）认为，声称个体可以在事先进行理性设计，以**有效**地应对未来未预料到的变化，这在逻辑上有问题，因为人们仅能有效地适应能预见到的事情。

很明显，这里的关键问题是准确地解释“不可预期的”这个术语。这个术语的解释范围可以从“温和”，即对一个事件的粗略感知，到“激进”，即完全新奇的事件（也许，这是沙克尔意义上的“不可预期”）。这个范围内所有的解释都与经济组织有关；然而，只有温和的解释适合不完全合约理论家“事前的有效设计”的视角（参照 Kreps，1992）。这并不意味着那个范围中，靠近较为激进一端的解释就是不可能的；而只是说，不能给出一个有效的事前设计的解释。但它可以给出事后的解释，那些偶然地对新奇的事件作出正确回应的企业，将以不那么走运的企业为代价而获利。这里“正确的回应”意味着采用一种治理结构，它能适应不可预期的变化，实现可能的效率，即交易费用最小化。根据这种解读，交易费用经济学为大量的演化学说提供了存活的标准（很多和阿尔钦 1950 年那篇文章勾勒的方法相同）。

## 七　向过程的新制度主义迈进

如上所述，在经济学分析中，“不可预期的变化”这个意义上的变化一直都是一个难以处理的问题，并且已经表明，对于新古典经济学来说尤难处理。然而，这个分析的一个含义是，为了使经济组织可以确定，我们至少需要引入一些不可预期的因素；但是，不是未来一点都不可预期这个意义上的“不可预期”，也许更为现实的是，不可预期的事物的轮廓能有个大致的了解。例如，企业家可能理性地预见到一些新的技术创新会使他们的产品过时，但说不出这种技术的准确特征（如果可以，他们会自己进行创新）。或者自利的个体有理由采用他们认为能最好地应付由于不可预期所导致的问题的制度（宪法、治理结构）。从认识论方面讨论“不可预期”有点麻烦，在这里先搁置一下，但是接下来笔者会更多地讨论“不可预期”的制度效应。

然而，值得注意的是，从根本上说，正是经济变迁对新制度主义经济思想的重要性，才使得经济变迁与演化理论和奥地利学派的理论都有关。市场过程理论很明确，变动（variation）与变迁（change）对于理解制度的存在是必要的，间接地，对于理解制度变迁也是必要的。从这个意义上来说，这些理论和新制度主义经济思想是互补的。在社会主义计算大辩论的背景下，米塞斯（Mises，1936）第一个指出，过程问题和制度问题在这个意义上是一体的。为了更加深入地理解这个观点，我们再来关注企业理论。

企业为什么会存在？新制度主义思想给出的答案混合了规模优势、专业化（资产专用性）和机会主义/道德风险等。然而，真正需要指出的是，企业的比较优势在于它在面对下面两个重要的行为假设时，能够处理与市场相关的某些生产活动（指“有限理性”和“机会主义”——译者）：

> 但是，由于**有限理性**和**机会主义**的**同时**存在，所有的经济合约问题都是琐碎的，经济制度的研究也是不重要的。(Williamson，1981：1545)

如哈耶克（Hayek，1945）所指出的，有限理性给中央计划经济造成了困难，存在不可预期的变化时更是如此。从这个视角看，价格这个“通信系统”有限理性情况下，为了经济有效而出现的一种低成本的安排。然而，正如我们所看到的，几乎是在同时，科斯指出哈耶克的“通信系统”并不总是能毫不费力地运转；事实上，这就是企业为什么会存在的原因。

当然，这些都是现代组织经济学中很核心的洞见；可以说，实际上大部分研究主要关注的是在特定的环境下，哪一种经济组织形式是最有效的这个问题。但是，如我们将要在第八章中看到的，这个领域并不是铁板一块的。例如，作为两种主要的经济组织方法，“合约联结的方法”（the nexus of contracts approach）和“资产专用性方法”之间就有区别。

“合约联结的方法”是产权理论以及代理理论的一个产物，主要关注合约事前的有效设计，即寻找激励兼容。当激励到位的时候，合约各方的反应基本上是可预期的。

威廉姆森所关注的范围更加广泛，因为他试图给合约的演进一个实时的解释。正是在这种情况下，“时间和无知的经济学”（O'Driscoll and Rizzo，1985）登场了，因为机会主义的假设引进了“惊奇”，即也就是“新奇”（novelty）的出现（Williamson，1985：56－59）。换句话说，机会主义的行为特征比现代组织经济学对“激励”研究中起着相似作用的“卸责”

(shirking) 假设更宽泛。这是因为威廉姆森描述的机会主义基本上利用“对合约伙伴的不可预期性”。如果合约伙伴能够预见到机会主义，他们就不会建立合作关系，或未来的机会主义已经反映在合约条款中，各种治理机制在某种程度上能处理这些问题——未来潜在的机会主义的大致轮廓是可以预料到的——但是，外部不可预期的事件会使问题更加复杂。正是由于这个原因，大部分令人感兴趣的合约的不完全性在威廉姆森的组织经济学方法中被着重强调。

在这个思想脉络中，制度的功能——包括合约——可以解释为是对参与者“预见不可预见的”（expect the unexpected）的状态的回应。换句话说，制度中产权的具体化在某种程度上反映了不确定性应如何处理，由谁处理——例如，在不可预期情况下，谁有权掌控企业的有形资产（参照 Grossman and Hart，1986）。

然而，多种制度安排的出现并不一定是“有意识的计算”，即“参与者能作出有效的反应，对一些意料之外的事情将要发生有理性的预见”的结果（Grossman and Hart，1986）。正如奥地利学派自门格尔就已开始强调的，理性设计视角太狭隘，而且经常具有误导性，因为很多制度实际上是自发地出现的。根据这种解释，“资本主义经济制度”（Williamson，1985）的出现可以视作对不同的行为规则进行不同的社会试验的结果，这种试错学习的幸存结果通过模仿机制进行传播，因为它们能够最有效地处理因有限理性和机会主义引起的问题。换句话说，对组织经济学的这种解读——受市场过程理论启发——使得我们能够回答前面提到的问题（2）：个体对不可预见的变化如何做出反应。答案是他们模仿有成功历史记录的行为准则。

有人可能会说，“不可预期”这个角色的使用，例如在威廉姆森的理论中，是很有限的：只有当合约关系中，拥有高度专用性资产的一方借机“敲诈”（hold up）另一方时，它才浮出水面。笔者认为，这种“有限性”的原因要归于这一事实，即威廉姆森的主要兴趣是理解“重要的”经济组织。而且，他实际上并没有给出一个有关市场经济的全局性视角，尽管他1985年的著作有一个雄心勃勃的书名：《资本主义经济制度》。威廉姆森著作中的“经济问题”是根据交易费用最小化的要求，将已有的投入（为了“根本的转变”而作出的假设）和产出结合起来，而创新、企业和市场创造，以及企业家才能并没有明确地包括在内。然而，市场过程理论告诉我们，对于经济活动的研究，一种逻辑一致的方法当然不能忽略不可预期的事件的普遍存在。不能如威廉姆森那样，为了寻求启发性的理由，忽视由于产品创新而出现的产品空间的扩张，也不能忽视新的企业和市场的形成。

然而，这绝对是我们的学科中最古老的经验真理之一，即通过“市场范围”的扩展，通过劳动分工，以及这种动态过程带来的过程和产品创新，投入—产出的内容和范围以及相应的市场都在持续地扩张。根据米塞斯（Mises，1936）的理解，社会或者任何有关经济组织的经济问题本身与给定的投入和产出的有效结合无关；而是与哪种制度能最有效地处理由经济变化引起的计算、激励和协调问题有关。

基本上，亚当·斯密和米塞斯给出了大致相同的答案，即市场社会能最好地处理这些问题。然而，他们都不足以使我们更进一步，以考察哪种“资本主义的经济制度”能最好地处理由经济变化引起的问题。在这个问题上，我们可以从威廉姆森那里得到帮助，因为他至少尝试揭示哪种可供选择的制度能最有效地处理不可预期的事件，尽管他所关注的不可预期的事件的范围非常狭小。换句话说，对于过程的新制度主义——从这个意义上说的，即能够对受劳动分工和创新引起的变化影响的经济组织做出某种解释的一种理论——我们需要亚当·斯密、路德维希·冯·米塞斯和奥利弗·威廉姆森。

这种动态的新制度主义研究纲领究竟是怎样的呢?初步的答案是它将把交易费用的决定因素分离出来,并从理论上阐明交易费用是如何随时间的而变化的。我们已经看到,由于经济变化和由经济变化引起的信息问题,交易费用最终还是存在的。而且这种信息问题并不仅仅与双寡头垄断(具有高度的资产专用性)中的机会主义行为有关。信息问题的来源以及由此而带来的信息成本和交易费用有很多而且是可变的。它们也许与建立行为和技术的标准有关;与可占用性租金,如技术创新的租金有关;与纵向生产链中生产能力的协调问题有关;与培训供应商及很多其他方面都有关。

在笔者看来,过度关注由道德风险或者机会主义行为引起的合约问题,使得经济组织理论学家忽视了更加广泛的信息成本和交易费用的决定因素,它们大部分与劳动分工和技术变迁的过程有关。根据定义几乎就可以知道,技术变迁包含了不可预期性。近期,“不可预期”已经成为演化理论中最受欢迎的待解释概念(Abernathy and Utterback, 1978; Nelson and Winter, 1982; Dosi et al, 1988),这再次表明经济组织理论和市场过程理论的互补性。演化理论一般包括大量关于技术如何随时间的推移而变化的程式化的事实(例如参见 Abernathy and Utterback, 1978)。这就有可能为由技术变迁引起的信息成本和交易费用的理论化提供可能的基础,这意味着可能对经济组织如何变化的问题给出一些确定的、经验相关的回答。例如,不论技术是处在其“不稳定”阶段还是“成熟”(同上)阶段都会影响信息成本和交易费用,并因此会影响经济组织。

## 八　结　论

本章尝试将市场过程理论，包括奥地利学派市场过程理论与经济组织理论，尤其是威廉姆森的理论结合到一起。从某种意义上来说，这包括两种思想的再次结合，在奥地利学派，尤其是在米塞斯和哈耶克的研究中，这两种思想都可以找到其萌芽。笔者已经说过，由于市场过程理论中包含了不可预期的变化思想，这些理论是建立经济组织理论的动态基础的首选。然而，正如笔者在其他地方（Chaper 8 and Foss，1993b）讨论的那样，现代经济组织理论似乎分别朝向更加新古典和更加非正统的方向发展。更加非正统的方向包括奥利弗·威廉姆森以及其他人。也许在他们这里，把市场过程理论和经济组织理论成功地融合在一起的可能性是最为有利的。

# 第七章　不同的价格理论：正统的、奥地利学派的与演化的

## 一　导　言

在本章中，笔者主要关注三种彼此相互竞争的方法是如何构建价格理论（或市场理论）的。同时，与之前相比，笔者将更加清晰地论述（米塞斯和哈耶克之后的）现代奥地利学派经济学的思想。笔者将论述正统经济学家、（现代）奥地利学派经济学家和演化经济学家如何论述价格理论以及这三种价格理论的不同之处。笔者认为，虽然正统理论、奥地利学派经济学和演化经济学在价格理论的结果上不存在实质性的差别，但是从解释性和方法论的角度看，后两种方法（根据笔者这里选定的分析标准来衡量）要优于正统方法。简单地说，这主要是由于奥地利学派经济学和演化经济学都关注市场过程，而正统理论却忽视了这点。笔者将进一步论述，奥地利学派经济学价格理论和演化经济学价格理论之间可以看作是一种互补关系。

## 二　马克卢普，价格理论与比较静态分析

我们先来一个看似很简单的问题：价格理论的用途是什么？对此，晚年的马克卢普曾经在 1967 年美国经济学会上发

表了一篇题为《企业理论：边际主义的、行为的与管理的》的主题演讲，在这篇演讲中，他对这个问题提出了一些中肯的观点。特别地，他向我们

> 提出四个具有代表性的问题，看价格理论可以帮助解决哪些。这四个问题分别是：(1) 棉织品的价格将会是多少？(2) 某企业将以什么价格卖出棉织品？(3) 工资率的上升将如何影响棉织品的价格？(4) 如果工资率上涨，某企业将如何改变棉织品价格？(p. 8)。

如他在演讲的后面部分所说，传统的价格理论仅能够对第三个问题做出肯定的回答，对如何回答第四个问题仅能给出一些提示。至于第一个问题和第二个问题，传统的理论则无法解答。

其实，马克卢普对价格理论的理解并不是毫无问题的［这一评价也适用于马克卢普（1959，1963b）］。[①] 例如，他的理解与现代比较静态方法，也即构建价格理论的标准方法的观点不一致。正如威廉·鲍莫尔解释道：

> 征收消费税会导致价格提高，但是其价格提高的幅度会低于税收额，这个分析很容易得出，但却是不正确的……但是……比较静态分析没有得出这样的跨期论断。(Baumol, 1977：322)

---

① 罗斯比（Loasby，1976：45）认为，马克卢普的分析是完全错误的，因为价格理论仅能够回答前面两个问题。这是因为"……所有均衡模型的解决依赖于给定的基据，对于不同的基据有不同的解决方法。但是，模型不能对那些没有包括在原始说明中的数据提供解决方法"。如果"价格理论"的含义是一般均衡理论，那么毫无疑问，罗斯比对马克卢普的批评是正确的。

用马克卢普的“工资率增长”代替鲍莫尔的“征收消费税”，上面这段引言就意味着对马克卢普的理解的完全否定。价格理论作为一种正式的工具，并没有直接论述“工资率的增长”将会如何影响“棉织品”的价格。比较静态方法在于比较不同参数数值下内生变量的均衡数值。参数的不同数值并不含有任何有关时期的信息。

## 三 解释性方面

鲍莫尔（Baumol）的观点似乎意味着价格理论与经济现实完全没有了直接的联系。但正如保罗·萨缪尔森（Paul Samuelson，1947）所强烈认为的，这一理解事实上是错误的。萨缪尔森的“对应原理”（principle of correspondence）正是尝试提供这样一种理论与现实的联系，因此他建立了一个他所说的“可操作性的意义定理”（operationally meaningful theorems）。更加确切地说，萨缪尔森试图通过建立“初始”和“结果”（这两个词汇加引号是为了避免与因果论混淆）与真实状态之间的联系，以及根据基据真实的、可确定的变化，确定不同的参数值，来建立价格理论和经济现实之间的真实“对应”。这就是对应原理的重要之处，因为如果相关的均衡处于稳定状态，那么这个确定程序是唯一恰当的。但是，对应原理不能与均衡之间的因果关系联系起来。这仅仅是对应用比较静态分析方法的检验。萨缪尔森和鲍莫尔认为，比较静态分析就是比较不同的均衡“……而不考虑在这个调整过程中所发生的变化过程”（1947；8）。

归根结底，萨缪尔森和鲍莫尔对价格理论以及比较静态分析的作用和本质的理解是相同的。对他们来说，价格理论具有实际可操作性的必要条件是相关的均衡接近真实状态。但是，如何证明这个假设是恰当的呢？新古典的价格理论与现实之间唯一直接的、“可操作性”的联系是观察到的价格和数量，但是，把观察到的价格和数量的时间序列与一系列的均衡联系起来的依据是什么？

关于上述这个问题，已经有不同的回答。其中一个回答是，根据经济理论的定义，经济理论只关注适应性过程的稳定状态（Lucas，1987b），即与均衡、静止/静态或动态/时间维度的研究有关。包括奥地利学派和演化学派在内的理论家们会认为这个说法太过狭隘了：有一些有趣的非均衡现象，按其意义，它们不能被划归为“噪音”，但经济学家理所当然地能够对这些现象进行有意义的研究（Winter，1987）。这个观点得到正统经济学家——弗兰克·哈恩（Frank Hahn）的响应，他认为“用如此狭隘的方法构建经济学理论，许多重要的讨论将不可能发生”（1984：4）。至少，“即使非均衡效应事实上是不重要的，我们也应该证明这点”（Fisher，1983：217）。根据这个评论，这样的证据还没出现。

从方法论的层面来看，可以进一步认为，一种社会现象产生的历史——它是如何形成的——构成了对它的解释的极其重要部分（Ullman - Margalitt，1978）。作为稳定性理论的杰出贡献者，富兰克林·费雪认为，构成价格理论的应用和解释能力的最终（也许更为根本的）条件是“……经济模型的均衡不仅是稳定的，而且能够相对较快地收敛到均衡状态附近”（1983：2）。根据费雪的观点，这个“必要的基础”目前还不存在，因为稳定性理论在理论上还没有发展起来。[1] 正如费雪所解释的，仅关注适应性过程的稳定状态的方法——诸如罗伯

① 费雪于 1983 年这样写道。十年后，他的论述还是正确的。

特·卢卡斯（Robert Lucas，1987b）的方法——从根本上来说回避了为一个合理的稳定性理论“基础”的提供作出贡献这样的重要问题；他们并没有解决这个问题。如我们在第三章所见到的，哈耶克在1937年也表达了同样的观点。

从历史上来看，经济学家实际上并没有满足于仅从适应性过程的稳定状态角度分析问题。在讨论经济学的解释性内容和现实内容时，大部分经济学家都已经完全认识到均衡和最大化等是市场先前动态的调节过程的结果，归根结底也是个体的市场行为的结果。

当然，承认这点并不等于说调整过程应当被理论化。对于调整过程的特性的一个最有名的论述——具有讽刺意味的是，这同样是它们从根本上说与理论不相关的论据——是米尔顿·弗里德曼（Milton Friedman，1953）运用演化生物学理论来构建企业理论：

> 不管直接决定商业行为的明显因素是什么——习惯性的反应、随机性的机遇或难于归类的一些东西，不论什么时候，只要这一决定因素碰巧导致了与理性的、为人所知的最大回报相符的行为，则生意就会兴隆，并进而要求资源以扩大经营；反之，则生意将会亏损……这样一来，“自然选择”过程促进了该假说的合理化，或者说在给定自然选择的情况下，人们接受该假说很大程度上是基于这一判断，即它恰当地概括了生存条件。(1953：3)

换句话说，市场的供给过程是一个选择的过程。但是，既然利润最大化是企业生存的相关标准，既然随着时间流逝，通过差别化的生存机制，基于利润最大化的行为会胜出，那么经济学家只需要关注利润最大化行为（其含义是“均衡”）。[①]

主要得益于西德尼·温特（Sidney Winter，1964）的研究（也参见 Schaffer，1989），我们现在知道弗里德曼的论点存在许多问题：为了得出弗里德曼的结论，需要对市场准入门槛的高度、竞争强度（即选择压力）以及已实现的利润应当有多少以真实资本的形式进行投资等作出严格的假定。弗里德曼的论点中存在的更深一层的问题是，他使用了一个基于“非均衡行为”的论点——假定个体在激励、知识和理性等方面差异非常大，这个论点本身与新古典经济学的核心，即最大化和均衡不一致。这个显而易见的不一致并不会阻碍很多主流经济学家在非正式的讨论中使用以选择为基础的理论。例如，斯蒂格利茨（Stiglitz，1975）在一个关于合约经济理论的正式讨论中，用以下这个观点来捍卫他分析的结论，即“……我们可以认为，经济存在一种演化的趋势，它逐渐趋向于这里所分析的合约安排”（p. 556）。

在这部分内容中令人感兴趣的是，那个包含了多样化的个体（从行为、知识和理性的角度看）的、以非正式、动态和选择为基础的论点往往是应用经济学家开展其研究的重要组成部分。[②] 应用经济学家很少使用正式的一般均衡理论；他的工具箱里有基本的马歇尔价格理论，以及松散的、动态的推理，例如，弗德里曼的选择观点。由此看来，应用经济学家的研究不

① 这个观点与弗里德曼对方法论工具主义的支持也是有关的，这意味着他拥护所谓的“不充分决定观点”，即给定“事实”可以用大量不相容的理论来解释。例如，利润最大化也许既可以用有意识的决策来解释，也可以用演化观点来解释。作为一名拘泥习俗者，弗里德曼在此的反应是选择最简单以及最精炼的解释，即企业的行为表现出它们“似乎”（as if）是在有意识地追求利润最大化。

② 参见纳尔逊和温特（Nelson and Winter，1982）关于“主流理论”和“评价性的理论”（appreciative theory）之间的区别，以及本杰明·沃德（Benjamin Ward，1972）的叙述。

是向现代的、形式化的概念靠近，而是更加趋近于老的价格理论传统。应用经济学家在很大程度上会对动态的发展感兴趣，比如借用马克卢普的例子，他们会对如果工资率上涨，棉织品的价格变动所遵循的精确路径感兴趣。换句话说，奥地利学派的经济学家（Kirzner，1973）会认为，应用经济学家是分析“市场过程”的理论家。

## 四 回到马克卢普

以上分析使我们回到马克卢普。马克卢普在把价格理论作为一种方法，应用它来回答例如“工资率的增长如何影响棉织品的价格?”等实际问题时，已经把他对价格理论的理解完整地展现出来了。当非主流经济学家运用价格理论工具箱解决经验问题时，这一方法似乎也为他所用。虽然他的这个方法和鲍莫尔和萨缪尔森提出的构建价格理论的方法完全不一致，但是它却与演化学派和奥地利学派的经济分析方法相一致（本章后面将会论述）。马克卢普的方法包括以下四个步骤：

第一步：初始位置：均衡，即市场上的所有的经济活动按照原先的模式在运行。

第二步：破坏均衡的变化，即“发生了什么事”。分析者引进了数据的变化。

第三步：调整，即“事物必然自我调节”。分析者追踪变化产生的效应。

第四步：最终位置：新的均衡。即“无须再调整的状态”（Machlup，1963b：47）。

上述方法中，均衡的作用主要是确保所有其他条件都能保持不变：初始均衡位置使得我们能够假设第二步中的不均衡变化是**唯一**相关的变化，至于造成结果的原因在第三步考察。而最终的均衡位置使我们可以假定我们已经考虑到了市场变化所产生的全部影响。很明显，这种因果分析与萨缪尔森和鲍莫尔的方法是不一致的。对于马克卢普来说，这是应用价格理论讲述一个均衡间发生了什么的动态故事的一部分。这一方法和标准的方法在解释上和方法论上的差别，将在接下来的部分进行考察。笔者将主要根据一种被称为“看不见的手的解释”的解释方法进行讨论（Vllman – Morgalitt，1978）。

## 五　看不见的手的解释与价格理论

“看不见的手的解释”这个术语最早出现在亚当·斯密著名的《国富论》里。在《国富论》里，亚当·斯密解释道:“每个人都只关注自己的利益，在这种情况（正如在其他许多情况下一样）下，他的行为受到看不见的手的指引，促进了并非他本意想要达到的目的。”如果不考虑形而上学和意识形态方面的含义，看不见的手的解释可以被看做是一个基本洞见的表达，即整体的社会结果和个体行为之间有质的差别。在社会科学领域，犯下理解上的错误通常是由于对这个基本原理理解不充分。进一步说，给出“看不见的手”的解释意味着将给定的社会现象解释成很多个体有意识的相互作用所产生的无意识的结果（因此，看不见的手的解释并不适用自然问题和鲁宾逊问题）。更宽泛地说，我们的直觉清楚地告诉我们，经济学大部分重要的解释对象是需要作出这种解释的现象：关于相对价格和配置效率的研究，准确地说是对这一现象的研究，即这些研究现象并不是任何单个个体有意识的行为的结果，而是理性个体之间的相互作用所产生的无意识的结果。

然而，如果我们拓宽视野，将方法论约束加入看不见的手的解释，那么我们就会极大地怀疑（正统的）经济学理论是否始终与“看不见的手”的解释一致。在一部经典的著作中，哲学家埃德娜（Edna Vllman – Morgalitt，1978）给出了任何一个好的“看不见的手”的解释必须遵守的规定：

1. **解释范围**：社会现象；

2. **被解释现象（待解释现象）**：易于接受看不见的手的解释的社会现象是“结构严谨的…模式”，是许多相互作用的个体之间相互依赖的行为所产生的无意识和非预见性的结果。

3. **解释的特点**：看不见的手的解释是一种“起因”（genetic）的解释，即当一个过程产生了待解释现象时，它就对这个过程进行及时的解释。

4. **解释的机制**：这个解释意味着提出一个可信的机制或者合成原理，将个人选择行为加总到相关的待解释现象中。

给定这些规定，现在我们来考察经济理论如何与一个充分的“看不见的手”的解释保持一致，我们从萨缪尔森和鲍莫尔的价格理论概念开始，并将它与马克卢普的价格理论作对比。一个中肯的，可以作为“检验之基础”的价格理论是它应该能考察一些新的自然资源的发现所产生的效应。在这个例子中，“看不见的手”的解释是新的均衡，在这个均衡点上，所有的调整都已经完成。萨缪尔森和鲍莫尔的方法是确定一系列描述那个点上的均衡的等式，在那个时刻，新资源还未被发现。下一步，再列出一系列包含新的“数据”的等式。这样价格和数量的相关均衡方程组就可以比较（假定均衡是稳定的）。

很明显，这个方法与“看不见的手”的解释必须遵循的规定并不一致：这个方法不包含“起因”因素（上文第3点），另外，这个过程没有详细描述作为许多相互依赖的和理性的个体相互作用的结果的待解释的现象（新均衡）出现的机制。这种价格理论方法所做的是描述了待解释的现象，而没有解释它。这是方法论上对新古典价格理论方法论方面的传统批评，认为新古典价格理论虚构了一个人物，即拍卖人，来协调一切活动。当然，可以认为笔者因过于关注比较静态而受到了“欺瞒”，因为那种方法明确地指明，它不关注均衡之间的调整过程。然而，弗兰克·哈恩用以下比喻的方法表明，问题已经存在，而且这是新古典经济学的一般性问题：

> 例如，假定如果鸡蛋没有受到外界的干扰，那么它能够保持竖放的状态。我们不应赋予鸡蛋的这种均衡很多的现实意义，除非我们能够知道鸡蛋能够保持这种状态的原因。同理，在特定的情况下，存在一组确保所有市场中的供求达到平衡的价格这个命题并不能告诉我们这组价格是否确实是在市场经济中形成的。(Hahn, 1982: 13)

哈恩指出的这个问题和费雪（Fisher, 1983）的“均衡理论缺乏一个坚实稳定的理论基础”的观点不谋而合。用我们自己的话来说就是，我们认为哈恩要求主流经济学尝试遵循前面提到的第3点和第4点规定，这也是任何充分的“看不见的手”的解释所必须遵循的。换句话说，他诉求的是提供一种形式化模型，它既能给出一种机制（即上文第4条规定），又能描述即便经济个体起初并不知道存在交易的可能性时，也将随着时间的流逝（即上文第3条规定）达到一个协调一致的状态，即均衡状态（即上文第2条的规定；待解释的现象）。

与萨缪尔森和鲍莫尔的价格理论相反，显然，**马克卢普的**调整模型的结构更符合前面提到的那些规定条件：他的调整模型清楚地说明了两个均衡之间动态的因果过程（即上文的第3条规定）。然而，他没有详细说明使我们从初始均衡到最终均衡的机制的详细特征。事实上，这是一个严重的问题。在下一部分，笔者将把现代奥地利学派经济学的市场过程理论和理查德·纳尔逊和西德尼·温特的演化理论解释为详细描述“看不见的手”的运行机制（加总个体的选择行为以达成一致结果）的尝试。此外，笔者还将说明，尽管这两个理论对“看不见的手”的运行机制有不同的解释，但是，它们之间是一种互补的关系。

## 六 奥地利学派和演化经济学的市场过程理论

### （一）现代奥地利学派理论

从某种意义上来说，可以认为奥地利学派后期的核心人物——尤其是米塞斯、哈耶克和柯兹纳——研究的核心是提出一个与“看不见的手”的原理相一致的价格理论。汉斯·梅耶（Hans Mayer，1932）关于“函数”价格理论（一般均衡理论）和“因果起源”（causal－genetic）价格理论（奥地利学派经济学理论）的早期区分是奥地利学派所做的最早的关于这方面的阐述。当哈耶克（1937）认为他那个时代的经济理论过于注重“纯选择逻辑”（the pure logic of choice），而忽视了非均衡的学习过程时，他所表达的是经济学没有确定“生成机制”——随着时间的推移，会产生经济学的待解释现象，比如市场均衡。

笔者在其他地方已讨论过，正是对这个问题意识，才使他集中关注制度——与当今新制度经济学所关注的问题有许多相似之处（请见本书的第三章）。协调行为的制度的存在支撑了趋向协调状态的趋势的存在，也就是自发秩序。但是，从某种意义上来说，这是在回避问题，因为趋势预测的基础是制度的存在。同时，也没有对这个问题进行根本性的研究。例如，考虑一下哈耶克（Hayek，1945）认为价格体系是一种“通信系统”的著名观点。主流经济学对这个价格体系的解释是，市场经济能够在最少信息的情况下有效率地运作，因为**均衡**价格能够提供所有正确的激励。例如，当地的生产者和消费者没有必要去担忧战略性互动（strategic interaction）等问题。换句话说，哈耶克仅是描述了待解释的现象——均衡价格，却没有给出因果解释。

这是对哈耶克的文章的一种解释，这种解释本身是不能令人拒绝的。另一方面，哈耶克**还**认为，“视野有限的”市场参与者“……充分地交错重叠，通过许多中间环节，相关的信息抵达所有人手中”（1945：86）。在完全竞争的情况下，“个人的视野”不再互相交错，也不存在“中间环节”。笔者认为在这篇文章中，哈耶克提到但没有详细论述的是认为企业家的存在驱动市场过程趋向于均衡。

一直到伊斯雷尔·柯兹纳（Kirzner，1973，1979，1984），这个调整过程才得到了详细的论述。他有意识地以哈耶克的观点为论述的起点。他认为：

> ……作出市场趋向于均衡的假定，本质上是……**避开**（而不是解决了）哈耶克提出的知识分散问题……**假定**价格会逐渐产生相契合的决策，并不能“解决”知识分散的问题。（Kirzner，1984：415）

为了解决这个问题，柯兹纳引入了一个因素，即企业家，这个因素与其说是来自哈耶克，不如说是源自米塞斯。他的核心观点区分“罗宾斯最大化”和“警觉”。前者是指新古典经济学中个体的机械性活动，后者是指主动的企业家素质，这种素质使得个体能够意识到并且抓住迄今为止尚未发现的交易机会。

> 罗宾斯的理论仅适用于人们遇到机会之后的情况，因为这个理论没有解释人们首先是如何发现机会的。（Kirzner，1973：6－7）

企业家警觉的发挥减少了市场上的无知，因而使经济系统趋向于一个协调的状态（形式化的尝试，参见Littlechild，1979）。

然而，正如许多柯兹纳的批评者（特别是那些所谓的“极端的主观主义者”）所认为的，这种趋势没有理论的保证。企业家的活动可能恰好会以熊彼特多少已描述过的方式破坏市场的稳定状态（Lachmann，1976，1986；Chapter 7）。并且，不能忽视市场达不到协调状态的可能性。但是，低估熊彼特所描述的企业家才能和忽视协调失败正是柯兹纳想要做的。当前，现代奥地利学派内部对这些问题展开了激烈的辩论（参见Vaughn，1992年的总结）。然而，这些辩论的大部分看起来都只是术语上的差别。例如柯兹纳在讨论均衡时，生产商或企业家促使消费者去关注新产品的行为就属于这一范畴。但是，对于与柯兹纳持相反观点的人来说，产品创新显然是导致不均衡的一种力量。

我们似乎可以这样总结：奥地利学派“起因”法构建价格理论——可以认为它与“看不见的手”的解释一致——的主要尝试是在这种方法中，拓宽理性的概念，把发现交易机会的倾向包含在内，而交易机会的出现就等同于非均衡的存在。然而，这个方法没有涉及企业家活动的制度背景。不过正如哈耶克所言，相对于社会制度来说，趋向协调的趋势不是一成不变的。另外，这个方法也没有提到企业；事实上，纯柯兹纳企业家是完全不同于经理人或生产者的。最后，奥地利学派的市场过程理论事实上几乎没有论述激励人们发现机会、限定谁发现机会等的心理机制。我们能肯定的是（假定这是一个无可置疑的事实）人类具有**某种**发挥企业家警觉的内在倾向。

相反，下面讨论的理论将明确地把企业包含在内，该理论部分地建立在心理基础（通过有限理性的概念）之上，部分地（隐含地）建立在哈耶克的（企业内）规则演化理论之上，但是对理性有着相当不同的看法。因此，它们对“离开均衡”（out of equilibrium）的行为的起因论的解释存在非常大的差异。演化理论不是强调警觉，而是强调对变化的抵制、路径依赖和有限理性。可以肯定的是，奥地利学派理论的众多文献并没有忽略这些主题。例如，正如在前面的章节论述的，米塞斯对市场过程有一个演化的理解，他认为市场过程是不同企业的成长过程（Mises，1936）。另外，在哈耶克后期的著作中，演化的观点非常明显（例如 Hayek，1973）。不幸的是，现代奥地利学派经济学家在论述市场过程时并没有详细论述这些思想，反而是一群现代的演化理论家对此有论述。这并不意味着现代奥地利学派经济学家忽视了演化洞见，而只是说，尽管这些洞见可以被运用于**制度**的演化，但并没有被用于作为有目的企业家发现过程的市场过程。① 因此，虽然制度——游戏的规则——会以演化的方式变迁，但是，用演化的思想去分析游戏本身并不一定是最好的分析方法。②

### （二）演化理论

尽管阿尔弗雷德·马歇尔经常被认为是较早论述到演化问题的经济学家（例如 Foss，1991），但是，在社会科学研究中，

---

① 相关的评论，参见柯兹纳（Kirzner，1992）和寇普尔（Koppl，1992）。

② 对演化经济学和奥地利学派经济学的关系所作的不同并且更加宽泛的解读，参见维特（Witt，1993）。

首先系统地运用生物自然选择的似乎是阿尔钦 1950 年的一篇著名文章：《不确定性、演化与经济学理论》。自然选择的生物演化理论有三个基本概念：(1) 变异原则，即群体中的成员至少在某个有选择性意义的特点上存在差异；(2) 遗传原则，即一种确保以种群的形式实现跨期稳定性的复制机制会存在；(3) 选择原则，即一些生物能够更好地适应环境的压力，因此，通过差异化繁殖，该种群的数量比重会增加。但是，经济学家意识到，毫无保留地将这些概念应用于社会领域是不合理的，所以，他们在运用过程中都有很多保留。然而，已经被提出来作为“类比”的有创新（变异、突变），作为知识承载主体的规则和/或制度的模仿（遗传），市场过程中企业的兴衰（选择）。

阿尔钦还第一个意识到，上述这些类比在经济分析当中是十分有用的；因为它们能够同时描述稳定和变化，这是新古典经济学无法很好地解决的问题。他的出发点是，一般来说，在不确定的情况下，利润最大化是错误定义的概念。尽管在决策理论方面，阿尔钦的观点有点令人怀疑——他的论文是在预期效用理论还未成为标准之前写的，他的观点是，当公司在面对外生的变化时，会作出不同的反应，而这些反应大部分是无法被外部观察者预测到的。然而，阿尔钦解释说，如果市场机制被理解为对不同行为方式的选择机制，是实现利润推动的过程，那么在总体层面上，变化的结果是可预测的。单个的企业的行为也许是完全缺乏远见的、不理性的等，但是，从总体（产业）层面来说，预测仍然是可能的。

使用下面的类比，阿尔钦提供了一个描述性的例子说明他推理的本质：

> 假定上千名游客从芝加哥出发，完全随机地选择路

> 线，没有谁有事先的预见。只有经济学家知道仅有一条路线上有加油站。他可以确定，只有在这条路线上的游客能继续旅行，而其他路线上的游客很快会因为耗尽汽油而无法**继续**旅行……因此，正确的旅行方向将确定下来。当环境（经济环境）发生变化时，分析者（经济学家）不仅能够选择出那些能够幸存下来的参与者（企业），而且能够判断最有利于公司生存的条件。(1950：22)

还有其他完全独立于企业的动机和理性的生存标准，例如赢利:“在一场竞赛中，即使所有的竞争者都实力平平，他们中间的相对强者仍将夺得奖品。就算是在一个完全由愚昧的人构成的世界中，依然还有利润。”（Alchian，1950：20）经济学家熟悉这些标准，因为它们是由经济系统决定的，而对这些标准的了解，使他可以作出预测，尽管预测仅是定性的。

下面这个阿尔钦给出的有关变异的例子能够有效地说明他的演化推理：在一个社会中——我们假设“其他条件不变”(*Ceteris Paribus*）——有许多生产几乎可以相互替代的产品的企业。所有企业在生产过程中都使用油。如果油价突然上涨，经济将不再处于稳定状态。然而，在“其他条件不变”的社会中，对企业的调查表明，没有企业改变生产过程（因此“其他条件不变”并不依赖于新古典经济学的情境)。这时，阿尔钦的推理显示其力量。因为，即使没有一家企业有意识地去改变生产过程，但是演化的压力将以特定的方式作用于企业，因此，我们所观察到定性结果与形式主义的比较静态分析所得出的结果是一致的。演化的推理适用于这种情况的前提是企业使用的油量有变化。随着时间的推移，在这些企业中，那些用油量相对较少的企业的比重将逐渐增多，结果是每单位产出所需的平均油量将减少。这个结果就是采用形式主义的比较静态分析方法所得到的结果。

注意，这个例子意味着不需要或者几乎不需要理性和有意识的决策——至少对于市场供给方来说是这样的。同时，这个例子隐含地预设市场的需求方有理性，因为它需要假定消费者偏好并且寻找较便宜的商品（参见 Kirzner，1962）。然而，阿尔钦在后来的讨论中放宽了完全没有远见或随机行为的假设，并引进有限理性和有意识的模仿成功的行为规则的假设。因此，在几乎没有目的性的场景中，个体企业/行为规则在整个人口中的权重的变化主要是选择效应问题和企业的生存与死亡问题；而拉马克（Lamarckian）的模仿机制出现在更多目的性的场景中。换句话说，阿尔钦使用生物类比并不依赖于“完全缺乏目的性”和“理性”等这样的假设。

阿尔钦的方法是纳尔逊和温特从 20 世纪 70 年代开始的许多研究的起点，这些研究的最终成果是他们 1982 年的一部合著《经济变迁的演化理论》。从学术影响方面看，阿尔钦之于纳尔逊和温特，就类似于罗纳德·科斯之于奥利弗·威廉姆森。纳尔逊和温特像阿尔钦一样，将市场机制视为选择机制——这个机制作用于那些绩效不同的企业。与阿尔钦相比，他们更加明确地利用决策规则或“惯例”区分企业，它们是企业的生产知识和组织知识的具体化，而这些知识中有许多是默会的（tacit）。依然采用生物类比，惯例类似于生物学上的基因型，它们构成了企业的遗传系统。另外，惯例含有刚性的意思，而刚性对选择观点而言是必需的，只有这样，选择观点的运用才有意义。纳尔逊和温特的“组织遗传”将惯例描述为等级安排，即高级别的惯例（例如，研发规则）掌控低层次的惯例。例如，过程创新的规则是一个“寻找的规则”，受到市场压力的影响，在低层次的规则中进行选择。然而，我们无法保证企业能够选择一个有效的惯例。这个选择只有通过市场发现过程的考验后才能够完全确定下来。

尽管纳尔逊和温特的主要兴趣在于对技术变迁的过程和熊彼特的通过创新活动来竞争作出一个符合现实的理解，但是他们的演化观点依然适用于价格理论的问题——例如对马克卢普的第三个问题的分析，即“工资率的增长将如何影响棉织品的价格?”而演化观点运用于价格理论的方式与马克卢普对研究价格理论问题的方法所作的规定十分相似。也就是说，纳尔逊和温特试图给出产业均衡［事实上，为马克科夫（Markov）过程的“吸收状态”］之间动态的起因过程分析，并确定这个过程中运行的机制。换句话说，他们试图确定产生待解释的现象（例如棉织品价格变化后产生的新均衡）的生成机制，而不仅仅是描述待解释的现象。这表明纳尔逊和温特的方法的发展有另外一个深层次的原因，即他们期望能够建立一个框架结构，在这个框架结构内，传统的价格理论分析能作为一个特例。

正如我们所看到的，把企业从根本上理解为一揽子的惯例和决策规则——决定在给定的市场条件下的投入要求与产出对纳尔逊和温特来说至关重要。在他们对市场动态的描述中——他们关注的是市场动态，而不是企业——存在一个明确的目的性因素，因为当市场决策发生变化时，企业有目的地去采用决策规则（“遵循规则效应”）。同时，这些规则的刚性——这意味着一般情况下不可能立即适应市场条件的变化——使得选择效应具有相关性：在给定的市场条件下，一些规则从已实现的利润方面看更加有效。因此，通过企业的扩张，那些相对更加有效的规则和惯例会更加重要。然而，尽管规则有刚性，通过高级别搜寻规则的运行，低层次的规则是可以被改进的。而且，在纳尔逊和温特的演化理论中还存在“突变”的要素。以下是纳尔逊和温特的基本模型（1982：Chapter 7；Nelson，1987：24 - 30），这个模型更加清楚地说明他们的方法的本质。

假设在某一时点 $t$，企业关于如何使用给定的投入的决策规则采取下面的形式：

$$(x_i/k_i) = D(P, d_i) \tag{1}$$

等式（1）左边表示企业 $i$ 使用一单位资本（$k$）所需要的可变投入（$x$）。$P$ 表示投入价格和产出价格的矢量值。$d$ 表示决策规则参数的矢量值，在给定 $P$ 的情况下，决策规则决定（$x/k$）。假定所有的技术都拥有相同的资本产出比，但是，投入产出比是不相同的。

如果 $X = \sum x_i$ 和 $K = \sum k_i$，那么对于行业来说，我们可以得到等式（2）：

$$(X/K) = \sum D(P, d_i)(k_i/K) \tag{2}$$

现在，当要素价格发生变化后，（$X/K$）将**随着时间**发生什么变化？（$X/K$）的变化能否使得市场条件不变？第一个问题非常有趣，因为它可以被视为是比较静态价格理论的经典问题，这里用演化方法去回答。同样，第二个问题也是有趣的，因为正统理论的回答是不行，但是，演化经济学则认为是可以的。

回答这两个问题需要设定两种不同的情况。第一种情况（0）：价格保持在 $P_0$。第二种情况（1）：时间 $t$ 以前价格用 $P_0$ 表示，时间 $t$ 以后价格为 $P_1$。在给定的某一时点 $T$（大于时点 $t$），第一种情况（0）下，（$X/K$）在 $T$ 时的等式可以用（3）表示：

$$(X/K)_0^T = \sum D(P_0, d^t)(k_i/K)^t + \sum [D(P_0, d_{i0}^T) - D(P_0, d_i^t)](k_i/K)^t + \sum D(P_0, dT_{i0})[(k_i/K)T_0 - (k_i/K)^t] \tag{3}$$

在等式（3）中，上标 $T$ 和 $t$ 表示相关变量测量的时点。下标 0 区分在两种不同的情况（0 和 1）中变量在 $t$ 和 $T$ 时点的不同数值。第 1 个加总是 $(X/K)t$。第 2 个加总表示在 $t$ 和 $T$ 时点之间，（通过创新）惯例/决策规则的演化所产生的效应。第3个加总表示选择效应，它改变了企业惯例在所有企业中的比重。

在第2种情况（1）时，$T$时点的（$X/K$）可以用一个相似的等式表示：

$$(X/K)T_1 = \sum D(P_1, d_i^t)(k_i/K)^t + \sum [D(P_1, d_{i1}^T) - D(P_1, d_i^t)](k_i/K)^t + \sum D(P_1, d_{i1}^T)[(k_i/K)T_i - (k_i/K)^t] \quad (4)$$

等式（4）减等式（3）可得到两种不同情况下（$X/K$）的差额

$$(X/K)_1^T - (X/K)_0^T = \sum [D(P_1, d_i^t) - D(P_0, d_i^t)](k_i/K)^t + \sum [D(P_1, d_{i1}^T) - D(P_1, d_i^t) - D(P_0, d_{i0}^T) + D(P_0, d_i^t)](k_i/K)^t + \sum \{D(P_1, d_{i1}^T)[(k_i/K)_1^T - (k_i/K)^t] - D(P_0, d_{i0}^T)[(k_i/K)_0^T - (k_i/K)^t]\} \quad (5)$$

等式（5）提供了在动态背景下，分析“比较静态的标准问题——价格变化的效应”（Nelson，1987：2）的方法。第1个加总表示当价格从$P_0$到$P_1$时，企业按照他们的惯例或决策规则进行活动的结果。而第2个加总则表示惯例和决策规则在两种不同的情况下会发生不同的变化。换句话说，这两个加总代表纳尔逊和温特模型中的目的性因素，因为它们包括了对要素价格冲击的直接反映以及试图改变惯例/决策规则。第2个加总也可以被认为是抓住了奥地利学派经济学家所说的企业家“警觉”的效应（Kirzner，1973）。在这种情况下，新的更具赢利性的惯例被**发现**。最后一个加总表示两种不同情况下的选择效应的**差异**。总而言之，等式（5）阐释了“演化”视角的价格理论问题的三个基本机制：（1）在既有的惯例/决策规则的情况下，对价格变化作出响应；（2）改变惯例/决策规则

(创新)；(3) 竞争性的市场选择。

这样的推理是否能得出一个与正统价格理论相同的定性结论和预测呢？主流的价格理论假设企业知道所有相关的选择和最大化的利润，然后得出结论和预测。也就是说，这是机制1，然而，另外两个机制——创新和选择——没有出现在正统的价格理论当中。这就是在既定的市场条件下，为何（$X/K$）不能变化的原因。尽管存在这种差异，我们很容易得出结论，认为正统价格理论的（定性）结论/预测与演化价格理论的结论/预测是十分接近的，因为保证所有加总等式一般来说都带有“正统”标示的全部要求是追逐利润的假设。

## 七 总结性评价

### （一）一般性的论述

既然如此，我们构建价格理论时，支持使用奥地利学派的方法或演化的方法，而非正统方法的依据又是什么呢？首先从相对明显的方面开始，重要的一点是，演化过程的价格理论(这里是用纳尔逊和温特的基本模型为例)，比正统方法更为一般化：演化模型在许多方面能够对变化的经济结果做出解释，但是新古典方法却将变化（至少从行为的角度来说）排除在外。换句话说，演化经济学与一系列的行为假设是相容的。奥地利学派经济学并没有局限于最大化问题，因为它还包括企业家警觉这种类型。然而，除了哈耶克后期的研究（例如Hayek，1973)，奥地利学派经济学家对遵循规则或惯例的行为的概念化没有表现出兴趣，更别说对西蒙的“满意”和其他带有心理学色彩的观点了。鉴于此，我们对于发现柯兹纳(Kirzner，1973）倾向于将奥地利学派经济学与正统经济学之间的关系视为“奥地利经济学向那个基本上已经完善的正统理论提供了机警这个概念”就不会感到惊讶了。如这样解读，奥地利学派经济学就更接近于正统经济学而不是演化经济学。然而，我们也可以说，奥地利学派经济学向演化经济学提供了“警觉”，即“发现迄今还未被发现的利润机会”这个行为概念，因此，事实上这两种方法是互补的。

### （二）演化经济学与现代奥地利学派经济学之间的关系

在纳尔逊和温特的演化理论模型中，假定在任何一个交易日里，产品市场是市场出清的，尽管预期的均衡不能实现。[①]这样，企业面对着一个均衡价格。然而，纳尔逊和温特没有细致地说明这个价格是如何形成的。产生均衡价格的看不见的手的过程被忽视，其程度不亚于标准的正统分析对这一过程的忽视。柯兹纳警觉的企业家分析弥补了这点，因为这个分析本质上是为了考察价格的动态性[②]。因此，尽管这两种分析方法是互补的，但是，某种程度上，柯兹纳的分析在逻辑上优于纳尔逊和温特的分析：只有当柯兹纳意义上的企业家使市场趋于均衡的情况下，纳尔逊和温特笔下的企业才能进入分析的场景。因此，某种程度上，相比演化经济学，柯兹纳的分析有逻辑优势，就好比它相对于正统理论有逻辑优势一样。根据柯兹纳的观点，演化经济学中的个体与正统理论中的个体一样都缺乏

---

① 从这个意义上来说，他们的理论更接近于马歇尔的理论而不是瓦尔拉斯的理论。

② 柯兹纳（Kirzner，1983：1502）注意到互补性可能存在。在谈到对瓦尔拉斯模型越来越不满意时，柯兹纳说道：“……事实上，在纳尔逊和温特以及其他经济学家的研究中，关注的重点开始有明显的转移……这并不是完全不可想象的……因为复兴熊彼特经济学思想，构建和这些思想的联系的任务，更多的是由那个狭义的奥地利学派传统中，与熊彼特同时代的奥地利学派经济学家——与熊彼特相比少点张扬但同样自信和杰出的——米塞斯所承担。目前，他（和哈耶克）的追随者发展了这些思想，其形式就是老奥地利学派经济学传统的复兴。”

“警觉”；要素的发现并没有得到系统地论述。当然，企业会创新，但是作为对创新的概率分布的引鉴，这只是一种“程式化”的理解。从这个意义上来说，创新已经存在了，并不需要柯兹纳意义上的发现。

正如前面所说，尽管强调创新和技术变迁，但是，在标准的演化经济学中，企业家创造性这个因素并没有得到全面的体现（Witt，1987a）。这种情况的发生部分是由于惯例行为在任何演化经济模型中都是必要的这一事实，因为惯例行为提供了一种刚性，而刚性是合理运用以选择为基础的推理所必需的。另外，演化方法——至少是纳尔逊和温特（Nelson and Winter，1982）给出的方法——本身并不真正是一种关于企业或个体决策者的理论。和其“远房表亲”，即新古典经济学一样，演化经济学是关于产业水平发生了什么的理论。然而，演化理论应当能够更加全面地阐述创新的经济后果和创新的具体体现，这正是奥地利学派的洞见有可能提供帮助的。

### （三）机械主义、现实主义与“评价性的”（Appreciative）理论

在解释层面上，演化的方法和奥地利学派的方法具有一个共同的特点，即它们都试图去说明经济活动偏离均衡的经济机制。换句话说，这两种方法与看不见的手的解释在方法论上所作出的规定十分一致。而且，它们与现实主义的元理论的要求更加相符，根据这一理论，科学的目的是确定“生成机制”（generative mechanism）并对其进行理论化（Bhaskar，1978），而不是预测。[①] 正如路德维希·拉赫曼（Ludwig Lachman，

① 关于现实主义和演化经济学，请参见福斯（Foss，1994）；关于现实主义和奥地利学派经济学，请参见迈凯（Maki，1993）。

1982：635）所总结的："当我们不再构建模型，而是努力去理解真实事件发生的过程时，因果起源的解释自然就出现了。"根据拉赫曼的观点，"模型的建构"应当对"真实事件"有更多的反映。笔者相信，任何一位演化经济学家都会认可这一点。

与前面内容紧密相关的一个观点是，优先考虑奥地利学派的方法和演化的方法的原因是"他们关于发生了什么的'评价性的'理论，相比新古典理论……有更丰富的表述……与经济学家实际相信的情况更相符"（Nelson，1987：29）。也就是说，在构建经济理论方面，与那种在上层或接近上层的理论建构相比，奥地利学派和演化学派的经济理论与那种发生在俗世的、大马路层面的分析更加一致。对那些追求精确和简洁的主流经济学家而言，这个观点等于公开宣布他们的不足。当然，他们会说，在上层所进行的研究应该引导下层的研究。对此，我们的回应是：一个稳定发展的理论不能以这样的方式继续存在，因为这样会导致理论脱离实际。相反，一门学科能够良好发展的条件在于其形式化的理论和"评价性的理论"之间存在一种良性的对话（参见纳尔逊和温特，1982；也可参见本书的第九章)，也就是上层和下层研究之间的对话。

### （四）正统理论在改善？

在这点上，我们注意到正统理论对演化经济学和奥地利学派经济学的传统批评是这些方法一般来说缺乏一个正式的分析结构。这个指责很容易处理，因为，在过去十多年里，在纳尔逊和温特开创性的形式化模型之后，涌现了大量形成化的演化经济理论模型（例如 Schsffer，1989）。然而，这个缺乏分析结构的指责，实际上更多的是在（谬误的）指责演化经济学的非正式化。从根本上说，这个指责主要是围绕演化经济学的一项特定规则：一般说来，演化模型不是以严谨的选择理论为基础的。而它所使用的行为假设（如有限理性和满意等）并没有确定的行为含义在里面（Winter，1986）。因此，给经济学家们一个最好的建议是：没有必要去构建非形式化的和特定的演化经济理论，而应当“……坚持采用那个行为最大化模型，并使环境复杂化”（Kreps，1990：738－739）。

但是，博弈论的最新研究成果（例如 Binmore，1989）似乎表明这不是一个值得普遍推荐的方法。直观地，这些成果表明完全理性的个体在做决策时会陷入无限的溯推（infinite regresses），从而无法行动。事实上，这些问题已经得到了解决，但其解决方法仅是提出一些完全特定的假设［例如莱因哈特·泽尔腾（Reinhart Selten）的“颤抖的手”概念］。主流经济学家在拓展新古典经济学的行为基础时，对这类问题和结果越来越感兴趣，例如，他们认为有限理性应该被模型化（参见 Kreps，1990）。此外，至少有一些主流经济学家认为，在为经济学提供一个坚实的稳定性理论基础过程中不断暴露出来的问题表明，需要拓宽行为基础。例如，为了检验稳定性，费雪（Fisher，1983）在构建其模型时，使模型中的个体有能力对非预期的变化作出反应。另外，组织经济学的最新研究表明，拓宽人们行为的假设是有必要的。例如把不可预料到的变化纳入分析中，对于更好地理解企业的本质是有必要的（参见第六章）。

行为的非最大化模式和不可预料到的变化是演化经济学的特点（Nelson and Winter，1982，Winter，1986；Nelson，1987；Witt，1987a）。这些观点在一定程度上开始受到主流经济学家的重视，正统理论的性质开始发生变化，有点类似于朝着作为奥地利学派经济学和演化经济学之基础的形而上学的方面变化。这个形而上学观点认为经济世界从根本上来说是开放的，而未来在某种程度上是人们创新性选择的结果，是无法预期的。正是基于这点，长期以来，奥地利学派经济学家、演化经济学家和后凯恩斯主义经济学家指责新古典经济学从根本上来说是静态的：经济在一个确定性的（deterministic）环境中运行，在这个环境中，所有的事情在一开始就设定好了。

但是，这个指责已经部分地失去效力，因为越来越多的人尝试将路径依赖纳入主流的新古典经济学中（非正式的讨论，参见哈恩，1987），以及近来对太阳黑子均衡（sunspot equilibria）的研究，对战略互补（strategic complementarity）的研究，把数学中的混沌理论（theory of chaos）运用到经济学中，等等。然而，如果这种指责被解释为“正统理论一直是均衡导向的”，那么从这个意义上说，正统理论确实是静态的。我们应当谨慎对待对正统理论的这种批判，但是纳尔逊和温特（Nelson and Winter，1982：8）认为这种非难也有可能是成立的。他们注意到：

> 虽然指责正统理论仅仅考虑完全信息和静态均衡这种假设的状态实际上是不恰当的，但诸如此类的限制条件在最新的研究中普遍存在，却说明这种指责有类似的合理性。

“类似的限制”问题也许会（也许不会）被认为是基本的分界。然而，主流经济学家关注的范围普遍扩张，不仅要将路径依赖等观点纳入其理论，还要拓展正统理论的行为基础，加上演化和奥地利学派的洞见形式化的可能性不断增加，这就意味着这些迄今为止相互独立的研究视角有可能会融合在一起。这是非常好的现象，因为从根本上，这会使经济学理论更接近现实，缩小经济大厦中的上层研究与更加贴近实践的下层研究之间的距离。由此，我们将更加坚信弗里德曼（Milton Friedman）的一句名言：“没有奥地利学派（或演化的或正统的）经济学，只有好的经济学和坏的经济学之分。”

# 第八章 奥地利学派经济学与新制度主义:企业理论的例子

## 一 导 言

在这一章中，笔者将把奥地利学派经济学家作为新制度主义经济学一个相对狭小领域，即企业理论的先驱来进行考察。尽管对企业理论的关注能使笔者考察一些更细的相关主题，但从企业理论开始讨论显得有些尴尬。因为正如不止一位评论者所注意到的，在奥地利学派的思想体系当中，显然不存在它自己独有的企业理论（例如 Minkler，1991：8）。如两位奥地利学派经济学家几年前指出的："……没有奥地利学派的企业理论。"（O'Driscoll & Rizzo，1985：123）现在仍然是这种状况。据笔者理解，"企业理论"这个术语是有关企业的存在、企业的边界和企业的内部组织的理论（Holmstrom & Tirole，1989）。并且对于"企业"这个术语，笔者将其理解为计划出来的，且以赢利为目的的组织。用哈耶克的话说（Hayek，1973），企业是计划秩序，是人造秩序（taxis）的一个构成要素。它存在于无计划的市场秩序，即"内部秩序"（kosmos）的缝隙中。

今天，人们普遍都接受这样的看法，即"社会制度"在奥地利学派经济学中一直以来占据中心地位（Hodgson，1988；

Langlois，1986b，1991）。奥地利学派经济学家不再被看做是冷漠的先验主义者——只关注从几个无可争议的公理中引申出的逻辑含义。因为很多经济学家都认识到，门格尔有关交换媒介起源的理论是独特的（Menger，1871：Chapter 8），可能甚至有更多的经济学家熟悉哈耶克的“价格体系具有信息提供功能”的论述（Hayek，1945）。很多经济学家也知道，哈耶克的洞见源于他参与了社会主义经济计算大辩论，这是关于经济活动**组织**的第一次，也是最著名的一次辩论。实际上，在有关经济组织的文献中，哈耶克的《知识在社会中的运用》已经成为了必备的参考书目。[①] 更为一般的说，很多学者（如 Langlois，1986b）已经指出奥地利学派经济学和新制度主义有很多相似性，即应用经济分析方法对社会制度的现代分析。[②]

因此，奥地利学派经济学家，从门格尔 1871 年发表《国民经济学原理》标志着他们的学派的开始以来，都在关注制度和关于经济活动组织的理论。这不只是对已经存在的制度的效率原理做出解释，如门格尔对货币演进的说明。而且也要根据他们的效率属性对已有的制度进行**比较**。也就是说，奥地利学派的制度主义方法，不只是用“因果起源”（causal genetic）的方法追溯制度的出现，而且也是“比较制度主义”的。当然，这两个任务是互补的，尽管现代新制度主义有贬低第一个

① 例如，里基茨（Ricketts，1987：59），米格罗姆和罗伯茨（Milgrom and Roberts，1992：56），度玛和斯格陆德（Douma and Schreuder，1991：9）和威廉姆森（Williamson，1985：8，1991：160）。

② 要指出的是，“新制度的”（neoinstitutional）这个术语也常被应用于广义的新古典经济学（产权理论）（例如 Eggertson，1990）以及更具过程性的和非正统的学说（如 Langlois，1986a）。正如笔者在本书其他部分指出的，奥地利学派经济学家可以被视为是新制度经济学中“产权理论”（第五章）和“更具过程性特征的理论”（第六章）的先驱。

任务的倾向。[①] 但是传统上，奥地利学派经济学针对的制度主要是完全的中央计划或者市场社会主义的中央计划，和以私有产权为基础的市场组织，即“资本主义”。这意味着发生于市场经济中的科层指令相对来说被忽视了,[②] 尽管奥地利学派经济学家从没否认在自发的秩序中存在计划的秩序。与很多其他经济学家一样，奥地利学派经济学家可被看做是接受了马赫卢普（Machlup，1967）的那句话，即对于市场分析这个目的来说，我们可用非常程式化的（匿名的）方式处理“企业”的概念。并且经济学本身无需去打开企业的黑箱；这可以让组织理论或社会心理学去做。实际上，奥地利学派对市场现象的分析甚至已经体现了一种消解“企业”这个概念的趋势，因为它满足于对柯兹纳所定义的“超罗宾斯主义”（extra – Robbinsian）的企业家活动的分析。[③]

然而，如我们将要看到的，奥地利学派经济学家并没有着手建立企业理论，这可说是学说之迷。之所以让人惊讶，原因是讲述市场经济中为什么需要有企业这个完整故事所需要的很多分析性素材，在它们成为新古典经济学的基本内容之前，老早就出现在奥地利学派的理论中了。在笔者的印象中，这些概念有产权（Mises，1936）、专用的和互补的资产（Hayek，

① 产权经济学被认为是这种倾向的最好例子，但是这样的例子也可以在代理理论和交易费用经济学中找到。

② 对企业理论进行明确考察的少数奥地利学派文献有奥德里斯科尔和里佐（O'Driscoll and Rizzo，1985：122 – 125），李特柴尔德（Littlechild，1986：35），布德罗和霍尔库姆（Boundreaux and Holcombe，1989），汤姆森（Thomsen，1989：Chapter 4）和池田（Ikeda，1990）。明显受奥地利学派经济学影响的文献有玛尔格林（Malmgren，1961），里基茨（Ricketts，1987），维特（Witt，1987b），罗斯比（Loasby，1989）和兰柯路易斯（Langlois，1991）。

③ “企业”（firm）、“商业企业”（business enterprise）或其他能替代它们的词并未出现在门格尔（1871），米塞斯（1949）和拉赫曼（1956，1986）等的索引当中。

1931）、不对称的信息（Mises，1936；Hayek，1973；Kirzner，1973）以及对委托代理关系的基本理解（Hayek，1935a，b，1940；Mises，1936）等。[①] 近来，在使企业理论拥有一个坚实的经济学基础的诸多努力中，这些概念起到了关键的作用（例如，Alchian & Demsetz，1972；Williamson，1985）。

但重要的一点是要指出这些言论意味着什么以及并不意味着什么。笔者并不是说奥地利学派经济学家——假如他们把上述的概念和理论洞见放到一起——必然会得出与现代企业理论类似或非常接近的结论。一个理由可能是，现代企业理论相对忠实于主流的新古典经济学，而奥地利学派经济学家，自哈耶克和米塞斯 20 世纪 30 年代开始的研究工作以来，总是反复不断地强调他们和主流经济学的区别，特别是“二战”之后它初具规模以来更是如此。特别地，如现代奥地利学派经济学家喜欢强调的，一般来说，**市场过程**的概念和**企业家才能**的概念在新古典经济学中是缺失的（Kirzner，1973），我们可以补充，具体到现代企业理论中，它们也是缺失的。这意味着，可能潜在的有独特的奥地利学派的企业理论。

下面的内容是这么安排的。在接下去的一部分，笔者将针对现代企业理论的主流观点，对“现代企业理论”作简要的回顾。在第三部分，笔者将介绍一些著名的“在经济组织方面有研究的奥地利学派经济学家”，并说明奥地利学派经济学家在企业理论方面，对现代很多重要的发展有预见。但是，如笔者在第四部分和第五部分将要说明的，奥地利学派经济学家不仅仅是先驱；奥地利学派经济学不仅在一些重要的方面不同于现

① 当一个委托人想让代理人代表委托人的利益执行某项任务时，委托—代理关系就产生了。当委托人和代理人两者之间产生利益冲突，以及当委托人不能观察代理人的行为（隐藏的行动/道德风险）或不能确定代理人是否已经最大限度地利用了他所拥有的知识（隐藏信息/逆向选择）时，委托—代理问题就产生了。

代企业理论（第四部分），而且还有可能以奥地利经济学为基础构建“为什么应该有企业”的独特理论（第五部分）。换句话说，这一章的目的分别是历史的、批判的和建设性的。但是在这所有三个任务中，笔者基本上采用一种“**理性重构**”的方法：奥地利学派经济学家可以被“重构”为：（1）预见了现代发展；（2）同时对这些发展做出了批判；最后是（3）有他们自己独特的研究经济组织的方法。这是笔者为什么坚持认为，奥地利学派经济学家既可以被视为是现代企业理论的先驱，也可以被视为现代企业理论的批判者，尽管这听起来有点自相矛盾。在这一章中，笔者提到的奥地利学派经济学家，除了哈耶克和米塞斯外，还包括拉赫曼和柯兹纳。

## 二　现代企业理论[①]

### （一）经济学中的企业

市场经济的标志性特征常被认为是生产组织和通过价格体系的分配。但是“交换”的首要地位，不只是市场经济的特征，而且还是经济学家如何看待他们的学科的特征（Mc Nulty，1984：233）。更具体地说，在新古典（完全竞争）价格理论中，企业常常被认为是同质的（identical），除了它们所服务的产品市场之外。[②] 并且，不仅企业常常被假定为是同质的，对它们的事实描述也是尽可能地程式化或千篇一律。它们仅仅是生产函数。当然，这一做法本身并没有错；对于分析市场层面的分配而言，这是完全恰当的（参照 Machlup，1967）。

---

① 这一部分选自福斯（Foss，1993b）。

② 如福斯（Foss，1991）所说，在20世纪30年代中期，垄断竞争理论建立这种同质性假设是一个重大突破。奥地利学派对此的评论，可见柯兹纳（Kirzner，1979：133－135）。

但是，如很多批评已经指出的，新古典价格理论并没有为企业的存在提供理论基础，更别提它的边界和内部组织了。这不止是价格体系运行得那么有效，以至于无需，比方说，任何“垂直一体化的企业”的问题，从更为根本上讲，这是新古典完全竞争理论所固有的、不能对任何被称为“企业”的事物进行合理解释的问题。所有相关的知识都是给定的，价格提供了所有其他的信息，要素是完全可流动的，没有查明质量的成本，等等。这意味着该理论不能解释为什么商品的购买者不简单地与要素的所有者签约购买服务，而是与企业签约。

### （二）科斯与后科斯主义理论

根据通常的看法，正是**罗纳德·科斯**在1937年认识到，不仅“企业”在经济学中被忽视了，而且更为重要的是，事实上有可能运用经济理论去为“市场经济中为什么应该有企业”提供一个理论基础。[①] 概括地说，科斯（1937）的回答是，假如使用市场的交易费用相对于管理的成本来说更大，那么企业对市场的替代是效率的要求。市场**交易费用**是发现交易者、签约和执行合约的成本。如市场交易费用超过某个阈值，那么用科层命令——威廉姆森（1991b）所说的“有意识的治理”——的方式引导商品和服务的运行，对所有参与的各方来说，会比用价格机制［威廉姆森（1991b）沿用哈耶克的说法，称之为“自发的治理”］交换产权更有效率。这为企业的**存在**提供了理论基础。

运用传统的边际主义方法，企业的**边界**决定于这一条件，

---

① 当然，这点不完全正确，因为弗兰克·奈特（1921）已经为企业的存在提供了经济学的理论基础。关于科斯的企业理论和奈特的企业理论的比较，以及对奈特理论的认可，可见布德罗（Boudreaux）和霍尔库姆（Holcombe，1989）（而对两种理论的调和，可见福斯（Foss，1993c）。

即使用市场来组织一单位额外的交易所产生的交易费用等于使用企业来组织相同的交易所产生的交易费用。并且科斯最后暗示了使用交易费用的方法去解释内部组织的细节的可能性。

在现代企业理论的发展所作的经典阐述中，有一种观点认为，该领域已经沉寂了约三十年，直到阿尔钦、德姆塞茨和威廉姆森在20世纪70年代初复兴科斯的分析（Alchian & Demsetz，1972；Williamson，1975）。从他们都把企业视为不同各方之间的“有效”合约这个意义上讲，实际上几乎所有的现代企业理论——其中的大多数都要归于阿尔钦、德姆塞茨和威廉姆森早期的开创性贡献所开辟的道路——都可以被认为是后科斯主义的；这里的“有效”指的是在给定既有资源的稀缺性（包括信息和理性的稀缺）条件下，它最便利于交换。尽管“都源自科斯”这个事实，但现代企业理论并非铁板一块（例如参见Holmstrom & Tirole，1989）；现代企业理论在尝试如何使科斯的最初洞见具有可操作性，使之更为精确，并被理解的问题上，有相当不同的回答。

在最近的一篇文章中，阿尔钦和伍德沃德（Armen Alchian and Susan Woodward，1988）区分了经济组织的“道德风险方法”（受阿尔钦与德姆塞茨1972年的原创性分析的启发）和“资产专业性方法”，威廉姆森（1975，1985，1991a，b）是后面那种方法的主要代表。道德风险方法常常被称为“合约联结方法（the nexus of contracts approaches）”（Jensen and Meckling，1976；Fama，1980；Cheung，1983），在这里笔者将使用这个术语。从整体上看，使这两种方法不同的是它们遵从新古典理论的程度；合约联结方法是一种广义的（产权）新古典理论，而资产专用性方法——尤其是在威廉姆森的表述中——引入了一些非新古典的概念，特别是西蒙（Herbert Simon）的有限理性概念（Simon，1979）。对科斯的问题，如“交易费用的准确特征是什么?”“它们怎么才能最大程度的被操作化?”以及“什么决定科层成本的大小”等,他们相应的会给出不同的回答。

### (三)合约联结的方法

在阿尔钦和德姆塞茨(Alchian and Demsetz, 1972)最初的分析中,企业的存在是从**队生产**——包含不可分割的生产函数的生产——与**不对称信息**和**道德风险**的结合所产生的激励问题这个方面去解释的。在这个囚徒两难困境中,卸责者(shirkers)并没有承当他们行动的全部后果(成本),结果就出现了可能的卸责行为。市场体系应对这种卸责行为的办法是借助于合约实体,即“经典的资本主义企业”,它的特征是存在一个核心的主体,他不仅是一个测度其他主体绩效的监督者,也是剩余索取者,并且其他主体是与他签订合约的。市场力量正是通过监督者—剩余索取者所面临的激励结构,保证队生产的有效监督。能活下来的企业是那些成功地将包含监督队生产的成本在内的全部成本最小化的企业。这个基本的理论现在已经有了一些补充的分析。詹森和麦克林(Jensen and Meckling, 1976)认识到,如阿尔钦和德姆塞茨所说的监督的故事不局限于队生产中。巴泽尔(Barzel, 1987)证明,最有可能成为监督者—剩余索取者(委托者)的人是那个对共同生产的贡献最难测度的人。

然而,合约联结方法这样的理论提炼将付出不菲的代价,至少从一个受奥地利学派经济学影响的角度看是这样。尽管在阿尔钦和德姆塞茨(1972)的最初讨论中,基本的观点已经阐明了,但显然在这一传统中,正是作为计划秩序的“企业”这个概念是难以站得住脚的。我们常常说的“企业”,只不过是一系列复杂的市场合约(Cheung, 1983),和普通的“即时性市场合约”（spot market contracts）的区别无非是“生产所需的投入的所有者之间有连续性的结合”。既然是这样，那么合约联结方法的理论家尤金·法玛（Eugene Fama，1980）和张五常（1983）分别主张抛弃“企业家”和“企业”这些概念就不值得大惊小怪了。既然所有的资源分配——包括那些企业“内部”的分配——都无一例外地受相对价格的变动所控制，那么资源的计划引导（体现在企业家的计划中）就是多此一举了。

### （四）资产专用性方法

与合约联结方法似乎越来越多地关注一个核心的分析概念，即测度产品和服务的质量的成本一样，与威廉姆森（1985）联系在一起的合约方法也越来越多地关注一个核心词语：**资产专用性**。据说，当一种资产的机会成本显著地低于它当前使用的价值时，资产专用性就存在了。资产专用性往往牵涉相关资产之间高度的**互补性**。这两种价值之间的差别，就是可以通过实施机会主义行为而获得的马歇尔准租金。在以资产专用性、**机会主义**和有限理性为特征的双边垄断状态中，企业边界变化背后的驱动力是争取租金的争斗。换句话说，成本高昂的谈判博弈，才解释了企业的存在以及它的效率边界。

如格罗斯曼和哈特（Grossman and Hart，1986）对这一分析模式的概括所表明的，一体化的原因事实上并非合约的“签署成本”（ink cost），甚至也不是潜在的占有因资产专用性而产生的租金，而是因为实施有效的投资激励——决定把所有权（“剩余权”），也就是当出现合约中不能明确说明的情境时，决定和控制（实物）资产的使用的权利分配给谁——的共同愿望。

经济组织的现代争论中，一个真正棘手的问题是必须具体说明内部组织的成本。假如没有这样的具体说明，那么就不能解决这个难题，即为什么不把经济活动纳入一个大型的企业中（Coase，1937：86）。实际上，威廉姆森（1985：132）把这个问题称作“长期的困惑”（chronic puzzle），并且，对这个问题的强调伴随着他的“选择性干预问题”：为什么两个企业合并后，做得总是不能和两个独立的企业一样好或者更好，既然合并后的企业在管理中总是可以进行选择性的干预？

确定内部组织的（激励）成本的一个重要尝试是米格罗姆（Milgrom，1988）做出的，他问了这样一个基本的问题：既然有官僚成本，为什么科层组织在竞争性的市场中却一直存续？运用寻租理论文献的洞见，米格罗姆把官僚成本的来源确定为下级的“影响活动”（influence activities），也就是他们试图为了他们自己的利益而去改变上级的行动。这种影响活动产生的影响成本对企业的赢利性往往产生不良的影响。如米格罗姆所说，中央权威特别容易成为影响活动的猎物；而在分散的市场中，影响活动的目标则少得多。科层能存续的理由，最终是因为严格的官僚规则的存在有一个好处，就是缓和了下级的“影响活动”。

总而言之，我们可以强调下面一些**具体的**概念，它们对于说明在市场经济中为什么应该有企业是至关重要的。**不对称信息**绝对是关键的，因为如果知识的分散性不存在，那就不会有交易费用；也就是说，经济组织将不能确定下来。某些与**资源的连接**——体现在威廉姆森的资产专用性概念中，或是体现在阿尔钦和德姆塞茨的队生产理论中——相关的概念看上去也是必要的，因为没有这些概念，就不会有租金的占有了。最后，狡诈（机会主义，道德风险）的**私利追逐**看上去也是必要的，因为这个概念不存在的话，那意味着不需要有监督者、科层命令以及官僚等的服务了。包含可信承诺的市场合约就足够了。

在更为**一般的理论层面**上，大多数的现代企业理论的思想都受惠于产权理论（Coase，1960；Demsetz，1967）。构成企业的合约结构意味着一种财产权的分配。最后，在**方法论层面**上，经济组织和现代企业理论家致力于**比较制度主义**的方法，这种方法表明，要进行比较，相关的衡量尺度就不应该是无法实现的竞争性一般均衡，而是现实的、可实现的制度或市场结果（Demsetz，1969）。

笔者已经说过，从某些重要的方面讲，奥地利学派经济学家可以说是现代经济组织理论（包括企业理论）的先驱。在下一部分中，笔者将试图证明这个观点。笔者将集中讨论奥地利学派经济学家对现代企业理论的发展有直接预见的方面，而忽视它们那些尚有分歧的方面（它们将在第四部分中讨论）。

## 三　奥地利学派经济学家论经济组织

细读著名的奥地利学派经济学家的著作，我们可以肯定，尽管他们对企业理论本身谈得非常少，但是在他们的著作中，经济组织和制度却占据中心位置。奥地利学派经济学家主要关注的经济组织问题是与比较经济体制相关的问题，这些问题在社会主义计算辩论中备受关注（Mises，1920，1936，1949；Hayek，1935a，b，1940，1937；Lavoie，1985）。假如批评奥地利学派经济学家没有对直到20世纪70年代初才在经济学中确立的论题进行讨论，那当然是犯时代错置的谬误（anachronistic fallacy）。但是，从另一方面讲，奥地利学派经济学家已经有那么多构建企业理论的必要元素，让人感到惊讶的是为何却把企业的存在、边界和内部组织问题的提出留给了非奥地利学派经济学家罗纳德·科斯。这一部分的主要目的就是把奥地利学派经济学文献中与此相关的一些论述指出来。

### （一）秩序的种类及其治理规则

也许在讨论经济组织问题时，最为中肯的是做如下的整体区分：“实用的”（pragmatic）和“有机的”（organic）制度（Menger，1883）与“计划的”和“自发秩序”（Hayek，1973）。实用的制度是“有社会目的的原因”的结果，而有机的制度是“……追求个体利益的经济主体无数努力产生的无意识结果”（Menger，1883：158）。门格尔的讨论主要是针对制度可能出现的不同方式做出一个解释；但他对于制度是怎么得到保存的，以及它们一旦建立之后的运行原则却不是同样重视。哈耶克（1973）对“计划的”和“自发秩序”的区分，是对门格尔这方面讨论的补充，因为他的区分是建立在这两种秩序的不同组织规则之上的。支持自发秩序的规则是抽象的、目的独立的和一般性的，而支持计划秩序的规则（或命令）本质上是设计的和具体的。①

尽管哈耶克不仅倾向于严格地区分自发的秩序和计划的秩序，而且把指引这两种秩序的相关规则——分别是“内部规则”（nomos）和“外部规则”（thesis）——加以区分，但实际上难以对它们做出精确的区分。这是因为，比如“外部规则”的一般性可能是天差地别的，但计划秩序可能是由自发秩

---

① 如哈耶克（1973：49，50）所说：“那些支配一个组织内部的行动的规则，有着这样一个显著的特征，即它们必定是履行组织分派的任务的规则。它们的预设是，每个个人在一个确定的结构中的位置乃是由命令所决定的，此外，每个个人所必须遵循的规则，不仅取决于他在该机构中所占据的位置，而且也取决于发号施令的权力机构为他所规定的特定目的……这意味着自生自发秩序立基于其上的一般性法律规则所旨在实现的乃是一种抽象秩序，而该秩序所具有的特定的或具体的内容则是任何人所不知道的，也是任何人所不能预见的；然而，那些支配一个组织的命令和规则所服务的则是那些控制着此一组织的人所旨在达到的特定结果。”（中译文引自哈耶克《法律、立法与自由》，邓正来、张守东、李静冰译，中国大百科全书出版社2000年版，第71—72页——译者）

序的因素构成，而市场（自发秩序），如马歇尔（1925）所意识到的，某种程度上可以说是商业企业的谋划，等等。笔者将在后面讨论这些问题。现在，说明“计划秩序”和“自发秩序”之间的区分，与“市场”和“科层”之间的区分（Williamson，1975）或如威廉姆森最近所说的“自发的”和“有意识的治理”之间的区分是非常相近的就足够了。这两种组织经济活动模式之间的对比，还能够推导出如下一些对比关系：

（1）全盘的计划 vs 基于私有产权，以价格为介导的交换

（2）市场社会主义 vs 基于私有产权，以价格为介导的交换

（3）企业科层 vs 以价格为介导的交换

（4）准科层（如合资企业）或分散的组织（如特许经营）vs 以价格为介导的交换

（5）企业科层 vs 政府科层

上面罗列的（1）和（2）是社会主义经济计算大辩论讨论的主题；（3）是科斯（1937）所做的区分；（4）已经被科斯的后继者，特别是威廉姆森（1985）考察过了；最后（5）已经由产权理论家和公共选择理论家进行了考察。只有关于（1）和（2）的区分的理论，才是由奥地利学派经济学家系统性地和全面地做出的。但是，如笔者在下面将简要指出的，奥地利学派经济学家对经济计算的贡献，却能够对（3）至（5）的区分的理论化提供许多极为中肯的洞见。这一点本身并不新颖。奥德里斯科尔和里佐（O'Driscoll and Rizzo，1985：124）讲到，他们发现科斯（1937）经济组织方面的洞见是“合意的”（congenial），因为它们已经包含了“经济计算大辩论的基本结论”。[①] 很多经

---

① 然而，科斯似乎并没有直接受经济计算辩论的启发，尽管他的文章提及了哈耶克 1933 年的文章《经济思考的倾向》（*The Trend of Economic Thinking*）（该文是哈耶克开始卷入辩论的标志）。如科斯后来所说的（Coase，1988），他在 1931 年，也就是计算辩论在以盎格鲁－撒克逊语的形式表现出来之前就已经有关键的思想了。

济组织领域的理论家已经指出，奥地利学派经济学在经济计算大辩论中的洞见与现代理论（如 Williamson，1985：8；Milgrom & Roberts，1992：51）之间存在着相似性。然而，笔者将对这些相似之处做出更为精确和详细的说明。

### （二）社会主义经济计算大辩论

在经济计算大辩论过程中出现的直接与经济组织理论相关的奥地利学派的洞见（从它们预见了经济组织理论的现代发展这个意义上说），可以总结为下面几点，它们是密切关联的：

（1）对制度和产出的福利评价，不应该以“不切实际的方法”（Nirvana approach）（Demsetz，1969）为基础的洞见。

（2）变化对经济组织的重要性。

（3）认识到经济组织应该对主体所拥有的知识和理性敏感。

（4）对委托代理关系和更为一般的激励之重要性的理解。

先从一般性的方法论方面的洞见开始说。从米塞斯（1920）在大辩论中打响第一枪，从奥地利学派的后来贡献，如哈耶克的《知识在社会中的运用》这篇文章，到米塞斯在《人的行为》中重述他的立场，真正把奥地利学派经济学家激怒的是他们的社会主义对手使用不现实的，也是不可企及的社会理想作为比较的标准。自然地，根据这种标准，资本主义看上去是无效率和浪费的：“‘无政府’的生产，与万能国的计划相比较的时候，就显得浪费”（Mises，1949：692）。作为首先坚持社会主义经济组织也应该运用经济学的分析工具去分析，理想化的、制度空洞（institutionless）的模型应该被禁止用来作为比较的标准，奥地利学派经济学家可能是最早坚定地追求比较制度主义范式的经济学家。例如，奥地利学派经济学家隐含地批评类似于奥斯卡·兰格（1938）版本的市场社会主义模型，认为这些模型和比较制度主义方法的原则是不相符的。这是因为（1）社会主义经济学家忽视了激励的作用（Mises，1936；Hayek，1940）；（2）对主体（特别是计划当局）所拥有的知识数量做不现实的假设；（3）在把所有重要的经济问题弄得模糊不清的静态模型中进行理论推演。或者说，以一种分析静止状态的经济学理论为基础，借助于一种非常紧凑的表达式，市场社会主义者如奥斯卡·兰格把真实经济中的知识和激励问题去除掉了。

而在另一方面，米塞斯则坚持“……经济计算问题是动态经济学问题，而不是静态经济学问题”（1936：121）。后来，当哈耶克观察到“经济问题始终是由变化所引起的，而且也唯有变化才会产生经济问题”（1945：82）时支持了米塞斯的观点。如米塞斯（1936，1949）认识到的，在一个没有变化的静止状态中，政治权威可以实施已有的分配，因为分配计划及其他任何一切和以前相比都没有什么两样。从米塞斯的这个洞见中，我们可以得到一个一般性的结论，即只有把经济变化引入时，经济组织才是“能确定的”（determine）。[①] 在经济计算大辩论中奥地利学派的具体结论是，在有经济变化的情况下，以私有产权和价格体系为基础的经济组织，就效率而言无疑是优越的。但是奥地利学派关于变化和经济组织如何相关联的洞见在很多领域都能够得以应用，并且能够给予各种不同的解释，如我们在前面的章节中已经说明的。

总的来说，其中的一个解释是一般性的奥地利学派解释，即我们需要企业家市场过程去解决由于经济变化产生的知识问

① 正是在这一背景中，威廉姆森（1985：8，1991：162）才赞扬哈耶克（而不是米塞斯）。当威廉姆森讨论科层的“适应性属性”时，米塞斯的洞见就出现了，并且是在那个时刻，他涉及了米塞斯（1949）“个案的概率”（case probability）和“类的概率”（class probability）之间的区分。

题（Kirzner，1973）；当得到很好界定和保护的私有产权为企业家警觉提供了适当激励时，市场过程就会被启动并得到最有效的运行（同上；Mises，1949）。另外一种解释，也许是更为中肯的解释认为，奥地利学派的洞见预见到了这样一种观点，即没有变化则没有交易费用和信息成本；也就是说，假如没有经济现实的变化所产生的知识问题，那么将不会有发现合作伙伴（contractual partners）、签订和执行合约、监督生产、建立合约的保证以及判断质量等的成本。假如没有交易费用，那么以价格为介导的市场交易和企业科层之间的选择将是无法确定的。如奥地利学派经济学家所认识到的，在真实世界的经济学中，制度如市场和科层执行的是“有限理性”和“分散信息”背景下的节约功能，正是这两个因素最终产生了交易费用和信息成本。

从学说的角度看，这表明奥地利学派在经济计算辩论中的洞见和科斯关于经济组织的洞见之间存在着联系，尽管这一联系还没有被奥地利学派经济学家或科斯所认识，也许是因为他们把注意力集中到不同的制度上。当哈耶克（1945）赞扬价格体系之“神奇”的时候，科斯早在八年前就证明，企业存在的理由是价格，这个“通信系统”的运行并非是毫无成本的。实际上，一些评论者已经把科斯的分析和哈耶克的分析视为截然对立的两种分析。当然，它们不是对立的；只有在奥地利学派经济学想象的动态经济现实中，科斯的论证才有充分的说服力。

在一个更为具体的层面上，我们还有其他几种方式可以用来说明奥地利学派在经济计算大辩论中给出的洞见，预见了经济组织理论的一些现代观点，或是对它们的补充。经济组织理论发展最为快速的一个领域是代理理论。在经济计算辩论的过程中，奥地利学派经济学家从这一理论中预见了几个洞见。他们指出，一般说来，在社会主义条件下，管理者（代理人）本人会为委托人，即计划当局的利益而努力并非事实（如 Hayek，1940）。并且他们明确指出委托人和代理人之间存在风险分配的问题：在社会主义社会中，管理者出于对职业生涯的考虑，以及存在扮演了保险机构的角色，并接手单个管理者的道德风险的机构（计划当局）时，那么管理者要么是低效的风险厌恶者，要么就是低效的风险爱好者（Mises，1936：122；Hayek，1940：199）。

另外，社会主义经济组织为寻租者提供了许多机会（Mises，1936，1945，1949）；用现代的术语（Milgrom，1988）来说就是，它将为“影响活动”（influence activities）提供许多可寻之机，而这些总是伴随着高昂的影响成本。相反，市场社会主义者并不理解委托—代理问题，或者，即便他们理解了，他们也当它不存在。如经常被人们指出的，兰格（1938）隐含地假定在个体的管理者和计划当局之间有着连续的激励兼容。如米塞斯所认识到的，以私有产权为基础而组织起来的市场制度的一个主要好处是它能够极大地缓解代理问题。在资本主义经济中，

> 市场的步伐不会在大企业的门前停下脚步……它们渗透到它所有的部门和分支机构……它把整个企业完全的集中制和各部门完全的自治结合在一起，它使中央管理的全面责任与下层经理对利益的高度关注和对他的激励取得一致。（1945：47）

把企业分解为分离的利润中心是上层经理监督下层经理的一种方式。米塞斯（Mises，1945：42－47）认为，对职业生涯的考虑是缓解管理者偷懒，也就是减轻潜在的代理问题的重

要力量，这预见了法玛（Fama，1980）的理论。代理理论以及在经济计算辩论中奥地利学派的具体论点是建立在以更具一般性的产权为基础的推理之上的。比如，在根本上因为代理者对他们参与的生产活动所产生的剩余收入往往没有产权，所以他们可能会逃避职责。

### （三）产权

在第五章，笔者指出尽管在门格尔和庞巴维克的著作中有对现代产权经济学的预见，但是我们发现，奥地利经济学理论在这个主题上最为完整的论述是在米塞斯的著作中。例如在《人的行为》中，他对“公地悲剧”这类问题有清楚的阐述，并且认为更为精确地界定产权——“废除那些妨碍私有权充分运用的制度障碍”——会消除这些问题。米塞斯也认识到，产权是复合的权利。如他指出的，占有资产（果实）（fructus）的租金和利润对经济的有效运行是至关重要的。

实际上，市场社会主义者的“人造市场”行不通的一个理由正是因为社会主义经理之间财货的转让不能与资本主义经济中财货的转让等同：在社会主义经济中，转让的不是完整的产权；相应的，价格与激励是扭曲的。从产权的角度看，认为社会主义经济中“……不同的生产部门的控制者”通过接收指令“就会做得像资本主义国家的企业家一样”纯属无稽之谈（1936：120；也可见 Mises，1949：702 – 705）。

也许米塞斯对现代理论的发展——具体地说，是与金融市场如何监督经理有关的现代代理问题的研究——所做出的最为明确的预见，是他指出对于经济的有效运行来说，资本市场绝对是至关重要的。凭借资本市场，通过“分解、扩展、转移和限制现有的事业，建立新的事业”（Mises：215），就能够保证动态的经济计算问题得到解决。只有没受损害的资本市场和企业控制权市场才能执行监督管理的两个关键任务：委托—代理问题和资产的正确定价问题。一定程度上，詹森和麦克林（Jensen and Meckling，1976）建立的代理理论——米塞斯确切地预见了这一理论——可以被看做是企业理论不可分割的一部分。

### （四）资本理论与商业周期理论

奥地利学派在社会主义经济组织方面的洞见和经济组织理论之间的联系看上去是相当明显的，而资本理论与商业周期理论和经济组织理论似乎就缺少这样的关联。这些理论在这里被提到的理由是，它们提供了逻辑一贯地叙述经济组织，尤其企业所需的一套概念中最后的那个元素。这种相关的元素与奥地利学派的资本和商业周期理论强调跨时期生产结构有关（例如Hayek，1931，1941；Lachmann，1956）。

说经济的生产过程事实上是一系列与最终消费在时间上有相关关系的生产阶段（Menger，1871；Hayek，1931，1941；Lachmann，1956），等于说相关的生产活动相互之间有**互补**关系。说信用的扩张可能使必然包含时间过程的生产结构出现失调（Hayek，1931），等于表明一些活动相互之间可能具有**专用性**（也可见Lachmann，1956）。只有用一种考虑时间因素的方法，如体现在奥地利学派的资本理论和商业周期理论中的那种方法，这些关系才能够被充分地理解（同上）；而在“用生产函数去考察生产过程”这种常见方法中，这些关系被掩盖了。如垂直一体化这样的现象，用一个序贯的、含生产阶段的框架（如奥地利学派的框架），而不是用一个无时间的框架（如生产函数方法）更容易刻画。如近来企业理论的研究所证明的，资源之间互补性的观点——比如，体现在阿尔钦和德姆塞茨（Alchian and Demsetz，1972）的“队生产”理论中——和专用性是讲述一个逻辑一贯的企业故事所必需的。

### （五）总结

在前面部分中，笔者已经指出，奥地利学派经济学家许多有预见性的洞见在近来理解经济组织，特别是企业的各种努力中已经具有举足轻重的地位。奥地利学派的理论，特别是在社会主义计算辩论的背景下，对知识、激励和财产权等角色予以了高度的关注。这提供了一个机会去猜测为什么奥地利学派经济学家没有把所有这些“碎片”聚合在一起，构成一个现代经济组织理论，尤其是企业理论，而把这个任务留给了罗纳德·科斯。对此的可能解释有很多，也是极不相同的。

其中一种解释与研究精力的分配有关：奥地利学派经济学家是规模相当小的一群经济学家，① 时间这个主题，特别是在20世纪30年代，极具震撼力；在和市场社会主义者辩论大规模社会重组问题、和凯恩斯辩论货币政策、和弗兰克·奈特几乎在同一时间发动的对奥地利学派资本理论的大规模攻击进行交锋时，资本主义经济的经济组织的具体细节问题相对而言就显得微不足道了。但是奥地利学派经济学家作为一个学派，在这些辩论中事实已经不复存在。

这里，我们有一个理由可以说明为什么经济组织理论，特别是企业理论一直等到20世纪70年代初才迎来春天：“二战”后，奥地利学派的几乎消失，以及制度空洞的（institutionless）、理想化的和形式主义模型的日益流行，意味着对制度这个主题的兴趣被人认为是属于凡勃伦式的“老”制度主义经济学家那一派的，而主流的经济学家很少会把他们当回事。然而，20世纪60年代形式理论（formal theory）的发展——例如

---

① 除非对“奥地利学派”采用非常宽泛的定义。

信息经济学和不确定性经济学——加上产权理论的发展，越来越意味着经济组织理论可以用经济学工具进行描述。但是这一相当缓慢的过程本来可以加快，假如奥地利学派对经济组织的早期洞见没有被如此严重地遗忘或曲解的话。也许我们可以在这里讨论库恩的“丢失的内容”（loss of content）问题。

在这一背景下，人们很容易说奥地利学派经济学的论证拙于言辞，尽管是“评价性的”，但没有使之“正规化”［纳尔逊和温特（1982）的术语］。根据这种解释，花心思在经济组织的细节问题上，必须等到基本的微观经济工具有所发展之后。在分析的精确性和操作性层面，目前这也许是对的。但是，科斯（1937）获得他的基本洞见，只是应用了他那个年代的经济学工具，也就是边际替代，并辅以交易费用的概念。没有什么固有的原因会表明，为什么奥地利学派的理论就不能提供类似的洞见。原因当然不是奥地利学派拙于表达。

当我们认识到科斯发表他开创性的论文（1937）的同一年，也是哈耶克发表《经济学与知识》的同一年时，这个事实就更加明显了。科斯所谈论的成本是知识成本；它们源于知识分散，这是哈耶克在同一时间提出的。没有这种分散性，那就不会有“使用价格机制的成本”、发现相关价格的成本、签订合约的成本，等等。因此，这两篇文章——《企业的性质》与《经济学与知识》——是孪生姐妹，而我们更为惊讶的是，没有一位奥地利学派经济学家对交易费用做进一步的明确分析。①

这种产生新的理论洞见的思想创造力是很多因素的函数，

① 当然，在他的《国民经济学原理》一书中，门格尔已经接近于明确地引入交易费用（Menger，1871：192－193）。因为他坚持几乎所有的交换都必然是价值不平等的交换——即使是在边际上。这一“出价一要价”（bid－asked）的过程当然反映了潜在的交易费用。感谢布林·罗斯比（Brian Loasby）提请笔者注意门格尔的分析。

特别地，有一系列可以串在一起的因素，一个表明还有某些重要的但还未得到解释的现象的特定背景，最后还有创造性的灵光，等等。我们指出这点就心满意足了。如上面所说，这些因素早已有之，所缺的可能是能把这些因素卓有成效地串在一起，变成某些类似于企业理论的洞察，以及触发这种创造性的思想背景。①

对此，人们很容易认为，正是奥地利学派参与了经济计算大辩论阻碍了奥地利学派的一般性洞见在企业理论中的应用。请看下面的推理，它与哈耶克（1945）应用的那个推理类似。

（1）经济上重要的知识是地方性的，也经常是隐含的，

（2）“效率”决定这些知识应当被最接近它的人使用，

（3）市场使这有可能，因此是有效的，

（4）要在市场中生存，就必须有效地行动，

（5）据观察，有一些企业在市场中存活了下来。但是，我们知道

（6）企业使用的是集中的决策。

这就意味着（2）不成立（参照 Minkler，1991：9）。换句话说，奥地利学派经济学家没有给出的是能够**区分**企业与市场，并且是以效率为基础的经济原则。这个未尽的任务留给了科斯及其追随者。

---

① 在老的奥地利学派经济学文献中，对资本主义经济中的经济组织做出最全面的讨论的，是米塞斯的《社会主义》（1936），在该书中，垂直和水平一体化和“非一体化”（disintegration）——还有其他一些内容——足足讨论了 7 页（p. 327 - 333）。在那里，米塞斯解释了企业的最优规模决定于“生产要素的互补性”，但遗憾的是他没有把这一点展开（p. 328）。这一讨论是以斯密“分工的扩展”这一方法为背景进行的。罗斯巴德（1962：544 - 550）讨论了垂直一体化和企业的规模。运用奥地利学派在经济计算辩论中的洞见，罗斯巴德认为当企业成长时，计算的困难在增加，这就限制了企业的规模。尽管友好地提到了“科斯挑战性的论文”（p. 901），但是他并没有提及交易费用。

## 四　奥地利学派对现代企业理论的批评

在前面部分的讨论中，笔者有意地忽视了奥地利学派经济学理论和现代经济组织理论，尤其是企业理论相冲突的那些观点，并强调那些最初由奥地利学派经济学家提出的观点。但是，奥地利学派对现代正统经济学的批评也蕴含了企业理论，它们散见于奥地利学派的文献。在笔者的印象中，对正统理论的批评是与奥地利学派的“标准批评”高度相关的，即认为新古典经济学

（1）极易忽视自发的与计划的秩序之间的区分（Hayek，1973；O'Driscoll & Rizzo，1985），

（2）忽视市场过程（Mises，1949；Hayek，1945；Kirzner，1973；O'Driscoll & Rizzo，1985；Lachmann，1986），

（3）忽视企业家活动（同上），以及

（4）很容易引入完全信息假设。

让我们看一下，这些标准的批评是否适用于对企业理论的批评。

### （一）自发的和计划的秩序

关于计划的和自发的秩序之间的区分，人们容易在经济组织的层面上犯两个基本的，也是整体性的错误。第一是认为一个看似自发的市场秩序实为计划，尤其是大企业计划的结果，或者，从广义的角度来说，这种观点完全忽视了自发的秩序。①

---

①　西蒙（1991：27）“困惑的”火星人的故事是这么说的：火星人带着一个可以显示社会结构的特殊望远镜靠近地球。企业的边界显示为绿色的轮廓，而市场交易显示为红色的线条。西蒙接着说“一条消息被发回到了家里，描述了看到的场景是‘红色线条网连接的大块绿色区域。’而没有提‘连接绿色区域的红色网线’。”

从历史上看，这种观点对很多社会主义的倡导者来说是重要的。第二个错误是认为自发的市场力量是如此普遍，以至于看上去的计划秩序实际上是自发秩序。第一种错误——“低估了自发的治理”（Williamson，1991：160）——常见于社会主义经济计算大辩论那段时期，而犯第二种类型的错误的，我们发现是“合约联结”方法的理论家。如“联结论”理论家，詹森（Michael Jensen）和麦克林（William Meckling）所说，

> ……位于企业（或任何其他组织）“内部”的东西和位于其“外部”的东西，几乎是没有什么区别的……**企业并非单个的个体**。它是法律的虚构，它是作为一个复杂过程的中心而存在的，在这个过程中，具有冲突利益的个体……在一个合约关系框架内达到了均衡……企业的行为就如同市场的行为；即复杂的均衡过程的结果。（1976：327）

当然，从某种意义上说，除了嵌入社会整体的交换过程中之外，企业可能本身就结合了交换过程的某些方面；毕竟，各种激励方案，如内部职位升迁，使企业内部组织具有自己的特征。但是，这并没有像詹森和麦克林所表明的那样，使企业成为自发秩序；相关的交换过程仍然服从于一些整体性的目标，这些目标足以使它配得上计划的秩序。另外，按照詹森和麦克林那样的方式去理解企业，从根本上说，会把科斯1937年提出的问题消除掉：作为计划的、科层的实体，企业为什么会在市场经济中出现？既然，根据经济组织的“合约联结”观，通过相对价格的变化，基本上就可以确立所有的分配，包括企业内部分配的基础，那就没有企业家和用计划配置资源的空间了（参考 Boudreaux & Holcombe，1989）。这是为什么“联结论”理论家法玛（Eugene Fama，1980）和张五常都想去除“企业

家”和“企业”概念的根本原因。

### (二) 忽视过程

对“过程”的忽视，在最为新古典的现代经济组织方法，即合约联结方法中得到最为充分的体现。尽管在各种现代方法中，这一方法也许是最为坚决地强调企业（或者是，“类似企业的组织”）嵌入市场交易的网络中的，但是它对市场过程却没有任何的关注。所有（合约的）产出都是有效率的均衡产出。

这很大程度上与“合约联结”方法是以何种方式与产权理论，尤其是科斯定理所包含的推理相联系的有关（Coase，1960）。[①] 对科斯定理有一种普遍的，也常常是隐含的解释是，只要产权界定清楚，那么达到最优状态是**没有问题的**；也就是说，是自动的。当然，事实并非如此。忽视“空心”（empty core）问题和双边垄断下的交易问题，显然，个体在能够利用可获利的交易机会之前需要**发现**这些机会（Kirzner，1973：227）。“企业家发现机会”在时间上和逻辑上都优先于（罗宾斯的）“实现已经被发现的机会”。但是，在科斯定理的很多版本以及“合约联结”方法中，企业家发现过程被忽视了。

在威廉姆森的著作中，尤其是在“合约执行的演进”这个背景下，过程观体现得更为明显一些。在“合约的联合”方法中，签约的效率是建立在“事前”基础之上的，而威廉姆森试图对合约的执行做出实时的论述（Williamson，1985），据此，我们可以认为“时间与无知的经济学”（O'Driscoll & Rizzo，1985）在他的经济学中是有体现的。这种研究的一个结果是，

---

① 实际上，相比科斯1937年的文章，“合约联结方法”更接近于科斯1960年的文章中的推理。

各种用于减轻事后机会主义问题的事后的签约制度得到了相当的重视（另外可见 Foss，1993b）。在寻求企业存在的理由时，威廉姆森引入了“根本性的转换”（The Fundamental Transformation）这个概念，这是一种“半过程”观，认为在合约执行的过程中，有大量签约者的初始的“大数目”状态会转变成为“小数目”状态（即双边垄断）。但是这并不意味着威廉姆森系统性地把企业或其他经济组织放在市场过程的背景中研究了。有“很大数目”的市场被隐含地认为处于连续均衡的状态中。

### （三）忽视企业家

对市场过程的忽视，往往是和对企业家的忽视相伴的。毫不奇怪，对市场过程关注最少的“合约联结”方法也是对企业家的活动关注最少的；实际上，它明确的试图去除这个概念（Fama，1980）。如上所说，其理由是“合约联结”的传统不支持“计划的”与“自发秩序”之间的区分。

另外，企业家的服务等同于所有其他要素所有者的服务，也可以在市场中购买（同上）。[①] 或者，换句话说，看似企业家的服务实际上是管理服务。在“合约联结”方法所展现的世界中，实际上不需要企业家的服务，因为所有的合约在事前都是有效率的，这意味着所有从交易中可以获得的收益都已经被发现了，因此也就不需要在合约执行时对产权进行重新配置。

---

① 这个说法可以回溯到科斯（Coase，1937）。如他在一个对奈特（Knight，1921）的批评中所做的评论，奈特错误地把企业家判断视为企业存在的理由，因为“……我们可以想象这样一个系统，在该系统中所有的建议或知识都可以根据要求购得”（1937：92）。科斯完全忽视了奈特的观点：正是因为具有独特性的企业家判断不能“根据需要购得”，所以才需要企业（也可见 Boudreau & Holcombe，1989 和 Foss，1993）。

尽管这是一个事实，即相对于“合约联结”的研究，[①] 威廉姆森更多地从动态的方面考虑他的代理问题，但是在他的理论中，企业家才能并没有受重视。它的一个表现是，创新和市场创造的问题被（有意地）忽略了（Williamson，1985：142）。

如威廉姆森（1985：87）指出的，对他的理论来说，“在一开始就有市场”是一个“启发性”（heuristic）的起点。既然市场是给定的，那么投入、产出和技术都是给定的。[②] 与“合约联结”方法一样，威廉姆森笔下的个体是**已有**交易的**管理者**，他们在企业的边界间转移交易。用柯兹纳（1973）的话说，他们是“罗宾斯最大化者”，而不是有警觉的企业家。

关于现代企业理论对过程和企业家才能的忽视，我们可以注意到，在某种意义上过程观和企业家才能对现代理论来说是必要的。奥地利学派经济学和现代企业理论可以被视为是互补的，其理由与哈耶克《知识在社会中的运用》（1945）和科斯《企业的性质》（1937）互补是一样的：正是在奥地利学派经济学家想象的那种动态经济现实中，经济组织问题才是一个真正重要的问题。把经济计算大辩论中的洞见更新一下，就会发现在静态中是没有交易费用，也没有信息成本的，因此经济组织将是“不定的”（indeterminate）。因此，要理解交易费用和经济组织，我们需要“变化”。根据那样一种解释，现代企业理论隐含地诉诸变化与动态的现实（Foss，1993a）。在那样一种“变化和动态的现实”中，交易费用出现的原因之一是需要“发现相关的价格是什么”（Coase，1937：83）。但是除了企业家谁能承当这一发现的任务呢？

---

① 例如，威廉姆森的“机会主义”概念要比“合约联结”传统中的道德风险假设更为宽泛。

② 严格地说，这一点并不准确，因为威廉姆森的“根本性的转换”（Fundamental Transformation）是有关投入和技术的变化问题的（Foss，1993a & c）。

在更为一般的层面上，可以说忽视过程和企业家才能意味着奥地利学派强调的知识和协调问题（Hayek，1937；Kirzner，1973）在现代企业理论中并没有出现。企业的存在，不是因为解决了知识的协调这类问题，企业存在的原因要从激励方面去考虑。在“合约联结”方法中，企业的存在只与缓解搭便车这类问题相关；根据威廉姆森的方法，企业的存在是为了抑制机会主义动机（另外可见Foss，1993b）。如笔者在第五部分将要指出的，奥地利学派经济学家感兴趣的协调问题可以融入更为完整的企业理论当中。

### （四）知识与生产

德姆塞茨（Demsetz，1988b）令人信服地指出，在现代企业理论中，用于管理目的的知识被认为是稀缺的，用于生产目的的知识被认为是免费品（free good）。这是为什么不允许生产成本影响生产或购买决策的原因。

如德姆塞茨所作的进一步解释：

> 对交易费用的强调……使我们看不清问题的全部，乃至于隐含地认为所有的企业都能同样好地生产商品或提供服务。（Demsetz，1988b：147）

这反映了一个常见的简化假设，即生产知识对每个人来说都是以明晰的方式给出的。但是给定知识的分散性（Hayek，1945）、多数经济上相关的知识的隐含性（Hayek，1935b：154－155；Nelson & Winter，1982）、企业家能力的分配（Knight，1921）、斯密专业化分工的收益，以及正的信息成本这些事实，显然这是不能成立的。即便是在均衡状态中，生产成本也可能是不一样的（Lippman & Rumelt，1982）。另外，如哈耶克（1940：196）指出的，低成本的生产方法是需要被**发现**的“……被企业家重新发现，有时企业家几乎天天都有新发现”。

所有这些对经济组织的含义在于生产成本事实上可能进到生产或购买决策当中了；某位企业家决定把某些交易纳入企业中只是因为与相关的交易相联系的生产成本在他的企业中会比在其他企业中更低。从奥地利学派经济学，即高度重视知识的隐含性、异质性和它的地方性（Hayek，1945）的角度看，认为技术，因而也包括生产成本对单个企业来说极具专用性是十分自然的。这也意味着，知识在企业边界之间传递的成本是极其高昂的。例如，指导供应商的成本可能是十分高的，这可能导致一些交易被内部化。而特定的技术，因而生产成本是硬币的一面，那种协调失灵是它的另外一面。如笔者在下面将要说明的，这种推理可能导致独特的奥地利学派的企业理论。

在笔者看来，现代经济组织理论和奥地利学派经济学之间的联系，要比把奥地利学派经济学家作为先驱者和批判者这个议题涵盖更多内容。在奥地利学派经济学的理论中，有大量的尚未在现代企业理论中得到体现的洞见。但是，这也有建设性的一面，因为利用奥地利学派的洞见对已有的企业理论进行补充，并且构建独特的奥地利学派的企业理论都是有可能的。下面一部分的目的就是简要地证明这一点。

## 五　建立奥地利学派的企业理论的尝试

> 显然，在主观主义的或奥地利学派的企业行为理论问题上，还有很多工作需要做。（O'Driscoll & Rizzo，1985：125）

### （一）工具箱

我们奥地利学派经济学的/现代的企业理论工具箱包括：

1. 掌握了计划秩序和自发秩序之间的区别
2. 作为企业家发现过程的市场过程
3. 产权（激励）
4. 资产的专用性和互补性
5. 知识的私人性和隐含性（“压缩的”）（impactedness），以及
6. 交易和信息成本

如我们已经看到的，所有这些概念，除了交易/信息成本外，都可以在奥地利学派的文献中明确找到。我们先来考察一下，这些奥地利学派的洞见中有哪一些可能和现代企业理论构成互补关系。

### （二）与现代企业理论互补的奥地利学派经济学

奥地利学派经济学的洞见对现代企业理论最有启示的地方在于过程和知识层面。先从知识问题开始说，奥地利学派“绝大多数经济上相关的知识是地方性的和隐含的”这一洞见并没有系统性地融入科斯的现代企业理论中，至少就生产知识而言是这样（Demsetz，1988b）。在伊迪斯·潘罗斯（Edith Penrose，1959）“非科斯”（non - Coasian）的研究以及最近纳尔逊和温特（Nelson and Winter，1982）的研究中，企业被视为一系列“能力”的拥有者——即相关企业特有的知识储存体——这个企业观与哈耶克关于知识的洞见是一致的（Hayek，1945）。而且，根据奥地利学派对资本结构的强调，以及一般的和企业专有的人力资本的现代区分，我们可以把企业的能力视为一种特定的人力资本结构。另外，使企业独一无二的正是

使专有资产得以协调（co - specialization）的具体模式，以及这些资本资产之间的互补性。

如奥德里斯科尔和里佐（O'Driscoll and Rizzo，1985：124）在谈到纳尔逊和温特（Nelson and Winter，1982）时所说，他们的企业观是把“哈耶克的规则理论和演化的市场制度理论”进一步应用到企业行为的分析中，也就是说企业被放置在一个演化的背景中，不仅结合了市场的选择和有意识的适应性选择（尽管不一定最大化），而且也把企业视为拥有一系列的“基因型”（genotypes）——“惯例”（routines）——的机构，这些基因型正是企业市场选择和适应性选择的基础。如哈耶克（1973）的规则，纳尔逊和温特（Nelson and Winter，1982）的惯例是稳定的，并且大部分是隐含的社会行为模式，它们（主要是无意识地）得到遵循是因为它们在过去带来了成功，也就是说相对成功地协调了个体的行为。企业的战略和行为正是从它的惯例或能力的储备中产生的。

然而，并非所有的惯例或能力都是同等有效的。这为市场是一个连续的非均衡过程——在这个过程中，比如说，某些惯例被选择，而另外一些惯例，从它们占整个惯例池的比重下降这个意义上说，没有被选择——的观点提供了空间；这与哈耶克对文化演进特征的论述是一致的。这种观点与柯兹纳的下述观点也是一致的：

> ……在非均衡的情况下，当存在企业家活动的空间时，没有理由认为在不同的生产者中间不存在真正的差距。（1973：134）

总而言之，企业“演进的”或“能力的”观点与奥地利学派的理论是大致一致的，因为它结合了分散的隐含知识、学习和企业家的相应作用。

然而，如前面提到的，把从自发秩序理论中获得的洞见，如演化的规则，协调等应用于计划的秩序（即企业）不是有点矛盾吗？市场/价格体系——自发秩序的充分体现——被哈耶克描述为：

> ……一种发现的程序，相比其他制度，它有可能利用更多的事实，它也为不断地发现新事实提供了激励，这使我们更能适应我们生活于其中的变动不居的环境（1968：236）。

但是，难道我们不可以说企业在某种意义上也是一个学习的系统吗？笔者想我们可以，事实上，我们应该这样看待它。但是，我们没有犯这样的错误，即把根本上的计划秩序——企业——当成是自发秩序，其原因在于我们认识到，企业如同企业家，只了解地方性的事实。企业是一个地方性的学习系统，不像自发的市场秩序一样是一个全面的系统。

提出这样一种企业观是对现代（科斯）企业理论的隐含批评。因为如前所述，这一理论主要是一个静态的理论，对市场的创造几乎不予关注，并且它假设投入、产出和技术都是给定的，因此经济问题只是用交易费用最低的方式把这些因素组合起来。但是，也有人建议把科斯的和奥地利学派的/演化的/能力的企业理论富有成效地结合起来（也可见 Langlois，1991）。把企业理解为学习的、演化的实体，意味着诸如与企业内部交易的治理相关的交易费用将随着时间的变化而变化，比如降低了。[①] 把

---

① 例如，这不仅牵涉管理者对企业雇员的能力有更多的了解。比如，它还牵涉市场分析师所说的“企业文化”，即一套界定企业内部行为的企业专有的稳定规则的形成。文化的作用不只是解决那种奥地利学派的协调问题，它也缓解各种道德风险的倾向，因此协调了激励。相关的早期讨论，参见玛尔格林（Malmgren，1961）。

市场理解为学习的系统，也意味着与市场交易相关的交易费用也将改变。基于过程的方法，建立有关交易的组织如何随时间的变化而变化，也就是企业的边界如何随时间的变化而变化的理论，从概念上讲是可能的。

综上所述，我们可以得出结论，奥地利学派的洞见和现代（科斯）企业理论在一定程度上是互补的，只要我们不局限于描述既有的投入和产出条件下的组织效率，而是把动态的因素，如“学习”考虑在内。但是，也有可能构建一个独特的奥地利学派的企业理论。大致地说明这一理论的特征，是下一部分的目的。

### （三）奥地利学派的企业理论的内容

在现代企业理论中，最受有意忽视的“奥地利学派的概念”也许是企业家。或者，从某种意义上讲，“企业家”是被提到了，但是被等同于“管理者”（见 Coase，1937）。这只是延续了价格理论的一个趋势，“……把企业家这个概念只看作是企业内部利润最大化决策的中心”（Kirzner，1973：27）。然而，管理者的角色和企业家的角色是不同的，因为企业家——要成为企业家——总是要忙于去建立新的手段结构。他也不是**必定**等同于企业的所有者/管理者；后者的最大化**可能**不是企业家利润，而是已获得的资源的李嘉图租金和帕累托租金。这使我们回到“企业是为发挥企业家才能而建立的相关领地”的观点上去。

如柯兹纳（1953：52）所解释的，从“企业……是企业家已经完成一些企业家决策，特别是购买某些资源的决策**之后**的结果”这个意义上讲，企业家的概念优先于企业的概念。

但是，当我们把这个最初的企业家购买决策与企业后来的存在联系起来时，某种程度上，我们可以说企业家的后续活动是为了将企业的资源配置到具有不同寻常的赢利性的事业中去。

这一方法让我们感兴趣的是，为什么归根结底企业是需要的？为什么通过企业和企业家去配置资源是必要的？为什么对“计划的互补性”，即单一计划框架内（资源）的互补，和“结构的互补性”，即一个经济体系内（资源）整体的互补进行区分是必要的？这其中，第一种互补性是“企业家行为的**直接**产物”，而第二种互补性是市场运行的结果（Lachmann，1956：54）。我们当然可以为这样一个“科斯式的”（Coasian）问题提供“科斯式”的答案。但是，一种更为恰当，在某些方面也更有意思的方法是从企业家的独特性中寻求解释。

在科斯（1937）和法玛（Fama，1980）的文章中，企业家才能不仅不能为企业理论提供理论基础，而且更重要的是在很大程度上是多余的概念，因为企业家的服务可以在市场上购买。一些理论家坚称的“企业家”只是一些专门的人力资本的所有者，他的服务有市场价格和机会成本。对这些说法，我们可以提出这些问题，比如谁**决定**雇佣企业家？谁发现某些人拥有某些良好的人力资本积累？等等。这些问题所表明的是，如要对几乎任何一种类型的市场动态进行讨论，那么不可避免地都要用到“企业家”和“警觉迄今尚未被发现的机会”等概念。这基本上是柯兹纳的观点（1973，1979）；要“移动”市场，我们必须超越“罗宾斯最大化”，并补充“企业家警觉”这个范畴。另外，如柯兹纳所说，企业家才能与所有其他的要素服务是绝不相同的，因为它是没有机会成本的，这与科斯和法玛的观点相反。纯企业家才能主要是一种感知行为。这与企业有什么关系呢？

柯兹纳的观点值得注意的地方，首先也许是他认为企业家才能从根本上说是不可交易的。对此我们可以给出的解释是，企业家警觉或“判断”（这是弗兰克·奈特对具有同样特征的行为的称谓）是如此的深埋于给定的个体的头脑中（即它是隐含的），以至于它太“密集”（impacted）而不能被交易。在利用市场碎片化的无知的过程中，当企业家发现没有被市场意识到的某些事物完全可获得，甚至市场也需要的时候，企业家就会利用他的这一知识。原则上，柯兹纳的纯套利企业家可以这样做。但有时，企业家独特的判断的实现要求建立企业。

从根本上说，人们用下面三种不同的经济方式利用他们特有的知识：

（1）通过一个合约出售服务

（2）为套利的目的而利用它，或者

（3）建立一个企业

柯兹纳考虑的选择项主要是（1）和（2）。但是（3）也是相关的；不可交易的企业家判断可能导致新企业的形成，[①]包含一种新资源的使用。其经济理由是什么呢？可以交流企业家的独特看法的相关市场是完全不存在的；知识的转移成本奇高无比（参见 Silver，1984）。作为协调手段的“价格的通信系统”失灵了；有意识的企业家指导“取代”（Coase，1937）了市场。注意，对“企业存在”的这种解释和激励无关；这是一种从“市场协调”的角度所作的解释，市场的协调由于主体间缺少必要的方向点，即所谓的“谢林点”（Schelling points）而归于失败（才出现了企业——译者）。[②] 要指出的是，关于

---

① 在福斯（Foss，1993a & c）中，笔者指出这基本上是奈特（1921）的企业理论。要指出的是，在奈特的体系中，“道德风险”的一面在他的企业形成理论中是存在的，因为企业家的服务——由于它们的隐含性——特别易受道德风险和逆选择问题的影响。

② 如玛尔格林（Malmgren，1961）所说，行为协调的“谢林点”的出现不只是市场的特征，甚至也是企业的特征。从根本上说，当市场分析师把企业作为不同“文化”的拥有主体来谈论时，在这种解释中，他们的意思是企业拥有不同的谢林点。

这一解释，需要指出的一点是它应该更能吸引那些一门心思都在奥地利学派经济学的主观主义上面的人士；奥地利学派（严谨地说，是某些人）的观点将“不同的人知道不同的事”（哈耶克）和“不同的人有不同的思想”（拉赫曼）的观点发挥到了极致。

这一解释可以从企业的存在问题扩展到企业的边界问题。如拉赫曼所指出的：

> 我们生活在一个由不可预期的变化构成的世界中；因此，（资源）组合……将是持续变化的，将不断地被消解，也不断地重新形成。在这一活动中，我们发现企业家的真实功能。（Lachmann，1956：131）

既然这样，在他努力实施计划的过程中，企业家就不会把所有与他自己的经济活动互补的经济活动都纳入他自己的所有权可控制的范围内。很多产品和服务可以毫无问题的通过市场获得。但是，在“一个充满不可预期的变化的世界中”，有时产生对新的资源组合的需求，比如牵涉对新的投入种类的需求。不可预期的变化将推动计划的修正。由于以下原因，这种修正可能导致企业边界的变化。资源的新组合有时牵涉对企业来说完全专用的新投入（Lachmann，1956）。但是，往往不可能不付出高昂的信息成本，就能跨越企业的边界传递关于投入需求的精确知识。这种成本的节约就要求对相关投入的生产进行内部化（Silver，1984）。

另外，企业家可能决定对交易进行内部化完全是因为他认为，相对于市场（其他企业）而言他的企业能够以一种在生产成本方面更为有效的方式生产所需要的设备。在市场中购买的机会成本高得惊人，其原因并不一定是供应商的机会主义而产生的激励问题，而仅仅是因为——当企业家了解了状况后——企业的生产成本—效率更高。其理由是，企业作为一个演进的实体——拥有由于企业家的指引而聚集在一起的不同资源“束”，以及在企业家定义的目的框架下演进的“规则”——本质上是**“知识”**专业化的实体。这种知识的传递成本高昂(Demsetz，1988b)。因此，无论我们是从知识传递的成本的角度去看它，还是从生产成本的角度去看它，我们都会被引向“动态的企业边界理论”，而这一理论十分重视奥地利学派知识的分散性、主观性和隐含性等观念。

## 六 结 论

在上面，笔者从几个不同的方面考察了奥地利学派经济学和经济组织理论。笔者首先指出，一定程度上，一些关键的洞见在它们成为主流经济学的标准理论之前，早在奥地利学派的文献中就已出现，从这个意义上说，奥地利学派经济学家可以被视为现代企业理论的先驱。其次，笔者指出，从奥地利学派的角度看，现代企业理论过于“静态”，并且没有对知识问题予以特别的关注，因此可以予以批评。然而，正是因为奥地利学派的过程和知识分散的观点，我们可以说，奥地利学派的理论和现代企业理论的一些观点，特别是演化的或能力的观点是一致的。最后，奥地利学派经济学中隐含了一种有关企业组织的独特的企业家方法。笔者要强调，这其中的大多数是理性重构问题。奥地利学派经济学在一个具体的领域，也就是企业理论中能走多远是笔者感兴趣的问题。奥地利学派经济学可能有进一步发展的巨大潜力，但是现代奥地利学派经济学家往往似乎不愿意这么做，这一点将在下一章进行说明。

# 第九章　现代奥地利学派经济学与科学进步[①]

## 一　导言：对现代奥地利经济学的检验

本书前面章节主要关注弗里德里希·冯·哈耶克和路德维希·冯·米塞斯的奥地利学派经济学，而在很大程度上忽视了较早期的奥地利学派经济学家，例如门格尔、维塞尔和庞巴维克。笔者也曾谈及米塞斯的学生，伊斯雷尔·柯兹纳的研究。但是奥地利学派经济学并没有随着米塞斯或者哈耶克的去世而消失，伊斯雷尔·柯兹纳也不是唯一活着的现代奥地利学派经济学代表，尽管他肯定是最杰出的。尤其是在美国，奥地利学派经济学从20世纪70年代中期开始得到传播，支持者和信奉者的人数越来越多（尽管现在看起来这个增长势头停止了）。本章关注现代奥地利学派经济学，从方法论视角去检验奥地利学派经济学。笔者会讨论现代奥地利学派经济学对经济科学的进步作出了多大程度的贡献。先从科学哲学开始考察。

---

① 这一章是对先前与克里斯第安·克努森合作撰写的论文（Foss & Knudsen, 1993）做了大量补充后完成的。

## 二　哲学和经济学中的多元化

### （一）科学哲学中的多元化

在哲学家中，正如在实践科学家中一样，一个主导的观念是，一门学科的科学进步取决于该学科多元化和开放的程度，并与后者有正向相关关系。在传统上，知识的增长在开放社会结构中才能得到最好的推动的观念已经成为古典自由哲学中具有影响力的部分。这方面的古典陈述可见约翰·斯图亚特·穆勒的《论自由》，而对这个基本观念做了最重要的现代重述的可能是卡尔·波普尔的《开放社会及其敌人》（1945）。当然，这个观念不仅仅是个社会哲学问题，也具有方法论含义。“开放社会的观念”（也许可以这么称呼），同样适用于科学界，因此，它也出现在例如汉斯·阿尔伯特（Hans Albert，1985）和伊米里·拉卡托斯（Imre Lakatos，1970）等波普尔主义方法论者的研究中。波普尔的论点被臭名昭著的保罗·费耶阿本德（Paul Feyerabend）严重地极端化了（Radicalized）。保罗·费耶阿本德的无政府主义哲学和“反归纳法原理”（counter - inductive principle），指引科学家提出最“不太可能”（improbable）的命题，以挑战已经确立的理论和观点。其依据是，新的“不太可能”的理论所隐含的不统一性和不连续性，相对于已经存在的理论来说，大大增加了科学突破的可能性；这种观念领域内的“创造性破坏”是通过激进的和“不可能的”知识创新实现的。

### （二）多元化，经济组织和非正统学说

毫不令人奇怪，这种观点经常赢得非正统经济学家的赞同。这是因为几十年来，经济学几乎完全被主流新古典经济学

或正统学说所支配。根据科学社会学家理查德·惠特利（Richard Whitley，1984）的观点，正是统一范式的出现使得经济学与社会学、政治科学和管理科学等学科相分离。与经济学家相比，其他社会科学家在应用他们的学科时，面临更大的不确定性，因为在解决一个具体的问题时，这些学科的理论和方法论的选择范围更大。根据惠特利的观点，产生这种情况的其中一个原因，是主流经济学在组织它的研究工作时有特定的方式。

惠特利认为，分析性的科学学科就如同他所说的"声誉组织"（reputationed organizations）。就经济学来说，他将声誉组织的结构描述成"分割的官僚机构"（partitioned bureaucracy）。[①] 构成其研究工作的组织方式的是一个核心的正规理论和一系列外围的应用研究领域，在外围领域中，核心的正规模型将得到应用。然而，惠特利采用**分割**官僚机构这一术语来表征经济学的原因是，处于核心层的正规模型和纯理论缺少**来自**外围的应用和经验研究的反馈。把经济学刻画为一个相当等级化的组织，是因为主流传统的存在，使得非常容易确定什么类型的研究可以归为高声望的，什么类型的研究可以归为低声望的。一般来说，正式的和理论方面的研究是最有声望的，而应用的和经验的研究则是声望较低的。传统上，对经济学的非正统批判认为这种组织使得正式的核心越来越背离现实经济生活的复杂性。

正统学说在经济学中几乎完全占垄断地位，在其他科学中

---

① 根据惠特利提出的科学领域的类型，相比经济学的"分割的官僚机构"这个特征，其他社会科学的特点是具有更平坦的和更少的官僚式的声誉组织。实际上，惠特利用"支离破碎的临时机构"（fragmented adhocracy）这一术语来形容这些领域的组织方式。也就是说，它们更加零散，因为新的知识贡献没有充分地融入已有的知识结构中。相反，它们只是以某种特定的方式黏附在这个结构中。

很难找到相似的情况。根据批评者的观点，在20世纪的绝大部分时间里，经济学的状况离方法论上理想的多元化还有很大的距离。对正统学说的挑战几乎完全被消除，非正统学说几乎没有影响力了。例如，在世纪之交，历史主义不论在美国还是英国都具有影响力，在20世纪20年代和30年代，制度主义主导了经济学的很多领域。在中欧，第二次世界大战后，历史主义的各个门类依然势头强劲。然而，与其以前的荣耀相比，这些学派的现代意义几乎为零。从现代非正统学说视角看，这并不是一个人们希望看到的进展。"老的"非正统学说之所以被边缘化，其原因主要是新古典经济学在学科的"声誉等级"中，得到了一些几乎具有垄断地位的东西（Whitley，1984）。根据非正统经济学家的观点，这不仅仅是思想史的问题。因为非正统的批评者把正统学说的垄断视为经济学学科所谓的停滞的一个主要原因，例如，正统学说越来越难以处理更加实际的、经验的问题（Hodgson，1992）。

正统的经济学家并没有作出很震惊的反应，他们认为**如果**非正统传统能更好地解决相关问题（假设有一些），那么他们在这个学科内，肯定已经获得了应有的影响力。但是，可以预料到的是，他们并没有做到。而且，那些老道的正统学说经济学家认为非正统学说对正统学说批判得太多了，同时这些批评者天真地相信消极的批判对于寻找到可以替代正统学说的可行学说来说是足够的。在最近的一部方法论著作中，托马斯·迈耶（Mayer，1993）很明确地指出，他对主流经济学的实践性批判是内在的，并**不是**从后凯恩斯主义、制度主义等的视角看的。有必要更充分地引用他的话：

> 许多经济学家在做研究时很少使用研究方法论方面的著作是因为，大部分这样的著作都是由制度主义和后凯恩

> 斯主义用激进的语言攻击古典理论构成的。他们在实质性的研究领域没有获得成功，所以撤回到方法论的贫瘠领域，在这个领域内对主流经济学进行游击式的攻击。这本书是不同的……我喜欢新古典理论。(1993：5)

## (三) 迈向多元化?

经济学中不同的和竞争性的理论传统具有共存性，从对这个简洁的描述中可以得出一个结论，前面提到的哲学家预测的理论多元化将产生的积极结果似乎并没有变成现实。经济学界不是一个开放的和宽容的学界，在其中多样的、对立的和竞争性的思想严肃比较和讨论，共同地以对知识的发展作出有价值的贡献的。相反，现有的竞争导致竞争者相互间都用迂腐的态度去看对方，并锁定其中——例如，正统学说和现代奥地利学派经济学之间的关系。因此，这种情形似乎会导致某种“库恩式的（Kuhnian）沟通失败”，也就是说，在这种情形中，完全没有对话，或者参与者各执一词，而不是以一种理解他们的冲突范式的语言来进行交流（Kuhn，1970）。

再者，非正统经济学家往往抱怨他所支持的非正统学说一直被正统经济学家所忽视和嘲讽。确实有些迹象表明不能否认这样的抱怨；但是这也并不完全确切。事后看，笔者认为沟通失败的责任应当由正统的和非正统的经济学家共同承担。让笔者稍微扩展一下这个论断。一方面，正统学说批评非正统经济学家在对正统学说的消极批判中投入过多的精力，而几乎没有建立可行的替代理论，这个批评当然是正确的。[①] 在对正统学

---

① 对于非正统学说相互之间的批评，笔者没有讨论和涉及；但奥地利学派对古典制度主义的评论，可参见勃特克（Boettke，1989）；奥地利学派经济学和后凯恩斯主义之间有“更好的理解”的尝试，可参见玻姆（Böhm，1987）；从马克思主义的角度对奥地利学派经济学的批判，可见伊安尼德斯（Ionnanides，1992）。

说的批判中，非正统学说经济学家更是一直来低估正统学说的灵活性。另一方面，非正统学说批评正统学说忽视了很多不能轻易否认的重要现象。正统学说有一种倾向，要么忽视那些经验现象的意义，而那些经验现象并不比正规的理论表述不重要，要么过度信任正统学说在长期中处理这种现象的能力（这构成他们在现代忽视那些经验现象的理由）。在对非正统学说作出反应的过程中，正统学说往往表现出某种“海绵质”（sponginess）的特征，用两个非正统学说的经济学家的话来说：

> ……不用强调它们的要点，正统经济学就能吸收它周围的发散观点。这些边缘是想法成为理论家可以参考的脚注，是他们已经将这些观点考虑在内的证据。（O'Driscoll and Rizzo，1985：231）[①]

### （四）多元化的平衡视角

直到现在，对经济学学科中“没有见到理论多元化带来的有利影响”这个问题所作的大部分有意思的分析，都是从非正统的传统的视角进行的。因此，毫不奇怪，正统理论很大程度上要为这一事实负责任，即在经济学科学中，理论多元化本可带来的益处没有变成现实。在下面，笔者将选择一种不同的——不那么传统的——起始点来研究经济学中理论多元化的先决条件。笔者并没有说正统学说应该为正统学说和非正统学

① 例如，奥地利学派经济学家——也就是那些笔者在这里关注的非正统的经济学家——可能会说正统学说已经吸收了奥地利学派的主要思想：作为企业家发现过程的市场过程，作为交流装置的价格，以及生产的时间结构等。可以确定，这些思想在正统学说中为人所知，也会被提及（在脚注中），但作为奥地利学派的核心思想，它们从没有受重视。

说之间缺少交流负责，为了阐明阻碍范式之间交流的一些因素，笔者将从简要地讨论一个具体的非正统传统开始。笔者将选择现代奥地利经济学派作为例子（第二部分和第三部分），我要强调，笔者对奥地利学派的理论和立场的批判性评论所涉及的只是这一学派当代的代表人物。在笔者看来，在前面章节中讨论的奥地利学派的理论毫无疑问是非常有创新性的，也是重要的。例如，奥地利学派经济学对社会主义大辩论和商业周期理论的贡献是奥地利学派经济学曾经辉煌的永恒证据。在给出现代奥地利学派的例子之后，笔者会对理论多元化和科学进步之间的关系作更为一般的分析（第四部分和第五部分）。

## 三　现代奥地利的研究纲领

### （一）现代奥地利经济学的核心命题

20 世纪 30 年代末，由于凯恩斯、斯拉法、奈特和卡尔多对奥地利学派资本和商业周期理论的抨击，奥地利学派几乎消失了，直到 20 世纪 70 年代初，也很少有经济学家将“奥地利学派”一词用到他们的研究中。在那些少有的从事奥地利学派经济学研究的经济学家中，有两名米塞斯的学生，即伊斯雷尔·柯兹纳和莫里·罗斯巴德，和一名哈耶克的学生，即路德维希·拉赫曼。但是在经过几乎被彻底忽略的 30 年之后，从 20 世纪 70 年代中期开始，奥地利学派复兴了，出现了越来越多的奥地利学派经济学家和附属学术机构（至少有三所美国的大学拥有奥地利学派的博士课程）、杂志和出版物等。柯兹纳、罗斯巴德和拉赫曼（直到他 1991 年去世）与很多年轻的奥地利学派经济学家一起，一直在推动奥地利学派经济学的发展。

现代奥地利学派经济学家强调他们的思想受惠于早期的奥地利学派经济学家，尤其是米塞斯。根据他们自己的自我理解，完全的**主观主义**使得奥地利学派经济学区别于正统学说和其他非正统的传统（例如可见 O'Driscoll and Rizzo，1985；Kirzner，1986；Böhm，1987；Boettke，Horwitz，& Prychitko，1986）。笔者认为这个区别构成了奥地利学派经济学的**拉卡托斯"硬核"**（hard core），即现代奥地利学派经济学的"**研究纲领**"中不变且不可变的成分，它成功地将奥地利学派的已有理论连接在一起，使之成为一个整体。①

更具体一点说，事实上"主观主义"是很多认识论、方法论和本体论学说的"奥地利学派代名词"，这些学说包括（以任意的方式排列），如方法论和本体论个人主义，价值不是商品本身所固有的，而是一个产品和一个对其估价的人之间的关系；成本的主观特征；社会中知识分散的经验事实（"不同的人知道不同的事"）；期望会有分歧的主张（对于不同的人，期望所凭借的知识是不同的）（"不同的人拥有不同的思想"）；坚持"理解人的行为的恰当方法从本质上来说是解释性的"；人的行为是不可预测的观点（或者至少仅在有限的界限内），等等。② 其中一些学说部分属于正统学说——例如方法论个人主义——而其他的则不是，例如，沙克尔—拉赫曼的"期望分

---

① 另一个拉卡托斯主义的解释——但不同于目前这个——见里佐（Rizzo，1982）。与拉卡托斯的方法论在应用于社会科学时往往得到的解释相反，我会更多地考察奥地利学派的硬核，而不仅仅是行为假设。简单地说，我会将奥地利学派的硬核等同于后面将要说的奥地利学派经济学的"形而上学"，即它的本体论、认识论和方法论假设。

② 关于这些主题的不同论述，参阅哈耶克（Hayek，1948）、米塞斯（Mises，1966）、乌兰（Dolan，1976）、斯帕达罗（Spadaro，1978）、里佐（Rizzo，1979）、柯兹纳（Kirzner，1982，1986）。罗斯比（Loasby，1991）可能对奥地利学派经济学作出了最全面和最中肯的介绍。

歧”（divergence of expectations）论。[①]

### （二）奥地利学派的启发法

与主观主义学说紧密相关的是下面的“**否定式的启发法**”（negative heuristics），即一系列“不要”的方法论训令：不要做宏观经济学研究或者任何其他涉及“总和”的经济学理论；不要采用计量经济学；不要从均衡的角度解释经济现象；避免数学理论，因为数学理论意味着量化和不合理地在人的行为领域内引进常量；以及其他很多直接从前面提及的“主观主义”的含义中导出的命题，例如“不要从因果角度解释人的行为”，不要假设成本对外部观察者是客观给定的，等等。在奥地利学派的方法论文献中，这方面还存在一些混淆，因为奥地利学派的否定式启发法在一些方面并没有绝对地遵循主观主义这个核心立场：奥地利学派经济学家并不是在逻辑上反感——例如——计量经济学，假如它只被用于回顾性的历史研究。然而，对否定式启发法作一总结，我们会注意到奥地利学派研究范式的这部分内容确实得到了很好的发展。即便如理查德·兰柯路易斯（1982）这样出色的评论家也注意到“……奥地利学派方法论方面的讨论保留着某种否定性的特征”（p. 75）。

在“肯定的启示法”（根据拉卡托斯的方法论，这是“做”多样化研究的途径）层面，我们可以选出以下几点进行说明：从看不见的手的角度解释经济现象（也被认为遵循了主观主义的中心原则，因为行为中知识的不完全性为个人既不是

---

① 关于这点的更全面讨论，参见 O'Driscoll 和 Rizzo（1985），他们区分了“静态”和“动态”主观主义、分别提到偏好的主观性（正统理论的标准），及沙克尔和拉赫曼的激进主观主义。

有意设计，也不能预见的现象的出现提供了空间）；在解释经济现象的时候，总是要为人的行为“一定程度的非决定性”留点空间；总是从严格的方法论个人主义角度解释经济现象；分析时要关注过程而不是均衡，等等。① 在“肯定的启发法”中被明显忽视的，也正是被大部分正统经济学家认为最重要的，即建构现实的经济**模型**的“诀窍”。更直白地说：奥地利学派经济学中不存在与正统学说的最大化原则等价的东西；打个比方，没有“奥地利学派的萨缪尔森”。这意味着，既然奥地利学派的“肯定的启发法”是非常广泛的和一般的，他们在建构现实的理论过程中就很少考虑结构。例如，这个学派建议关注过程而不是均衡的**准确**含义是什么？与正统学说相比，这样的问题将更多地留给个别的奥地利学派学者；他的“任务不确定性”（Whitley，1984）将更大。

### （三）奥地利学派的方法论

在**方法论**层面，所有的奥地利学派经济学家都持有明确的反实证主义的立场，虽然程度不同（从诠释学到严格的理性主义）。从一般意义上来说，几乎所有的奥地利学派经济学家都是从（理性主义的或者诠释学的）欧陆传统获得方法论的启示的，而不是从（分析的）盎格鲁－撒克逊哲学中获得方法论的启示的。② 理性主义倾向似乎是最普遍的。简而言之，它认为从普遍的——可以用内省的方法推引出来——事实，即人的行为是理性的出发，纯粹经济学所有的基本法则都能够确凿无误地推导出来。这是“无可置疑的”，如米塞斯——给了这个理

① 奥德里斯科尔和里佐（O'Driscoll and Rizzo，1985）可能对奥地利学派的“肯定式启发法”（positive heuristics）作了最完整的阐述。

② 对波普尔的证伪主义的认同，哈耶克部分地是个例外（partial exception）。

性主义的立场一个经典陈述——的“人类行为学”定理就具有这样的特征（Mises，1949）。当然，这漠视了经验主义者所坚持的一个观点，即陈述要么是分析的，要么是综合的。这种二分法要么被亚里士多德—托马斯主义（罗斯巴德）拒绝，要么在康德主义的模式中，被“先验的综合性陈述范式”（米塞斯）所补充；也就是说，能够从纯粹的、独立性的公理中推导，同时对理解现实又具有信息含义。

### （四）现代奥地利学派经济学的种类

笔者要赶快补充这一点：在前面提及的核心立场和启发法方面，奥地利学派经济学家的立场并不是统一的。根据他们如何权衡前面提到的原则和启发法，奥地利学派经济学家至少可以分为三个（部分重叠的）群体。这三个群体的奥地利学派经济学家通常是聚集在三位奥地利学派经济学的中心人物米塞斯、哈耶克和拉赫曼周围的。①

自称为米塞斯思想追随者的是一群聚集在莫里·罗斯巴德周围的奥地利学派经济学家，最近，他们对在他们看来偏离真正的米塞斯教义的做法表现出极大的不满。② 一个著名的背叛者是哈耶克，相比他的导师米塞斯，他的理性主义的色彩要淡得多。米塞斯对纽约大学的奥地利学派经济学家有重要影响，例如，对伊斯雷尔·柯兹纳，可能更多地影响了杰拉尔德·P.奥德里斯科尔和马里奥·里佐③。与纽约这个群体的奥地利学

---

① 现代奥地利学派内部的各种分裂迹象，可见玻姆（Böhm，1987）；罗斯巴德（Rothbard，1989）；沃恩（Vaughn，1992）。

② 例如可见赫伯纳（Herbener，1991）或罗斯巴德（Rothbard，1991）。赫伯纳（Herbener，1993）在这群经济学家中很具有代表性。

③ 参见他们1985年的著作，很让人奇怪的是，在他们的著作中很少提到米塞斯（奥德里斯科尔现在已经离开纽约大学了）。

派经济学家靠近的是第三个可确认的群体，这个群体与拉赫曼的名字相联系，他们聚集在乔治·梅森大学唐·拉夫尔（Don Lavoie）周围。乔治·梅森大学的奥地利学派经济学家区别于其他奥地利学派经济学家的是他们相对来说不那么武断的立场，尤其是在方法论方面：他们的思考中，强烈地体现出了诠释学、修辞学和其他现代哲学方面的影响（也许到了狂热的程度）（参见 Lavoie，1991）。他们也是奥地利学派经济学家中最热烈地支持乔治·沙克尔的教义的。他们与拉赫曼这种联系之所以是恰当的，是因为一般认为，拉赫曼在诠释学上最亲近奥地利学派，是一位公开提倡"经济现象的诠释学解释"的人物（Lachmann，1991：139）。[①]

尽管有前面提到的奥地利学派经济学内部的这些区别，笔者依然会拿现代奥地利学派经济学来建立一个"拉卡托斯意义上的研究纲领"（Lakatosian research program）。毫无疑问，这三个派别都会同意前面对主观主义的解释并认可这是现代奥地利学派经济学的核心主题。然而，笔者不会利用拉卡托斯的规范标准判断奥地利学派经济学。即对于奥地利学派经济学是"理论的"或"经验的"、"进步的"，是否有"过多的经验内容"等问题，笔者不会发表意见。笔者的评判标准更加适度，而且相信也更加恰当。笔者只会问奥地利学派经济学能否很好地**解决问题**，也就是说，奥地利学派经济学能否使我们更深入地理解经济现实？[②] 当然，这种工作是通过比较的方法进行的，这里选择的比较标准是正统学说。笔者的总体判断是按照这个评价标准，奥地利学派经济学进展并

---

① 艾尔伯特（Albert，1988）对现代奥地利学派经济学家的诠释学倾向（受拉赫曼的影响）做了详尽而有力的批评。

② 这个观点与劳丹（Laudan，1977），而不是与拉卡托斯（Lakatos，1970）的观点更一致。

不顺利。相对来说，奥地利学派研究已经在退化，因为它重视的是它那个“否定性的启发式”，将太多的资源用于建立硬核/形而上学，结果牺牲了它以“肯定启发式”为基础的理论。①在接下来的部分中，笔者将详述这个论点，并进一步认为，由于对米塞斯的方法论所作的解释过于严格，奥地利学派经济学可能已经退化。

## 四 作为解决问题者的现代奥地利学派经济学：一个批判

### （一）经济学问题和人类行为学

现实经济不断地出现新的问题，需要我们去处理和理解。如道格拉斯·诺斯（1990）所说，“……在社会科学中，我们构建的有关我们周围世界的人际互动的理论和我们编纂的证据之间存在持久的张力（persistent tension）”（p. 7）。因此，经济理论的发展要应对这些“张力”。如米塞斯所说：

> ……我们的经济理论之不完全，本来是很明显的事实。在人类知识方面，没有“完全”这样的东西……人不

---

① 这个观点对我来说并不新奇。晚年的艾伦·科丁顿（Alan Coddington）就曾预见到了，他曾半开玩笑半不快的说过：“如果主观主义的逻辑就是紧跟这样一个观点，即越来越相信经济学家除了理解某些（人类行为学的）概念，就不需要做什么，那么剩下的唯一问题就是要用足够长的时间去克制他的良知，以领取他的薪水，作为他兜售那点智慧的交换。当然，一个人可以达到这样的心智状态，即花足够的时间和精力使那些从事宏观经济学、计量经济学模型的建构、数理经济学和一般均衡理论等的人相信他们自己是胡说八道。但是，这些任务完成之后，整个专业领域也就该歇业了。这可能会是一个现实的问题，如当前奥地利学派经济学的复兴要服从于在某些奥地利学派的主观主义者们的著作中可以找到的‘救世主情节’的话。我们可能会面临一种类似于‘医学界突然冒出了基督教科学’或‘飞行员对心灵感应有强烈的爱好’这样的状态。”（1983：61－62）。

是全知的。即令那似乎可以完全满足我们求知欲的最精致的理论，也会有一天要修改或被一个新的理论替代。科学并不给我们绝对的和最后的确定。它只在我们心智能力和科学思想当时造诣的限度以内，给我们某些确信。一个科学体系在寻求知识的无尽进程中，只是一个中途站。(1949：7)（译文引自米塞斯《人的行为》，夏道平译，台湾远流出版事业股份有限公司 1991 年版，第 46—47 页——译者）

科学“易犯错”并不意味着思维上我们可以天马行空。因为我们可以至少坚持，一些“核心”原则本质上是确定的和正确的；这些原则在我们看来是正确的和不变的，我们正是在这些原则的基础上建立我们的理论。激进一点说，这正是米塞斯（Mises，1949）谈到人类行为学时所说的：只要人还是人，人类行为学——对人的行为的结构和含义的逻辑分析——就会有独立于时空的特征。注意，这不仅仅是拉卡托斯可能会放入其“硬核”的认识论叙述；[①] 米塞斯的立场是古老的理性主义者、明确的康德主义者和明显的辩护主义者（justificationist）。人类行为学不只是科学界的一个传统；它提供了了解行为所**必需**的范畴（康德主义的主要内容）。它与行为理论中基本的先验内容有关，[②] 而且就其本身而言，它的“确定性不容置疑”（Mises，1949：237）（理性主义—辩护主义的元素）。

---

① 正如米塞斯所说：“人类行为学的起点不是对于一些公理的选择，也不是关于处理方法的决定，而是关于行为本质的深思熟虑。”（1949：39）（译文引自米塞斯《人的行为》，夏道平译，台湾远流出版事业股份有限公司 1991 年版，第 88 页——译者）

② 所以，从某种意义上说，我们可以理解米塞斯的人类行为学源于康德在《纯粹理性批判》中的先验性命题和在《实践理性批判》中涉及我们人的行为的知识。

这个立场会被认为是“滑稽的”，“如此坚定以至于研读它就必须相信它”和“标新立异和古怪的”（cranky and idiosyncratic），正统方法论者马克·布劳格（1980：92 –93）事实上就是这么认为的。但是，笔者确实不认为这样的评论是恰当的。这部分是因为他们反历史的色彩：米塞斯的支持者和历史主义的反对者中有很多实际上是极端主义者，这点应该考虑在内。而且，米塞斯（Mises，1949）对他方法论立场的描述事实上比人们通常所认为的（例如，布劳格所认为的）要更加谨慎，更少的极端主义色彩。意识到一点很重要，即米塞斯并没有断言所有的经济学都可以从少数几条必然正确的公理中推导出来，尽管人们对他的解读通常就是这样。他说的是人类行为学可以这样来理解。并且，人类行为学是行为理论，因此在范围上比经济学更加狭小（Mises，1949：66）（作者的理解可能有误，在《人的行为》中，米塞斯说“经济学成了一个较普遍的学科——人的行为通论或行为学——的一部分”，见米塞斯《人的行为》，夏道平译，台湾远流出版事业股份有限公司1991 年版，第 42 页。）经济学和人类行为学不是一回事。因此，“标新立异和古怪”这种观点所隐含的是，自由地应用人类行为学的推理就能够处理所有现有的和未来可能会出现的理论经济问题。笔者认为，对米塞斯作出这样的解释不仅仅是错误的，而且可能还要为现代奥地利学派经济学缺少理论进展负主要的责任。换句话说，毫不妥协地坚守人类行为学对经济学研究的含义，会导致而且已经导致理论贫乏。下面笔者会详细阐述这个论断。

### （二）坚定的人类行为学立场

米塞斯本人意识到，人类行为学对经济现实的研究如想要取得丰硕的成果，那么一般来说，就必须增加经验的（“因情况而定的”）辅助性假说。[①] 这与他的康德主义思想的出发点绝非不一致的，因为在康德本人的哲学中，先验范畴和经验概念之间的区分是重要的；例如，为了从根本上掌握经验概念，范畴是必要的。基于这点，可以认为，人类行为学的先验概念对于历史研究——使用更多“因情况而定的”（contingent）概念建构——是必要的。如他的现代支持者一样，米塞斯当然赞成这个观点。但是，康德主义关于先验概念和经验概念之间的区分不允许人们断言使用经验概念的分析不是理论。

然而，这正是米塞斯的一些追随者（例如 Hoppe，1988）正在犯的错误。他用最坚定的理性主义的口吻说，对经济学——而不仅仅是人类行为学——的分析来说，只需要对人类行为的事实进行分析就够了。[②] 米塞斯对人类行为学和经济学实际上已经作了区分，但这种区分似乎已经被米塞斯的很多追随者遗忘了。例如，霍普（Hoppe，1988）对米塞斯的解释就完全混淆了两者，如他说：

> 正是把经济学比作先验科学这样一种评判……使得奥

---

① 正如米塞斯在一个特定背景下所说的：“劳动的负效用，不是属于元范的和先验的。我们可以毫无矛盾地想到一个不以劳动为苦的世界，而且我们也可描绘出在这样的世界里面的一些事象。但是，实际的世界是受劳动负效用之影响的。可以用来了解这个世界事象的定理，只是那些基于劳动为不愉快的根源这个假定上的定理。”（1949：65）这显示了一个更为一般的事实，即“经济学不是按照逻辑和数学的程序而展开的。它不是一个脱离现实的纯粹演绎推理的完整体系。在把一些假设引进它的推理的时候，它只求由这些假设而得到的论断能够有益于真实情形的了解”（同上：66）（译文引自米塞斯《人的行为》，夏道平译，台湾远流出版事业股份有限公司 1991 年版，第 117—118 页——译者）。

② 早在哈耶克 1937 年的文章《经济学与知识》（Hayek，1948：Chapter 2）中似乎就已经批评过这个观点。哈耶克称为了产生超越“纯选择逻辑”（即人类行为学）的理论，就必须作出有关知识的获取和扩散的假设。尽管这经常被理解为哈耶克对米塞斯的攻击，我倒觉得这种理解未必正确：可以确信的是，在米塞斯“因情况而定”的“辅助性假设”中有关于知识的假设。

> 地利学派经济学，或者更准确地说，米塞斯的经济学，区别于所有其他的现代经济流派。其他所有的学派认为经济学是一门经验科学。(p. 8)

但是米塞斯的经济学也是经验科学——就他强调研究中使用因情况而定的假设的必要性而言。例如，他参与到辩论期望弹性假设（assumption of expectational elasticity）对商业周期理论的作用；但是期望是否是有弹性的，弹性有多大程度等，基本上是因情况而定的（Mises，1943）。

很难否认，仅仅凭借人类行为的事实（及其各种含义）本身，那几乎是没有什么用的；正如拉赫曼（Lachmann，1951）在他对米塞斯的《人的行为》的评论中所指出的，两者（指人类行为的事实及其各种含义——译者）都是关于经验和理论研究的（也可以参见 Witt，1993）。为了使人类行为学有用，人类行为的人类行为学分析必须有辅助性和因情况而定的假设来补充。首先考虑最明显的情况，即经验的/历史的研究。分析某一特定历史的商业周期，我们必须补充有关人们是如何反应的，他们的预期是如何形成的等历史事实。大概没有奥地利学派经济学家会否认这点，当谈到米塞斯对历史和人类行为学的明确区分，以及他对历史研究中人类行为的推理的适当作用的讨论（Mises，1957）时。但是在理论研究中，我们也并不完全清楚，是否只利用人类行为的推论就够了。依然以商业周期为例，一个给定理论的预测潜力和解释潜力可能依赖于我们关于“希克斯预期弹性”（Hicksian elasticity of expectations）的假设。但是，人类行为学本身并没有提及预测弹性；关于这些的假设本质上是因情况而定的。[①] 然而，一个利用因情况而定

---

① 这意味着霍普（Hoppe，1988：8）说人类行为学的推理已经足以为特定的奥地利学派的商业周期理论给出一个“明确的证据”是错误的。

的假设的商业周期理论是一个**理论**，而不是一段历史。

然而，事实上现在很多奥地利学派经济学家的潜在态度似乎是，人类行为学就是经济学最后的定论；即经济学推理可以在没有任何因情况而定的假设下，通过某种方式来进行。要强调的是，这从根本上来说是非米塞斯主义的（un - Misesian），并且是具有破坏性的。之所以说它是破坏性的，是因为它不恰当地将奥地利学派经济学与经济现实隔离开，从而限制了奥地利学派经济学解决问题的能力，并因此阻碍了奥地利学派研究纲领的进展。换句话说，对奥地利学派纲领的形而上学的解释太过严格，那么会产生阻碍奥地利学派经济学对一些经验现象进行处理的启发法（heuristic）。现代奥地利学派经济学确实提出了许多不同的问题，并给出不同的回答（O'Driscoll and Rizzo，1985）；但也许现代奥地利学派经济学一个更为根本性的问题是没能提出一些有趣的问题。

### （三）现代奥地利学派的理论构造

为了阐明"已经造成了损害"这一论断，我们考虑下面这些经济分析的重要对象：

- 技术变迁的过程，其组织和经济后果
- 双寡、寡头企业等之间的策略互动
- 企业及其组织和活动

这些是基本的，也是合理的经济分析对象——事实上，正统学说理论家也许会拿它们的理论阐述去定义现今经济学的理论前沿。这些研究对象具有如此重要的经验意义，以至于也许没有经济学家会否认关于它们的理论知识是可取的。但是关于它们，奥地利学派经济学家告诉我们什么了吗？——没有，或者说几乎没有（但是关于"企业"，可参见前面的章节）。有什么可能的原因吗？因为，如对它们中的绝大部分内容进行描述的话，都包括——**必须**包括——本质上“因情况而定”的假设。例如，“机会主义”的行为特性，似乎对于解释**企业**的存在是必要的（Williamson，1985），但不能说它属于普遍有效的先验范畴。它也许会，但同样也许不会在不同的时间和地点，用不同的强度表现其本身。为了使**技术变迁过程**的理论化有意义，我们必须增加假设，比如有关扩散速率的假设。这些是因情况而定的假设，不属于先验范畴。而**策略性互动**问题首先是个待解释现象，要求非常具体的行为假设。所有为解释这些现象而构建的叙述，从根本上说是我们通过理论了解的。仅仅因为他们利用了因情况而定的假设，而将它们作为“历史”丢弃，是对术语的荒谬扭曲。

所有这些可以被认为是不公平的批判；理论或者一系列理论（即研究纲领）完全不是为了解释各个分析层面上的各种问题而设计的。与奥地利学派经济学家相比，新李嘉图主义者对于上述待解释现象甚至说得更少。然而，奥地利学派经济学至少尝试将前面提到的所有待解释现象理论化，特别地，它是以正统学说的真正的替代性学说的面目出现的（例如，O'Driscoll & Rizzo，1985）。尤其是在奥地利学派经济学开始回到理论舞台之后的那段时间里，正统学说在现象和问题的概念化和理论化方面都有急剧的扩张。鉴于奥地利学派经济学自认为是正统学说真正的替代，鉴于现代奥地利学派经济学已经存在近二十年这些事实，把它和正统学说作个比较，检验其解决问题的能力似乎不为过。很明显，现代奥地利学派经济学在这方面没有良好的记录，这**未必**是就奥地利学派的解释是在一个更低的分析层面上而言的，[①] 而

① 尽管我认为这实际上是事实。形式化的好处不能简单地被否定［见萨普斯（Suppes，1968）的经典讨论］。奥地利学派的论著中绝大部分都是松散的“讲故事”（story - telling），即关于比如非均衡行为的非形式化叙述。然而，纳尔逊和温特（Nelson and Winter，1982）强烈地认为，这种“讲故事”是任何一门健全的科学必须要有的部分。本章的后面还有更多涉及。

完全是就现代奥地利学派经济学对这么多重要的经济分析对象缺少关注来说的。从这个意义上讲，笔者认为现代奥地利学派的研究纲领在退化。

奥地利学派经济学将哪些问题理论化了？两种类型的文章似乎主导了奥地利学派的学者。第一种类型是历史的/评注性的，即以前的奥地利学派经济学家是如何思考一个具体问题的？第二种是批判正统学说型，一般的套路是这样的：从一本任意的杂志中，任选一篇关于任意主题的新古典经济学的文章，隔离其行为假设，证明它是一个均衡理论，并将所有这些与奥地利学派的理论分析作个比较。这种文章很容易退化成分类学训练。然而，有一个例外：伊斯雷尔·柯兹纳（例如Kirzner，1973）的市场过程中有关企业家和企业家因素的理论，也许是最具有建设性的，是没有过度评注（exegetical）的奥地利学派学说的最好代表。同时这种研究**也许**使得奥地利学派经济学家能够对理论贫乏——尤其是相对于正统学说而言——的控诉作出回应。现代奥地利学派经济学家对于正统学说中没有充分关注市场过程和企业家的抱怨，当然是正确的。我们也许应该期待奥地利学派经济学家继续利用资本理论和商业周期理论的宝贵资源，利用可能的现代技术对这些理论进行形式化。然而，近来奥地利学派在这些领域的大部分研究（如Skousen，1991）并没有为哈耶克在20世纪30年代就已开始的经典性研究（Hayek，1931）增添多少内容。

### （四）可能的回应

作为对笔者批判的回应，可能的辩解是我们应该寻找的不是解决问题的能力，而仅仅是**真相**。错误的理论，即源于可证明为错的假设的理论应当被丢弃。与此相关的是，坚持无谬性使得我们局限于纯粹的人类行为学理论——确实存在确定性和适用性之间的权衡。摆脱这些两难困境有很多种不同的方式。其中一种是——伊斯雷尔·柯兹纳的立场与之接近——证明正统学说与奥地利学派经济学之间的冲突并不是根本性的，也不是不可调和的。正统学说只是比奥地利学派经济学更少一些一般性，更多一些易错性和“因情况而定”的特征。从这个角度看，人类行为学可以看成是一种组织知识的上层建筑，它提供基本的行为逻辑，将米塞斯的“人的行为”解释为新古典的“最大化的人”是将这种逻辑狭窄化了。因此，正统学说的“最大化的人”仅仅是米塞斯这个范围更广的属类，即行为人（Homo agens）中的一种，一种也包含企业家才能的人。奥地利学派经济学的角色是“……补充大体正确但严重不完整的新古典经济学”（Vaughn，1992：252）。

这种解释有一个很明显的问题，就是它或多或少地会把奥地利学派经济学（作为一个独立的思想传统）消除掉，仅留下一些松散的关于企业家和方法论的论述。一种不同的方法是坚持在纯经济学理论层面上，人类行为学的推理就是所需的全部。这样，奥地利学派经济学就简化为米塞斯的评注或者一些甚至更为狭隘的东西。[①] 笔者认为，历史会给这一主张一个否定性的裁决。

摆脱困境的第三种方式，也是笔者建议的方式，是与很多针对正统学说的**建设性**批评相联系的，尤其是来自新制度主义（例如 Langlois，1986a）和演化理论（例如 Nelson and Winter，1982）的批评。正如笔者在本书中反复指出的，精巧的**新的非正统理论**的整体存在，很大程度上采用了亲奥地利学派的立场。与新的非正统学说相联系，作为早先的非正统学说的奥地

---

① 要了解与这类奥地利学派经济学有着密切关系的文献，可见霍普（Hoppe，1988）、冈宁（Gunning，1991）和赫伯纳尔（Herbener，1993）。

利学派经济学可能会确信它有一直存在的理由。① 奥地利学派经济学与新的非正统学说最相似，而新的非正统学说经济学家也许是那些最欣赏建设性的现代奥地利学派理论，例如柯兹纳关于企业家的研究的人（新的非正统学说对此的赞赏，可参见 Nelson & Winter，1982：41）。然而，非正统学说的定位，似乎要求现代奥地利学派经济学家们较大程度地转变他们的姿态，包括不再对其他方法进行毫无意义的批评，走出那个方法论的陷阱，即所有包括“因情况而定”的假设的理论都超出了奥地利学派经济学家的研究范围。在接下来的部分中，将从更广义的角度讨论新的非正统学说及其与旧的非正统学说和正统学说之间的关系。

## 五　非正统传统在经济学中的角色

### （一）非正统学说的种类

正如在本章开头所说的，很多哲学家都认为这是一个不言而喻的真理，即学科多元化程度越高，取得重大科学突破的可能性也就越大。这反过来又成了非正统学说指责“正统学说无人可及的地位一直是经济学中科学进步的主要障碍”的基础。然而，我们讨论现代奥地利学派经济学背后的目的，是表明不论是正统学说还是非正统学说都应对交流失败负责。对此，我们将通过指出现代奥地利学派过度地发展了“否定式启发法”，以及其相应的“肯定式启发法”却没有得到很好的发展来论证。现代奥地利学派经济学的发展方式，所导致的结果是对正

---

① 换句话说，笔者不接受沃恩的“非常不舒服的死路”的观点，她认为：“奥地利学派经济学的出路，要么是作为新古典经济学的附属理论……要么是没有理论结构支撑的、有关时间和不确定性的含义的哲学化叙述”（1992：271）。

统学说的严厉批判，以及使自身无法参与严肃的交流。

在过去十年，已经出现了一种趋势，即正统学说和新的非正统经济学——以新制度主义经济学思想和演化经济学为代表——之间的交流得到改善。有代表性的是，相比现代奥地利学派经济学，新的非正统学说对正统学说的批判要复杂得多。这是因为它批判的重点已经主要从外部转移到内部。结果，正统学说就不能把这些批评晾在一边，说它天真单纯（naive and unsophisticated）——就像它可以有理由对来自传统的奥地利学派的批评所采取的态度那样，而是要被强迫地去直面这些新的非正统学说的观点。而且，越来越多的人欣赏新的非正统学说的观点，即对正统学说可行的替代选择不能仅仅以批判为基础，而是要以积极的理论贡献为基础，这才是根本性的。

而且，相比现代奥地利学派经济学家，新的非正统学说更加倾向于利用形式化的手段作为研究工具。按照拉卡托斯的理解，这意味着新的非正统传统更具完整性，因为他们更加关注“肯定式启发法”的发展。如没有“肯定式启发法”的发展，在科学界内，研究纲领的扩展将会中止。如在前面部分讨论过的，现代奥地利学派（以及古典制度主义）是没有或者仅有非常微弱的“肯定式启发法”的研究传统。这是为什么奥地利学派经济学一般来说在具体的模型构建上几乎没有什么用，以及为什么它的问题解决能力相应的也很有限的原因之一。也许阻碍奥地利学派扩张的，就是这个被我们意识到的问题。

关于新的非正统传统和奥地利学派之间的联系，很有趣的是可以发现，这些新的非正统传统中有一些是建立在全局性的“世界观”（Weltanschauung）之上的，这个世界观与奥地利学派经济学的世界观非常相似。例如，安德鲁·肖特（Andrew Schotter，1981）和罗伯特·萨格登（Robert Sugden，1986），他们尝试以博弈论作为工具建立"有机"制度的成长模型。两位理论家明显地受到了门格尔和哈耶克关于自发成长的规则和制度、隐含知识的作用以及行为规则（即制度）的代际传递的讨论的启发。另外的例子还有演化理论家理查德·纳尔逊和西德尼·温特（1982），以及交易费用理论家奥利弗·威廉姆森，他们对哈耶克的主要著作都有很多合适的引用；事实上，如今哈耶克的著作已经是新制度主义经济学家在研究经济组织时的标准参考书。关于新的非正统传统，有趣的一点是他们比奥地利学派经济学家前进了一步，不仅在非常一般的形而上学的层面上"构建理论"，而且直接尝试以这个形而上学的层面为基础构建实际的模型。

对于现代奥地利学派经济学来说，不幸的情形是，对奥地利学派所欣赏的那些主题——如制度的出现（Schotter，Sugden）、资本主义制度的效率特征（Willimamann，1985）、作为非均衡过程的市场（Nelson and Winter，1982）等——作出最好的理论阐述的，一般来说却不是奥地利学派经济学家，而是现代非正统经济学家。这种状况非常具有讽刺意义，因为笔者在本书中多次说过，大部分演化思想和新制度主义经济学思想的真正先驱是现代奥地利学派经济学的"守护神"哈耶克和米塞斯。

前面提及，正统学说和非正统学说之间的交流有改善，这一点可以从以下两方面作出进一步的解释：（1）近年来，在正统学说内部，对至关重要的"最大化"概念的解释有重要的变化；（2）对有限理性的概念化研究表现出越来越多的意愿。而且，例如"选择性均衡"（selection equilibrium）或者"路径依赖"等十年前完全属于非正统领域的概念，如今在正统学说内也有普遍的应用。所有这些都意味着以前刻画正统学说和非正统学说之间的关系，并把任何富有成效的对话几乎排除在外的那些顽固的观点，都在逐渐消失。这提出了一个问题，即依据一门学科内的研究纲领之间的关系，是否有可能确定某种类似于“完美的”情形？或者，换种不同的表达，一门学科内是否存在最优的多元化程度？回答这些问题是本章剩余部分所关注的。

### （二）一门科学的学科的三个构成要素

笔者首先要考虑的是，有没有可能确认什么构成了科学学科中不同的构成要素之间的合理的平衡。笔者下面将给出重要的构成要素之间的区别，在这些构成要素之间应当存在一种平衡：

1. 形而上学要素（即本体论、认识论和方法论方面的考虑）

2. 方法论要素（理论和方法的发展）

3. 经验要素（应用、检验和对经验异常的反应）

在这方面，历史上，不同的研究传统对不同的要素有不同的侧重。例如，在第二部分和第三部分的讨论中，笔者基本上认为**奥地利学派**强调形而上学要素，而代价是牺牲了方法论要素和经验要素。

而且，对“形而上学要素”的过度重视，恰可以解释为什么奥地利学派经济学解决问题的能力相对来说较差。另一方面，**正统学说**强调了“方法论要素”，而牺牲了“形而上学要素”和“经验要素”。它的重点是放在是否有可能形式化，并设计出逻辑一致的模型，而经验问题和形而上学问题被放在相对次要的位置上。最后，**德国历史学派**和**古典制度主义**强调了经验要素和形而上学要素，却牺牲了方法论要素。总结如表1所示。

表 1

| | 形而上学的 | 方法论的 | 经验的 |
|---|---|---|---|
| 现代奥地利学派经济学 | + | - | - |
| 古典制度主义<br>德国历史主义 | + | - | + |
| 正统学说 | - | + | - |

注："+"表示强调；"-"表示忽视。

笔者认为在一门健全的学科内，保持前面提到的三种要素之间合理的**平衡**是至关重要的。与此非常接近的是，非正统（演化）经济学家理查德·纳尔逊和西德尼·温特（1982）在以下引文中提出：

>……在一个工作得很好的科学学科里，影响不仅从正规的理论表述向评价性理论表述流动，而且也反方向流动。应用性工作所辩明的、不能用熟悉的模型进行分析的现象，以及对这些现象的相当偶然的、可以理解的解释，都变成正规理论磨子里的谷粒……具有评价性理论风格的略为不正规的解释被抽象了、磨快了和更有活力了。这些联系也可以被看做是种限制。特别是，如果某些数学上的局限性禁止正规的理论表述在某些方向上富有成果的前进，评价性理论也倾向于对这种障碍作出反应，而且在正规理论富有成果地前进的地方被拉向前。（p. 47）（译文引自纳尔逊、温特《经济变迁的演化理论》，胡世凯译，商务印书馆 1997 年版，第 56 页——译者）

纳尔逊和温特的"评价性"理论和"正规"理论之间合

理的平衡与笔者的一门学科内形而上学要素、方法论要素和经验要素之间合理的平衡和相互依存恰好是一致的。但是如何实现这种平衡？笔者认为在经济学中，可以通过正统学说和非正统学说之间的对话获得，因为这两种学说内部，对这三种要素的强调是不同的。因此，假如在一门学科内可以交流其研究纲领，则多元化是有其价值的。

## 六　总结性评论

基于以上讨论，更精确地了解一门学科内多元化程度、其组织及其科学进步的可能性之间的关系是有可能的。如前所述，哲学的传统智慧表明，存在越多的替代性理论，科学突破和进步的可能性就越大。我们已经看到，这一论断忽视了一门学科及其历史上累积的知识是如何组织、如何构建的。借助于科学与组织的类比，讨论的继续会比较便利，组织理论家詹姆斯·马奇（James March，1991）的一些洞见可以用在这里。他认为：

> 从事探索“利用的排他性”（exclusion of exploitation）的组织可能会发现，他们要承担试验的成本，却没有获得很多收益。他们提出了太多不完善的新思想，而没有展现出与众不同的能力。相反的，从事利用“探索的排他性”（exclusion of exploration）的组织有可能会发现他们陷入次优的稳定均衡状态（p. 1）。

对应到关于科学的比喻，为了能实现最优的科学发展，新的可替代理论的产生与它们之间的选择应该存在一些平衡。当然，硬币的另一面是，无数的不平衡可能会出现。这里笔者将关注两种最明显的不平衡。

情形 1：**太多的多元化**。当一个系统内——生物的或者科学的——新的变异发生的速度太快，以至于最适合生存的选择机制不能发生作用，那么就会出现这种不平衡。相反，在正常环境下本来会被淘汰的变异却保留了下来。将其类比于科学，在有太多的多元化的情况下，这种不平衡就会扩展。通常，这样的情况往往出现在声誉的等级非常“平”（flat）的学科中，或者对新变化的接受仅取决于少数几个层级的学科中。同样的原因，新变化不会以适当的方式融入跨学科的背景知识，而仅是以临时假说的形式进入学科。

情形 2：**太少的多元化**。这种不平衡完全相反，他构成的是产生太少变异的系统。应用到科学当中，它意味着提出的可替代理论太少，导致了相关学科的停滞。在这种情况下，学科内部理论的多元化就会太少。在以非常科层化的声誉等级组织为特征的学科内，这种不平衡就会扩展。在这种学科内，新奇理论的接受要通过几个层级，这意味着这种新奇理论被接受的可能性不大。

我们可以得出结论，一门学科的理论多元化的程度太高或者太低都会面临一系列的具体问题。对于**多元化程度太高**的学科，科学家不能从竞争性的理论中选出“正确”的理论，这意味着这门学科的知识结构将逐渐地支离破碎。这种分裂的一个重要的后果是，在这样一门学科内吸收一致性的新知识会非常困难，因为新的知识贡献基本上是以特定的方式融入已经存在的知识结构中的。从长期来看，由于这种支离破碎的学科中新知识的吸收能力较低，这就导致生产和深化新知识变得越来越困难。相反，**多元化程度太低**的学科会遇到一系列难以“合理化”（rationalize）并与相关的背景知识协调一致的经验现象。通常，在尝试将相对抽象的模型与经验现象结合起来时，会产生所谓的“评价性理论”或者“故事叙述”。如果，一门学科正规的理论核心在长期中不能适应“评价性”理论，这门学科割裂的官僚形式将得以保持：正规理论构成的核心为一边，经验和应用研究为另一边。正如笔者在本章中所说的，新一代的非正统传统的迅速发展，意味着经济学作为一门学科正在超越这种状态。

# 第十章 本书总结

本书主要是向读者介绍奥地利学派的历史，对在某些方面预见了经济学中新制度主义经济学和演化经济学的奥地利学派的理论，我们作了特别的介绍。因此，概括而言，我们在本书第二章和第三章中提到过，哈耶克早期的经济思想应当被归到一般均衡方法的思想史，具体地说，是新古典经济理论的思想史中去。而且，笔者说过，哈耶克和米塞斯共同预见到了现代新制度经济学和演化经济学的许多观点（第五章和第八章）。接着在本书的第九章，笔者认为，在理论创新和思想深度方面，现代奥地利学派的代表人物与他们的先辈——哈耶克和米塞斯——是无法相提并论的。

说哈耶克特别是米塞斯的洞见已经体现在现代经济学中了，这种观点也许会招来一些质疑。例如，主流经济学家认为奥地利学派经济学中所有值得借鉴的思想都已经被吸纳到主流经济学理论中了。然而，正如笔者在前面的一些章节中所提到的，现代非正统的新制度经济学家和演化（多样性）经济学家才有一定的理由这么说。和本书讨论的奥地利学派经济学思想有关联的不是现代主流经济学家拼凑起来的瓦尔拉斯主义，而是现代熊彼特主义和科斯理论。如笔者在本书中所讨论的，以下这些主题对哈耶克和米塞斯的理论十分重要，正是这些主题将他们的理论与瓦尔拉斯传统区别开来，但没有和现代新制度主义经济学和演化经济学区别开来：

（1）对跨期交易（intertemporal trade）和跨期交易问题有突出的强调。因此，在本书的第二章和第三章中，我们认为哈耶克从奥地利学派经济学资本理论的视角去关注这个主题，是研究跨期配置的一个独特方法（尽管我们不应当忘记，年轻时候的哈耶克试图用瓦尔拉斯主义的方法来表述这个观点）。米塞斯在讨论投机和企业家时也关注跨期交易的问题。

（2）对跨期交易、预期以及投机的强调很明显与奥地利学派经济学“未来具有内在不确定性”和“不可预期的变化是经济现象的一个重要特征”的观点有关。这个洞见使奥地利学派经济学家避免了市场社会主义经济学家和其他正统新古典经济学家“以不切实际的理想为基础”（Nirvana - based）去评价市场的方法。

（3）未来具有不确定性的观点和对不可预期的变化的强调，反过来就支持这样一个观点，即市场是一个不断演化的过程，这个演化过程后来被哈耶克称为“一个发现的程序”（discover procedure）。现代奥地利学派经济学家将市场过程解释为警觉的企业家发现过程（例如，柯兹纳的研究），这也许是对哈耶克和米塞斯的市场过程观的一个可行解释。正如笔者所强调的（第四、六、七章），在哈耶克和米塞斯的头脑中，都隐藏着对市场过程的更加演化的理解：正是市场和个体企业家，承担了发现的功能。

（4）市场过程的观点和对不可预期的变化的强调，是我们理解制度不仅是对稀缺性所带来的各种激励问题的有效回应（见第五章），而且是有效地适应不可预期的变化的演化产物的基础（第四、六、七章）。

笔者在阅读哈耶克，尤其是米塞斯的著作时，认为他们的独到贡献在于他们是最早坚定地倡导市场过程观的经济学家。

他们也将这一市场过程观与制度的经济分析联系起来。实际上，他们都认为在寻找制度原理的时候，市场过程观包含了许多中肯的见解。将市场过程观和制度清晰地结合在一起，是现代新制度经济学家和演化经济学家仍需完成的任务。而且，当代经济学家能从哈耶克和米塞斯的经济思想中得到特定启发的也许正是在这点上。

当然，笔者对哈耶克和米塞斯的理论的解读，也许理所当然地会使人们沿着相反的思路去思考（也可参见 Loasby, 1994）。如果经济学界将瓦尔拉斯主义选定为分析的核心，那么机会成本是什么？如果凯恩斯、斯拉法和奈特没有在 20 世纪 30 年代把奥地利学派几乎消除掉，如果瓦尔拉斯主义没有在英美经济学家中的广泛传播，如果凯恩斯没有撰写《通论》等，那么经济学将会发生怎样的变化？太多的“如果”，太多的幻想会使不切实际的“思想实验“（Gedankenexperiment）变得毫无意义。但是，我们仍然可以做一些大胆的猜测。

在世纪之交时，还有两个重要的边际主义传统：英国的（马歇尔）传统和奥地利学派传统，它们汲取了瓦尔拉斯和他的追随者的思想。这两个传统都关注对经济的变化、过程和制度的理解（尽管从其他方面来看，这两个传统的差别的确非常大）。在这两个传统中，建立经济分析的抽象范畴的主要动机是对现实世界的理解。此外，它们（尤其是马歇尔传统）都强调应该让现实来影响理论建构。这两个传统**没有**涉及的是制度的类型和没有过程思想的形式主义（process - less formalism），而后者在主流经济学中长期占据重要地位。

因此，根据我们这个简要的反向论述，利用经济理论来理解真实的过程和制度的运行将是经济学家的首要任务。例如，对社会主义经济学的论述，本不应立足于本质上是奥斯卡·兰格的瓦尔拉斯社会主义的变种的那个思想，而是要从例如米塞斯的产权方法以及米塞斯/哈耶克强调的制度是适应变化的手段这个角度去论述。马歇尔关于商业组织的洞见和奥地利学派经济学关于产权制度效率的洞见本可以结合起来成为一个经济组织理论，这个理论与当代交易费用经济学相比，静态的特征会更少一点。竞争本来不会被解读（误读）成一系列关系之间的逻辑一致性，而会从“活跃的对抗”（active rivalry）角度去理解。福利经济学本不会受到“不切实际的”（Nirvana）经济思想的干扰。简而言之，根据我们这个推测性的解读（speculative reading），我们没有必要等到20世纪70年代中期，才有一个现实的制度经济理论和经济变化的演化理论，我们应该在更早的时候就有类似的理论。

这并不是经济学的宿命。但是，现在看起来，瓦尔拉斯形式主义的发展并不是**完全**刚性和路径依赖的。从它的核心命题正逐渐受到置疑这个要点来看，主流传统本身已开始缓慢地变化。多年来，主流经济学完全是利用均衡、最大化以及稳定偏好来“消化”新的经验问题和毗邻的理论方法得到洞见的。然而，无论是经验问题还是相关的理论方法，它们的本质都没有得到重视。由芝加哥大学开创的方法——这个方法与加里·贝克尔（Gary Beaker）有着密切的关系——也许是“消化”无数新的经济现象，但同时又没有让这些新现象的概念化（conceptualizations）对基础性的解释工具有一丁点影响的主要例子。

相反，在最近十年（也许是几十年），我们似乎看到很多其他的主流经济学家越来越愿意让经验现象的概念化影响理论建构。这个事实，即有限理性、路径依赖和真正的不确定性现在已经受到许多主流经济学家的重视，而风俗习惯、规范（norms）和规则也大量地出现在经济学论述中，是经济学研究方向转变的证据。而正如笔者所说，这个态度正是两次大战期间奥地利学经济学家的特征。也许，在未来几年里，那些思想开放的（open - minded）主流经济学家将允许诸如企业家和市场过程的概念影响他们的理论建构。那样的话，“开放的”的主流经济学与奥地利学派经济学之间将几乎没有实质性的区别。

站在主流经济学的门外，他们的观点后来被主流经济学吸收（尽管并不完全），这似乎是奥地利学派经济学家的传统命运。然而，人们也许会认为，主流经济学不再只是“吸收”奥地利学派经济学的思想了，而是正在接近于抓住奥地利学派经济学的本质了。当然，奥地利学派经济学的死党也许会否认这点；然而，我们很难否认在第九章中提到的“新的非正统学说”——新制度主义和演化思想——已经在“形而上学”方面引入了奥地利学派经济学的许多议题，并进行理论化，这个“形而上学”的角度与奥地利学派经济学广义上的“形而上学”的角度非常相似。事实上，这也是本书要传递的主要信息之一。

这并不必然排除有人仍然自称“奥地利学派经济学的学者”。仿效保罗·萨缪尔森（Paul Samuelson）曾经对芝加哥学派的评论，奥地利学派经济学从某种意义上来说是一种“思想状态”（state of mind），而不是一个具有特色的、思想前后一致的研究纲领。正如本书第九章所论述的那样，它主要是一个“形而上学”问题（metaphysics affair）。但是，一些以“形而上学”为基础的古怪观点的不断提醒，会使经济学界受益，这些观点包括真正的不确定性不应被忽视、竞争是动态的、预期一般会有分歧、理性预期难让人信、企业家是最重要的以及成本的主观性导致公共领域的成本/收益分析是有问题的，等等。在这种情况下，现代奥地利学派经济学也许可以起到不断地提醒新古典经济学，也许甚至还有新制度主义和演化经济学，告诉它们，在很多方面，它们的研究还不够有深入的作用。

这也许是奥地利学派经济学在未来的角色，而且**如果**奥地利学派经济学家愿意与主流经济学家和新的非正统的新制度主义经济学家和演化经济学家对话，则这将是一个令人推崇的角色。这样的对话正在逐渐开展，最近出版的一些有这样开明思想的著作体现了这点，例如凯伦·沃恩的《奥地利学派经济学在美国：一种传统的迁入》（1994），以及由布鲁斯·考德威尔（Bruce Caldwell）和斯蒂·波汉姆（Stephan Bohm）主编的选集《奥地利学派经济学：冲突和新方向》（1993）。在这些著作中，很多奥地利学派经济学的追随者的思想被聚集在一起，以图拓宽奥地利学派经济学的研究范围并开展对话。如果这样的对话能够在某种程度上成功地开展起来，那么笔者在本书第九章中给出的预言，即奥地利学派经济学的研究纲领将继续退化，将被证明是错误的。

# 参考文献

Abernathy, W. J. & Utterback, J. M. (1978): Patterns of Industrial Innovation. In M. L. Tushman & W. L. Moore (eds.) (1988): *Readings in the Management of Innovation*. Cambridge, MA: Ballinger.

Albert, H. (1985): A Treatise on Critical Reason. Princeton: Princeton University Press.

Albert, H. (1988): Hermeneutics and Economics: A Criticism of Hermeneutical Thinking in the Social Sciences. *Kyklos* 41: 573 – 602.

Alchian, A. A. (1950): Uncertainty, Evolution and Economic Theory. In *idem*. (1977).

Alchian, A. A. (1965): Some Economics of Property Rights. In *idem*. (1977).

Alchian, A. A. (1969): Corporate Management and Property Rights. In *idem*. (1977).

Alchian, A. A. (1977): *Economic Forces at Work*. Indianapolis: Liberty Press.

Alchian, A. A. (1984): Specificity, Specialization and Coalitions. *Zeitschrift fur die gesamte Staatswissenschaft* 140: 34 – 49.

Alchian, A. A. & W. Allen(1964): *University Economics*. Belmont: Wadsworth.

Alchian, A. A. & H. Demsetz(1972): Production, Information Costs, and Economic Organization. In *Demsetz, H.* (1988).

Alchian, A. A. & S. Woodward(1988): The Firm is Dead; Long Live the Firm. *Journal of Economic Literature* 26: 65 – 79.

Alessi, L. D. (1969): Implications of Property Rights for Government Investment Choices. *American Economic Review* 59: 13 – 24.

Alessi, L. D. (1980): The Economics of Property Rights: A Review of the Evidence. *Research in Law and Economics* 2: 1 – 47.

Alessi, L. D. (1983): Property Rights, Transaction Costs, and X – Efficiency: An Essay in Economic Theory. *American Economic Review* 73: 64 – 81.

Alessi, L. D. (1987): Property Rights and Privatization. In S. H. Hanke (ed.) (1987): Prospects for Privatization. New York: APS.

Arrow, K. J. (1987a): Reflections on the Essays. In G. Feiwel (ed.) (1987): *Arrow and the Foundations of the Theory of Economic Policy*. New York: New York University Press.

Arrow, K. J. (1987b): Rationality of Self and Others in an Economic System. In *R. M. Hogarth&M. W. Reder* (1987).

Barnard, C. (1938): *The Inunctions of the Executive*. Reprint 1962. Cambridge, MA.: Harvard University Press.

Barone, E. (1908): The Ministry of Production in the Collectivist State. In *A. Nove and D. M. Nuti* (1972).

Barzel, Y. (1974): A Theory of Rationing by Waiting. *Journal of Law and Economics* 17: 73 – 96.

Barzel, Y. (1987): The Entrepreneur Reward for Self – Policing. *Economic Inquiry* 25: 103 – 116.

Barzel, Y. (1989): *Economic Analysis of Property Rights*. Cambridge: Cambridge University Press.

Bauer, T. (1978): Investment Cycles in Planned Economies. *Acta Oeconomica*: 243 – 260.

Baumol, W. J. (1977): *Economic Theory and Operations Analysis*. Englewood Cliffs: Prentice Hall.

Baumol, W. J. (1982): Contestable Markets: An Uprising in the Theory of Industry Structure. *American Economic Review* 72: 1 – 15.

Baumol, W. J., Panzar, J. C. & Willig, R. D. (1982): *Contestable Markets and the Theory of Industry Structure*. New York: Harcourt, Brace, Jovanovich.

Bergson, A. (1948): Socialist Economics. In H. S. Ellis (ed.) (1948): *A Survey of Contemporary Economics*. Homewood: Richard Irwin.

Bhaskar, R. (1978): A Realist Theory of Science. London: Harvester Wheatsheaf.

Binmore, K. (1989): *Foundations of Game Theory*. Cambridge: Cambridge University Press.

Blaug, M. (1980): *The Methodology of Economics or How Economists Explain*. Cambridge: Cambridge University Press.

Boettke, P. J. (1989): Evolution and Economics: Austrians as Institutionalists. *Research in the History of Economic Thought and Methodology* 6: 73 – 89.

Boettke, P., S. Horwitz, & D. Prychitko (1986): Beyond Equilibrium Economics: Reflections on the Uniqueness of the Austrian Tradition. *Market Process* 4: 6 – 9

Boudreaux, D. & Holcombe, R. G. (1989): The Coasian and Knightian Theories of the Firm. *Managerial and Decision Economics* 10: 147 – 154.

Buchanan, J. M. (1969): Cost and Choice. Chicago: Markham Publishing Company.

Buchanon, J. M. (1975): *The Limits of Liberty*: Between Anarchy and Leviatban. Chicago: University of Chicago Press.

Bohm, S. (1987): Subjectivism and Post – Keynesianism: Towards a Better Understanding. In J. Pheby(ed.) (1987): *New Directions in Post – Key – Nesian Economics*. Aldershot: Edward Elgar.

Bohm – Bawerk, E. V. (1881): Whether Legal Rights and Relationships are Economic Goods. In H. Sennholz (ed.) (1962): *Shorter Classics of Bohm – Bawerk*. South Holland: Libertarian Press.

Bohm – Bawerk, E. V. (1891): *Positive Theory of Capital*. London: Macmillan.

Bohm – Bawerk, E. V. (1898): Rezension: Bergmann, E. v. (1895): Die Wirtschaftskrisen. *Zeitschrift fur Volkswirtschaft, Sozialpolitik und Ver – Waltung*: 132 – 133.

Bohm – Bawerk, E. V. (1901): The Function of Savings. *Annals of the American Academy of Political and Social Science*: 59 – 69.

Caldwell, B. (1982): *Beyond Positivism: Economic Methodology in the Twentieth Century*. Cambridge: Cambridge University Press. x Caldwell, B. J. (1984): Praxeology and Its Critics: An Appraisal. *History of Political Economy* 16: 363 – 379.

Caldwell, B. (1988): Hayek's Transformation. *History of Political Economy* 20: 513 – 542.

Caldwell, B. J. & S. Bohm (eds.) (1993): *Austrian Economics: Tensions and New Directions*. Boston: Kluwer.

Casson, M. (1982): *The Entrepreneur: An Economic Theory*. Oxford: Martin Robertson.

Chandler, A. D. (1977): *The Visible Hand: The Managerial Revolution in American Business*. Cambridge: Harvard University Press.

Chandler, A. D. (1992): Organizational Capabilities and the Economic History of the Industrial Enterprise. *Journal of Economic Perspectives* 6: 79 - 100.

Cheung, S. N. S. (1974): A Theory of Price Control. *Journal of Law and Economics* 17: 53 - 71.

Cheung, S. N. S. (1983): The Contractual Nature of the Firm. *Journal of Law and Economics* 26: 1 - 22.

Cheung, S. N. S. (1992): On the New Institutional Economics. In *Werin, L. &H. Wijkander* (1992).

Coase, R. (1937): The Nature of the Firm. *Economica* 4: 386 - 405.

Coase, R. (1960): The Problem of Social Cost. *Journal of Law and Economics* 3: 1 - 44.

Coase, R. H. (1988): The Nature of the Firm: Origin. *Journal of Law, Economics and Organization* 4: 3 - 17.

Coddington, A. (1983): *Keynesian Economics: The Search for First Principles*. London: George Allen and Unwin.

Debreu, G. (1959): *Theory of Value*. New York: Wiley.

Demsetz, H. (1964): The Exchange and Enforcement of Property Rights. In *idem*. (1988).

Demsetz, H. (1967): Toward a Theory of Property Rights. In

idem. (1988a): *Ownership, Control, and the Firm*. Oxford: Basil Blackwell.

Demsetz, H. (1969): Information and Efficiency: Another Viewpoint. *Journal of Law and Economics* 10: 1 -22.

Demsetz, H. (1982): *Economic, Legal and Political Dimensions of Competition*. Amsterdam: North - Holland.

Demsetz, H. (1988a): *Ownership, Control and the Firm*. Oxford: Basil Blackwell.

Demsetz, H. (1988b): The Theory of the Firm Revisited. *Journal of Law, Economics and Organization* 4: 141 -162.

Dickinson, H. D. (1933): Price Formation in a Socialist Community. *Economic Journal* 43: 237 -250.

Dickinson, H. D. (1937): Book Review: "Socialism. By Ludwig von Mises". *Economic Journal* 47: 96 -97.

Dolan, E. (ed.)(1976): *The Foundations of Modem Austrian Economics*. Kansas City: Sheed Andrews and Macneel.

Dosi, G. et al. (eds)(1988): *Technological Change and Economic Theory*. London: Pinter.

Dosi, G., D. J. Teece, S. G. Winter, R. P. Rumelt(1993): Toward A Theory of Corporate Coherence. *Unpublished working paper*.

Dostaler, G. (1991): The Debate Between Hayek and Keynes. In W. J. Barber(ed.)(1991): *Perspectives on the History of Economic Thought, Vol. 6: Themes in Keynesian Criticism and Supplementary Modem Topics*. Brookfield: Edward Elgar.

Douma, S. & H. Schreuder(1991): *Economic Approaches to Organizations*. New York: Prentice Hall.

Dow, G. (1987): The Function of Authority in Transaction

Cost Economics. *Journal of Economic Behavior and Organization* 8: 13 –38.

Durbin, E. F. M. (1935): *The Problem of Credit Policy*. London: Chapman and Hall.

Ebeling, R. M. (1993): Economic Calculation Under Socialism: Ludwig von Mises and His Predecessors. In *J. M.*, *Herbener* (1993).

Eggertson, T. (1990): *Economic Behavior and Institutions*. Cambridge: Cambridge University Press.

Ellis, H. S. (1934): *German Monetary Theory*, 1905 –1933. Cambridge: Harvard University Press.

Elster, J. (1983): *Explaining Technical Change*. Cambridge: Cambridge University Press.

Fama, E. (1980): Agency Problems and the Theory of the Firm. *Journal of Political Economy* 88: 288 –307.

Fisher, F. M. (1983): *Disequilibrium Foundations of Equilibrium Economics*. Cambridge: Cambridge University Press.

Fisher, F. M., McGowan, J. J. & Greenwood, J. E. (1983): *Folded, Spindled and Mutilated: Economic Analysis and U. S. v. IBM*. Cambridge, MA: MIT Press.

Fitoussi, J. –P. & K. Velupillai (1987): Studies in Business Cycle Theory: A Review Essay. *Journal of Money, Credit and Banking* 19: 122 –130.

Foss, N. J. (1991): The Suppression of Evolutionary Approaches in Economics: The Case of Marshall and Monopolistic Competition. *Methodus* 3: 65 – 72. [Reprinted in G. Hodgson (ed.) (1994): *Economics and Biology*. Cheltenham: Elgar].

Foss, N. J. (1993a): Theories of the Firm: Contractual and

Competence Perspectives. *The Journal of Evolutionary Economics* 3: 127 – 144.

Foss, N. J. (1993b): The Two Coasian Traditions. *Review of Political Economy* 5: 508 – 532.

Foss, N. J. (1993c): More on Knight and the Theory of the Firm. *Managerial and Decision Economics* 14: 269 – 276.

Foss, N. J. (1994): Realism and Evolutionary Economics. *Journal of Social and Evolutionary Systems* 17: 21 – 40.

Foss, N. J. (1995): More on "Hayek's Transformation". Forthcoming in *History of Political Economy*.

Foss, N. J. & C. Knudsen (1993): Pluralism and Scientific Progress. *Working Paper* 93 – 98, Institute of Industrial Economics and Strategy, Copenhagen Business School.

Friedman, M. (1953): The Methodology of Positive Economics. In idem. *Essays in Positive Economics*. Chicago: University of Chicago Press.

Frydman, R. (1984): Individual Rationality and Decentralization. In R. Frydman & E. S. Phelps (eds.) (1984): *Individual Forecasting and Aggregate Outcomes*. New York: New York University Press.

Furubotn, E. G. (1991): General Equilibrium Models, Transaction Costs, and the Concept of Efficient Allocation in a Capitalist Economy. *Journal of institutional and Theoretical Economics* 147: 662 – 686.

Furubotn, E. G. &S. Pejovich (1972): Property Rights and Economic Theory: A Survey of Recent Literature. *Journal of Economic Literature* 10: 1137 – 1162.

Gamble, A. (1985/1986): Capitalism or Barbarism: The Austrian Critique of Socialism. *The Socialist Register*. Ed. by R. Miliband, J. Saville, M. Liebman, & L. Panitch. pp. 355 – 372.

Garrison, R. W. (1985): Intertemporal Coordination and the Invisible Hand. *History of Political Economy* 17: 309 – 319.

Garrison, R. W. (1993): Mises and His Methods. In *Herbener*, *J.* (1993).

Grossman, S. J. & O. D. Hart(1986): The Costs and Benefits of Ownership. *Journal of Political Economy* 94: 671 – 719.

Gunning, J. P. (1991): *The New Subjectivist Revolution*. *Savage*: Rowman & Littlefield.

Hahn, F. H. (1973): *On the Notion of Equilibrium in Economics*. Oxford: Oxford University Press.

Hahn, F. H. (1982): Reflections on the Invisible Hand. *Lloyd's Bank Review* 144: 1 – 21.

Hahn, F. H. (1984): *Equilibrium and Macroeconomics*. Cambridge: Cambridge University Press.

Hahn, F. H. (1987): Information, Dynamics and Equilibrium. *Scottish Journal of Political Economy* 34: 321 – 334.

Hahn, F. (1990): On Some Economic Limits in Politics. In J. Dunn(ed.)(1990): *The Economic Limits to Modem Politics*. Cambridge: Cambridge University Press.

Hansen, A. H. (1933): Review: "Prices and Production". *American Economic Review* 23: 332 – 335.

Hawtrey, R. G. (1932): Review: "Prices and Production". *Economica* 12: 119 – 125.

Hayek, F. A. V. (1928): Intertemporal Price Equilibrium and Movements in the Value of Money. In idem. (1984): *Money*, *Capital and Fluctuations*. London: Routledge and Kegan Paul.

Hayek, F. A. V. (1931a): Reflections on the Pure Theory of Money of Mr. J. M. Keynes(Part Ⅰ). *Economica* 11: 270 – 295.

Hayek, F. A. V. (1931b): A Rejoinder to Mr. Keynes. *Economica* 11: 398 – 403.

Hayek, F. A. V. (1932a): Reflections on the Pure Theory of Money of Mr. J. M. Keynes(Part Ⅱ). *Economica* 12: 22 44.

Hayek, F. A. V. (1932b): Money and Capital – A Reply. *Economic Journal* 42: 237 – 249.

Hayek, F. A. V. (1932c): Review: "Trade Depression and the Way Out? by R. G. Hawtrey. *Economica* 12: 126 – 127.

Hayek, F. A. V. (1933a): *Monetary Theory and the Trade Cycle* (German original 1929). Reprint 1966. New York: Augustus M. Kelley.

Hayek, F. A. V. (1933b): Price Expectations, Monetary Disturbances and Malinvestments. In *idem.* (1939).

Hayek, F. A. V. (1935a): *Prices and Production* (1st ed. 1931). London: George Routledge.

Hayek, F. A. V. (ed.) (1935b): *Collectivist Economic Planning*. London: Routledge.

Hayek, F. A. V. (1935c): The Nature and History of the Problem. In *idem.* (1948).

Hayek, F. A. V. (1935d): The State of the Debate. In *idem.* (1948).

Hayek, F. A. V. (1935e): Maintaining Capital Intact. In *idem.* (1939).

Hayek, F. A. V. (1937): Economics and Knowledge. In *idem.* (1948).

Hayek, F. A. V. (1939): *Profits, Interest and Investment*. Reprint 1975. Clifton: Augustus M. Kelley.

Hayek, F. A. V. (1940): The Competitive "Solution". In *idem.* (1948).

Hayek, F. A. V. (1941): *The Pure Theory of Capital.* Reprint 1975. Chicago: University of Chicago Press.

Hayek, F. A. V. (1943): A Commodity Reserve Currency. *Economic Journal* 53: 176 – 184.

Hayek, F. A. V. (1944): The Road to Serfdom. Chicago: University of Chicago Press.

Hayek, F. A. V. (1945): The Use of Knowledge in Society. In *idem.* (1948).

Hayek, F. A. V. (1946): The Meaning of Competition. In *idem.* (1948).

Hayek, F. A. V. (1948): *Individualism and Economic Order.* Chicago: University of Chicago Press.

Hayek, F. A. V. (1952): *The Counter – Revolution of Science: Studies in the Abuse of Reason.* Reprint 1979. Indianapolis: Liberty Press.

Hayek, F. A. V. (1967): *Studies in Philosophy, Politics and Economics.* London: Routledge and Kegan Paul.

Hayek, F. A. V. (1968): Competition as a Discovery Procedure. In *idem.* (1978).

Hayek, F. A. V. (1973): *Law, Legislation and Liberty, Vol. 1.: Rules and Order.* Chicago: University of Chicago Press.

Hayek, F. A. V. (1974): The Pretence of Knowledge. In *idem.* (1978).

Hayek, F. A. V. (1978): *New Studies in Philosophy, Politics, Economics and the History of Ideas.* London: Routledgc and Kegan

Paul.

Herbener, J. M. (1991): Ludwig von Mises and the Austrian School of Economics. *Review of Austrian Economics* 5: 33 –50.

Herbener, J. M. (ed.) (1993): *The Meaning of Ludwig von Mises*. Norwell: Kluwer.

Hicks, J. R. (1933): Equilibrium and the Cycle. In *idem*. (1982).

Hicks, J. R. (1935): A Suggestion for Simplifying the Theory of Money. In *idem*. (1982).

Hicks, J. R. (1967): The Hayek Story. In idem. (1967): *Critical Essays in Monetary Theory*. Oxford: Oxford University Press.

Hicks, J. R. (1982): *Money, Interest and Wages: Collected Essays, Vol. 2*. Oxford: Basil Blackwell.

Hill, M. (1933): The Period of Production and Industrial Fluctuations. *Economic Journal* 43: 599 –610.

Hodgson, G. (1988): *Economics and Institutions*. Oxford: Polity Press.

Hodgson, G. (1992): The Reconstruction of Economics: Is There Still a Place for Neoclassical Theory? *Journal of Economic Issues* 26: 749 –767.

Hoff, T. J. (1948): *Economic Calculation in the Socialist Society*. Originally Norwegian 1938. London: William Hodge.

Hogarth, R. M. & M. W. Reder(1987): *Rational Choice: The Contrast between Economics and Psychology*. Chicago: University of Chicago Press.

Holmstrom, B. R. & J. Tirole(1989): The Theory of the Firm. In R. Schmalensee & R. D. Willig(eds.)(1989): *Handbook of Industrial Organization*. Amsterdam: North – Holland.

Hoppe, H. – H. (1988): *Praxeology and Economic Science*. Auburn: Ludwig von Mises Institute.

Hurwicz, L. (1971): Centralization and Decentralization in Economic Processes. In O. Eckstein (ed.) (1971): *Comparison of Economic Systems: Theoretical and Methodological Approaches*. Berkeley: University of California Press.

Hurwicz, L. (1973): The Design of Resource Allocation Mechanisms. In K. J. Arrow & L. Hurwicz (eds.) (1979): *Studies in Resource Allocation Processes*. Cambridge: Cambridge University Press.

Hurwicz, L. (1984): Economic Planning and the Knowledge Problem: A Comment. *Cato Journal* 4: 419 –425.

Ikeda, S. (1990): Market Process Theory and "Dynamic" Theories of the Market. *Southern Economic Journal* 57: 75 –92.

Ingrao, B. & G. Israel (1990): *The Invisible Hand: Economic Equilibrium in the History of Science*. Cambridge: MIT Press.

Ionnanides, S. (1992): *The Market, Competition, and Democracy: A Critique of Neo – Austrian Economics*. Cheltenham: Edward Elgar.

Jensen, M. C. & W. H. Meckling (1976): Theory of the Firm: Managerial Behavior, Agency Costs, and Ownership Structure. *Journal of Financial Economics* 3: 305 –360.

Jensen, M. C. & W. H. Meckling (1992): Specific and General Knowledge and Organizational Structure. In *L. Werin &H. Wijkander* (1992).

Keizer, W. (1987): Two Forgotten Articles by Ludwig von Mises on the Rationality of Socialist Economic Calculation. *Review of Austrian Economics* 1: 109 –122.

Keizer, W. (1989): Recent Reinterpretations of the Socialist

Calculation Debate. *Journal of Economic Studies* 16：63 –83.

Keynes，J. M.（1914）：Review of L. von Mises and F. Bendixen. *Economic Journal* 24：417.

Keynes，J. M.（1930）：*A Treatise on Money：Vol. 1.：The Pure Theory of Money*. London：Macmillan.

Keynes，J. M.（1931）：The Pure Theory of Money：A Reply to Dr. Hayek. *Economica* 11：387 –397.

Keynes，J. M.（1936）：*The General Theory of Employment，Interest and Money*. London. Macmillan.

Keynes，J. M.（1944）：A Note by Lord Keynes. *Economic Journal* 54：429 –430.

Keynes，J. M.（1973）：*The General Theory and After. Part Ⅰ：Preparations*（Collected Writings，vol. 13）. London：Macmillan.

Kirman，A.（1989）：The Intrinsic Limits of Modem Economic Theory：The Emperor has no Clothes. *The Economic Journal* 99：126 –139.

Kirman，A. P.（1992）：Whom or What Does the Representative Individual Represent? *Journal of Economic Perspectives* 6：117 –136.

Kirzner，I. M.（1962）：Rational Action and Economic Theory. *Journal of Political Economy* 70：380 –385.

Kirzner，I. M.（1973）：*Competition and Entrepreneurship*. Chicago：University of Chicago Press.

Kirzner，I. M.（1979）：*Perception，Opportunity and Profit*. Chicago：University of Chicago Press.

Kirzner，I. M.（ed.）（1982）：*Method，Process and Austrian Economics*. Lexington：Lexington Books.

Kirzner，L. M.（1983）：Book Review：Schunpeterian Economics, edited by Helmnt Eriach. *Journal of Economic Literature* 21: 1501 - 1502.

Kirzner, I. M. (1984): Economic Planning and the Knowledge Problem. *Cato Journal* 4: 407 - 418.

Kirzner, I. M. (ed.) (1986): *Subjectivism, Intelligibility and Economic Understanding*. London: Macmillan.

Kirzner, I. M. (1988): The Economic Calculation Debate: Lessons for Austrians. *Review of Austrian Economics* 2: 1 - 18.

Kirzner, I. M. (1992): Knowledge Problems and Their Solutions: Some Relevant Distinctions. In idem. (1992): *The Meaning of Market Process: Essays in the Development of Modem Austrian Economics*. London: Rutledge.

Knight, F. H. (1921): *Risk, Uncertainty and Profit*. Reprint 1965. New York: Augustus M. Kelley.

Knight, Frank H. (1924): Some Fallacies in the Interpretation of Social Cost. In G. J. Stigler & K. E. Bounding (eds.) (1952): *Readings in Price Theory*. Chicago: Richard D. Irwin.

Koopmans, T. C. (1951): *Activity Analysis of Production and Allocation*. New York: John Wiley.

Koopmans, T. C. (1957): *Three Essays on the State of Economic Science*. New York: McGraw - Hill.

Koppl, R. (1992): Invisible - Hand Explanations and Neoclassical Economics: Towards a Post Marginalist Economics. *Journal of Institutional and Theoretical Economics* 148: 292 - 313.

Kreps, D. M. (1990): *A Course in Microeconomic Theory*. New York: Harvester Wheat sheaf.

Kreps, D. M. (1992): Static Choice in the Presence of Unforeseen Contingencies. In P. Dasgupta et al. (eds.) (1992): *Economic*

*Analysis of Markets and Games: Essays in Honor of Frank Hahn*. Cambridge: Cambridge University Press.

Kuhn, T. (1970): *The Structure of Scientific Revolutions*. 2nd ed. Chicago: University of Chicago Press.

Kuznets, S. (1930): Equilibrium Economics and Business Cycle Theory. *Quarterly Journal of Economics* 44: 381 –415.

Lachmann, L. M. (1951): The Science of Human Action. In idem. (1977): *Capital, Expectations 3 and the Market Process*. Kansas City: Sheed Andrews and McNeel.

Lachmann, L. M. (1971): *The Legacy of Max Weber*. London: Heinemann.

Lachmann, L. M. (1973): *Macroeconomic Thinking and the Market Economy*. London: Institute of Economic Affairs.

Lachmann, L. M. (1976): From Mises to Shackle: An Essay on Austrian Economics and the Kaleidic Society. *Journal of Economic Literature* 14: 54 –62.

Lachmann, L. M. (1982): The Salvage of Ideas. *Zeitschrift fur die gesamte Staatswissenschaft* 138: 629 –645.

Lachmann, L. M. (1986): *The Market as an Economic Process*. Oxford: Basil Blackwell.

Lachmann, L. (1991): Austrian Economics: A Hermeneutic Approach. In *Lavoie, D.* (1991).

Laidler, D. (1981): Monetarism: An Interpretation and an Assessment. *Economic Journal* 91: 1 –25.

Laidler, D. (1991): The Austrians and the Stockholm School: Two Failures in the Development of Modem Macroeconomics? In L. Jonung(ed.)(1991): The Stockholm School of Economics Revisited. Cambridge: Cambridge University Press.

Lakatos, I. (1970): Falsification and the Methodology of Scientific Research Programmers. In idem. (1978): *The Methodology of Scientific Research Programmers.* Cambridge: Cambridge University Press.

Lange, O. (1936/1937): On the Economic Theory of Socialism. In *B. E. Lippincott* (1938).

Langlois, R. N. (1982): Austrian Economics as Affirmative Science: Comment on Rizzo. In *I. M. Kirzner* (1982).

Langlois, R. N. (ed.)(1986a): Economics as a Process: *Essays in the New Institutional Economics.* Cambridge: Cambridge University Press.

Langlois, R. N. (1986b): The New Institutional Economics: An Introductory Essay. In *idem.* (1986a).

Langlois, R. N. (1991): Transaction Cost Economics in Real Time. *Industrial and Corporate Change* 1: 99 - 127.

Langlois, R. N. (1993): Institutions. In B. Caldwell & Stephan Böhm(1973).

Langlois, R. M. & R. Koppl(1991): Fritz Machlup and Marginalism. *Methodus* 3.

Laudan, L. (1977): *Progress and Its Problems.* Berkeley: University of California Press.

Lavoie, D. (1981): A Critique of the Standard Account of the Socialist Calculation Debate. *Journal of Libertarian Studies* 5: 41 - 87.

Lavoie, D. (1985): Rivalry and Central Planning: *The Socialist Calculation Debate in Perspective.* Cambridge: Cambridge University Press.

Lavoie, D. (1986): Between Institutionalism and Formalism:

The Rise and Fall of the Austrian School's Calculation Argument: 1920 – 1950. *Working Paper, Center for the Study of Market Processes, George Mason University.*

Lavoie, D. (ed.) (1991): *Hermeneutics and Economics.* London: Roudedge.

Lawlor, M. S. and B. L. Horn (1992): Notes on the Hayek – Sraffa Exchange. *Review of Political Economy* 4: 317 – 340.

Leijonhufvud, A. (1981): The Wicksell Connection. In idem. (1981): *Information and Coordination.* New York: Oxford University Press.

Lerner, A. (1944): *The Economics of Control: Principles of Welfare Economics.* New York: Macmillan.

Lippincott, B. E. (ed.) (1938): *On the Economic Theory of Socialism.* Reprint 1964. New York: McGraw – Hill.

Lippman, S. A. & R. P. Rumelt (1982): Uncertain Immutability: An Analysis of Interfirm Differences in Efficiency under Competition. *Bell Journal of Economics* 13: 418 – 438.

Littlechild, S. C. (1979): An Entrepreneurial Theory of Games. *Metroeco – nomica* 31: 145 – 165.

Littlechild, S. C. (1986): Three Types of Market Process. In *R. N. Langlois* (1986*a*).

Loasby, B. J. (1976): *Choice, Complexity, and Ignorance.* Cambridge: Cambridge University Press.

Loasby, B. J. (1989): *The Minds and Methods of Economists.* Cambridge: Cambridge University Press.

Loasby, B. J. (1991): The Austrian School. In D. M. & A. G. Miller (eds.) (1991): *A Modem Guide to Economic Thought.* Aldershot: Edward Elgar.

Loasby, B. J. (1994): Missed Connections and Opportunities Forgone: *A Counterfactual History of Twentieth Century Economics*. Unpublished working paper.

Lucas, R. E. (1975): An Equilibrium Model of the Business Cycle. In *idem*. (1981).

Lucas, R. E. (1977): Understanding Business Cycles. In *idem*. (1981).

Lucas, R. E. (1978): On the Size Distribution of Business Firms. *Bell Journal of Economics* 9: 508 – 523.

Lucas, R. E. (1980): Methods and Problems in Business Cycle Theory. In *idem*. (1981).

Lucas, R. E. (1981): *Studies in Business Cycle Theory*. Cambridge, Mass.: MIT Press.

Lucas, R. E. (1987a): *Models of Business Cycles*. London: Basil Blackwell.

Lucas, R. E. (1987b): Adaptive Behavior and Economic Theory. In *Hogarth, R. M. and M. W. Reder*(1987).

Lucas, R. E. & T. Sargent(1979): After Keynesian Macroeconomics. In *idem*. (1981).

Lucas, R. E. & T. Sargent(eds.)(1981): *Rational Expectations and Econometric Practice*. London: George Allen and Unwin.

Lutz, F. (1932): *Das Konjunkturproblem in der Nationaldkonomie*. Jena: Gustav Fischer.

Lowe, A. (1926): Wie ist ein Konjunkturtheorie Uberhaupt Moglich? *Weltwirtschafdiches Archiv* 24: 165 – 197.

McCloskey, D. N. (1985): *The Rhetoric of Economics*. Madison: University of Wisconsin Press.

Machlup, F. (1959): Static and Dynamics: Kaleidoscopic

Words. In idem. (1963): *Essays in Economic Semantics*. Englewood Cliffs: Prentice Hall.

Machlup, F. (1963a): Essays on Economic Semantics. Englewood Cliffs: Prentice Hall.

Machlup, F. (1963b): Equilibrium and Disequilibrium. In *idem*. (1963a).

Machlup, F. (1967): Theories of the Firm: Marginalise Behavioral, Managerial. In idem. (1978): *Methodology of Economics and Other Social Sciences*. New York: Academic Press.

Machlup, F. (1983): The Rationality of "Rational Expectations". *Kredit und Kapital*: 172 - 183.

McNulty, P. J. (1984): On the Nature and Theory of Economic Organization: The Role of the Firm Reconsidered. *History of Political Economy* 16: 233 - 253.

Malmgren, H. B. (1961): Information, Expectations and the Theory of the Firm. *Quarterly Journal of Economics* 75: 399 - 421.

Manne, H. (1965): Mergers and the Market for Corporate Control. *Journal of Political Economy* 73: 110 - 120.

March, J. G. & Simon, H. A. (1958): *Organizations*. New York: John Wiley.

March, J. G. (1991): Exploration and Exploitation in Organizational Learning. *Organization Science* 2: 1 - 19.

Marshall, A. (1925): *Principles of Economics*. London: Macmillan.

Mayer, H. (1932): Der Erkenntniswert der Funktionellen Preistheorien. In idem, (ed.) (1932): *Die Wirtschaftstheorie der Gegenwart*, *Vol.* 2. Wien: Julius Springer.

Mayer, T. (1993): *Truth versus Precision in Economics*. Aldershot: Edward Elgar.

Ménard, C. (1990): The Lausanne Tradition: Walras and Pareto. In K. Hennings & W. Samuels (eds.) (1990): *Neoclassical Economic Theory, 1870 to 1930*. Boston: Kluwer.

Menger, C. (1871): Principles of Economics. Reprint 1976. New York: New York University Press.

Menger, C. (1883): *Problems of Economics and Sociology*. 1963 edition. Urbana: University of Illinois Press.

Millgate, M. (1979): On the Origin of the Notion of "Intertemporal Equilibrium". *Economica* 46: 1 – 10.

Milgrom, P. (1988): Employment Contracts, Influence Activities and Efficient Organization Design. *Journal of Political Economy* 96: 42 – 60.

Milgrom, P. & J. Roberts (1992): *Economics, Organization, and Management*. New York: Prentice – Hall.

Minkler, A. P. (1991): The Problem with Knowledge: An Essay on the Theory of the Firm. *Working Paper*.

Mises, L. V. ([1912], 1981): *The Theory of Money and Credit*. Reprint 1981. Indianapolis: Liberty Press.

Mises, L. V. ([1920], 1990): *Economic Calculation in the Socialist Commonwealth*. Auburn: Ludwig von Mises Institute.

Mises, L. V. ([1933], 1960): *Epistemological Problems of Economics*. Princeton: Van Nostrand.

Mises, L. V. ([1936], 1981): *Socialism: An Economic and Sociological Analysis*. Indianapolis: Liberty Press.

Mises, L. V. (1943): "Elastic Expectations" and the Austrian Theory of the Business Cycle. *Economica* 10: 251 – 253.

Mises, L. V. (1945): *Bureaucracy*. London: William Hodge.

Mises, L. V. (1949): *Human Action: A Treatise on Economics. London: William Hodge.*

Mises, L. V. (1957): *Theory and History.* London: Jonathan Cape.

Mises, L. V. (1974): *Planning for Freedom.* Illinois: Libertarian Press.

Mitchell, W. C. (1927): *Business Cycles.* New York: National Bureau of Economic Research.

Moore, H. L. (1929): *Synthetic Economics.* New York: Macmillan.

Morgenstern, O. (1935): Perfect Foresight and Economic Equilibrium. In Schotter, A. (ed.) (1976): Selected *Economic Writings of Oskar Morgenstem.* New York: New York University Press.

Murrell, P. (1983): Did the Theory of Market Socialism Answer the Challenge of Ludwig von Mises? A Reinterpretation of the Socialist Controversy. *History of Political Economy* 15: 92 – 105.

Muth, J. F (1961): Rational Expectations and the Theory of Price Movements. In *Lucas, R. E. & Sargent.* (1981).

Myrdul, G. (1933): Die Gleiehgewiditsbegriff als Instrument dergeldtheoretischen Analyse. In F. A. V. Hayek (ed.) (1933): *Beitrage zur Geld – theorie.* Wien: Julius Springer.

Maki, U. (1987): Review of Richard N. Langlois (ed.), "Economics as a Process". *Economics and Philosophy* 3: 367 – 373.

Maki, U. (1993): The Market as an Isolated Causal Process: A Metaphysical Ground for Realism. In *Bohm, S. & B. Caldwell* (1993).

Nelson, R. R. (1981): Assessing Private Enterprise: An Exegesis of Tangled Doctrine. *Bell Journal of Economics* 12: 93 - 111.

Nelson, R. R. (1987): *Understanding Technical Change as an Evolutionary Process*. Amsterdam: North - Holland.

Nelson, R. R. & Winter, S. G. (1982): *An Evolutionary Theory of Economic Change*. Cambridge, Mass.: Belknap Press.

Nove, A. (1983): *The Economics of Feasible Socialism*. *Boston*: Allen and Unwin.

Nove, A. & Nuti, D. M. (eds.) (1972a): *Socialist Economics*. Middlesex: Penguin Books.

Nove, A. & Nuti, D. M. (1972b): Introduction. In *idem*. (1972a).

Nutter, G. W. (1967): Markets without Property: A Grand Illusion. In idem. (1983): *Political Economy and Freedom*. *Indianapolis*: Liberty Press. O'Driscoll, G. P. & M. Rizzo (1985): *The Economics of Time and Ignorance*. Oxford: Basil Blackwell.

Pejovich, S. (1982): Karl Marx, Property Rights School and the Process of Social Change. *Kyklos* 35: 383 - 307.

Pelikan, P. (1988): Can the Innovation System of Capitalism be Outperformed? In G. Dosi et al. (eds.): *Technical Change and Economic Theory*. London: Pinter.

Penrose, E. T. (1959): *The Theory of the Growth of the Firm*. Oxford: Oxford University Press.

Polanyi, M. (1958): *Personal Knowledge*: *Towards a Post - Critical Philosophy*. Chicago: University of Chicago Press.

Popper, K. R. (1945): *The Open Society and Its Enemies*. 1962 ed. New York: Harper & Row.

Popper, K. R. (1965): *Conjectures and Refutations*: *The Growth of Scientific Knowledge*. New York: Harper Colophon.

Pratt, J. W. & R. J. Zeckhauser (1985): *Principals and Agents. Boston: Boston Business School Press.*

Prychitko D. (1987): Ludwig Lachmann and die Farther Reaches of Austrian Economics. *Critical Review I*: 63 - 76.

Ricketts, M. (1987): *The Economics of Business Enterprise.* Brighton: Wheat sheaf Books.

Rizzo, M. (ed.) (1979): *Time, Uncertainty and Disequilibrium.* Lexington: Lexington Books.

Rizzo, M. (1982): Mises and Lakatos: A Reformulation of Austrian Methodology. In *I. M. Kirzner* (1982).

Robertson, D. H. (1926): *Banking Policy and the Price Level.* London: King & Son.

Robertson, D. H. (1934): Industrial Fluctuation and the Natural Rate of Interest. In idem. (1940): *Essays in Monetary Theory.* London: Staples Press.

Robinson, J. (1933): A Parable on Savings and Investment. *Economica* 13: 75 - 84.

Robbins, L. (1934): *The Great Depression.* London: Macmillan.

Rothbard, M. N. (1962): *Man, Economy and State*, Vol. Ⅰ & Ⅱ. Los Angeles: Nash.

Rothbard, M. N. (1989): The Hermeneutical Invasion of Philosophy and Economics. *Review of Austrian Economics* 3: 45 - 60.

Rothbard, M. N. (1991): The End of Socialism and the Calculation Debate Revisited. *Review of Austrian Economics* 5: 51 - 76.

Russell, B. (1931): *The Scientific Outlook.* New York.

Salerno, J. T. (1990): Ludwig von Mises as Social Rationalist. *Review of Austrian Economics* 4: 26 - 54.

Samuelson, P. A. (1947/1983): *Foundations of Economic Analysis. Cambridge, Mass.: Harvard University Press.*

Samuelson, P. (1983): Marx, Keynes and Schumpeter. *Eastern Economic Journal* 9: 166 – 179.

Schaffer, M. E. (1989): Are Profit – Maxi misers the Best Survivors? *Journal of Economic Behavior and Organization* 12: 29 – 45.

Schelling, T. C. (1978): *Micro Motives and Macro Behavior.* New York: Norton.

Schotter, A. (1981): *The Economic Theory of Social Institutions.* Cambridge: Cambridge University Press.

Schumpeter, J. A. (1912): *The Theory of Economic Development.* Oxford: Oxford University Press.

Schumpeter, J. A. (1942): *Capitalism, Socialism and Democracy.* 1963 ed. New York: Harper & Row.

Schumpeter, J. A. (1952): *History of Economic Analysis.* Oxford: Oxford University Press.

Shackle, G. L. S. (1933): Some Notes on Monetary Theories of the Trade Cycle. *Review of Economic Studies* 1: 27 – 38.

Shackle, G. L. S. (1972): *Epistemics and Economics.* Cambridge: Cambridge University Press.

Silver, M. (1984): *Enterprise and the Scope of the Firm.* Aldershot: Martin Robertson.

Simon, H. A. (1976): From Substantive to Procedural Rationality. In S. Latsis (ed.) (1976): *Method and Appraisal in Economics.* Cambridge: Cambridge University Press.

Simon, H. A. (1979): Rational Decision Making in Business Organizations. *American Economic Review* 69: 493 – 513.

Simon, H. A. (1991): Organizations and Markets. *Journal of*

*Economic Perspectives* 5: 25 –44.

Skousen, M. (1991): *The Structure of Production*. New York: New York University Press.

Smith, A. (1776): *An Inquiry Into the Causes of the Wealth of Nations*. Indianapolis: Liberty Press.

Spadaro, L. (ed.)(1978): *New Frontiers in Austrian Economics*. Kansas City: Sheed Andrews and McNeel.

Sraffa, P. (1932): Dr. Hayek on Money and Capital. *Economic Journal* 42: 42 –53.

Steele, D. R. (1981): Posing the Problem: The Impossibility of Economic Calculation under Socialism. *Journal of Libertarian Studies* 5: 7 –22.

Stiglitz, J. E. (1975): Incentives, Risk and Information: Notes Towards a Theory of Hierarchy. *Bell Journal of Economics* 6: 552 –579.

Streissler, E. (1972): To What Extent Was the Austrian School Marginalist? *History of Political Economy* 4: 426 –441.

Szamuely, L. (1974): *First Models of the Socialist Economic Systems*. Budapest: Akademiai Kiado.

Sugden, R. (1986): *The Economics of Rights, Cooperation and Welfare*. Oxford: Basil Blackwell.

Suppes, P. (1968): The Desirability of Formalization in Science. *Journal of Philosophy* 65: 651 –664.

Taylor, F. M. (1928): The Guidance of Production in a Socialist State. In *B. E. Lippincott*(1938).

Teece, D. J. (1986): Profiting from Technological Innovation: Implications for Integration, Collaboration, Licensing, In Tushman, M. L. & Moore, W. L. (eds.)(1988): *Readings in the Management of Innovation*. Cambridge: Ballinger Publishing Company.

Thomson, E. F. (1989): *Prices and Knowledge*: A Market Process Perspective. Dissertation, New York University.

Ullmuti – Margalitt, E. (1978): Invisible Hand Explanations. *Synthese* 39: 282 – 296.

Vaughn, K. I. (1980): Economic Calculation Under Socialism: The Austrian Contribution, *Economic Inquiry* 18: 535 – 554.

Vaughn, K. I. (1992): The Problem of Order in Austrian Economics: Kirzner vs. Lachmann. *Review of Political Economy* 4: 251 – 274.

Vaughn, K. I. (1994): *Austrian Economics in America*: The Migration of a Tradition. Forthcoming.

Ward, B. (1972): *What's Wrong With Economics*? London: Macmillan.

Werin, L. & H. Wijkander (1992): *Contract Economics*. Oxford: Blackwell.

Whitley, R. (1984): *The Intellectual and Social Organization of the Sciences*. Oxford: Clarendon Press.

Wicksell, K. (1934): *Lectures I*: *General Theory*. (Originally in Swedish 1901). London: George Roudedge.

Wicksell, K. (1936): *Interest and Prices*. (Originally in German 1898). London: Macmillan.

Wilczynski, J. (1970): *The Economics of Socialism*. London: Allen and Unwin.

Williamson, O. E. (1975): *Markets and Hierarchies*. New York: Free Press.

Williamson, O. E. (1981): The Modem Corporation: Origins, Evolution, Attributes. *Journal of Economic Literature* 19: 1537 –

1568.

Williamson, O. E. (1985): *The Economic Institutions of Capitalism.* New York: Free Press.

Williamson, O. E. (1987): The Economics and Sociology of Organization: Promoting a Dialogue. In G. Farkas & P. England (eds.)(1987): *Industries, Firms, and Jobs: Sociological and Economic Approaches.* New York: Plenum Press.

Williamson, O. E. (1991a): Comparative Economic Organization: The Analysis of Discrete Structural Alternatives. *Administrative Science Quarterly* 38: 269 - 296.

Williamson, O. E. (1991b): Economic Institutions: Spontaneous and Intentional Governance. *Journal of Law, Economics, and Organization* 7: 159 - 187.

Winter, S. G. (1964): Economic Natural Selection and the Theory of the Firm. *Yale Economic Essays* 4: 225 - 272.

Winter, S. G. (1975): Optimization and Evolution in the Theory of the Firm. In Day, R. H. & T. Groves(1975): *Adaptive Economic Models.* New York: Academic Press.

Winter, S. G. (1982): An Essay on the Theory of Production. In S. H Hymans(ed.)(1982): *Economics and the World Around It.* Michigan: University of Michigan Press.

Winter, S. G. (1986): The Research Program of the Behavioral Theory of the Firm: Orthodox Critique and Evolutionary Perspectives. In B. Gilad & S. Kaish(eds.)(1986): *Handbook of Behavioral Economics, Vol. A: Behavioral Microeconomics.* Greenwich: JAI Press.

Winter, S. G. (1987): Adaptive Behavior and Economic Theory. In *Hogarth, R. M. &M. W. Reder*(1987).

Witt, U. (1987a): *Individualistische Grundlage der Evolutorischen Ökonomik.* Tübingen: J. C. B. Mohr.

Witt, U. (1987b): How Transaction Rights Are Shaped to Channel Innovativeness. *Journal of Institutional and Theoretical Economics* 143: 180 - 195.

Witt, U. (1993): Turning Austrian Economics Into an Evolutionary Theory. In *B. Caldwell & S. Böhm* (1993).